传统武术科学教学与多元化发展研究

马睿◎著

中国水利水电出版社
www.waterpub.com.cn
·北京·

内 容 提 要

本书是在对传统武术进行长期研究、搜集大量相关资料的基础上撰写的，并借鉴参考了诸多学者的相关研究，是关于传统武术教学与发展研究成果的结晶。

本书主要包括两个部分：第一部分对传统武术的科学教学进行了研究，首先对传统武术教学的基本理论进行了阐述，然后对传统武术教学理论基础、教学创新发展以及教学课程体系构建进行了深入的分析，在此基础上，对传统武术基本功和动作教学、典型项目课程教学进行了研究；第二部分分别对传统武术的竞技化发展、产业化发展以及可持续发展进行了深入细致的分析和研究。

本书语言简洁凝练、结构系统明了、知识点丰富，具有科学性、系统性、实用性、时效性等显著特点，可供传统武术专业师生、研究人员及广大传统武术爱好者参考使用。

图书在版编目（CIP）数据

传统武术科学教学与多元化发展研究 / 马睿著. -- 北京 : 中国水利水电出版社, 2017.4(2022.9重印)
ISBN 978-7-5170-5289-0

Ⅰ. ①传… Ⅱ. ①马… Ⅲ. ①武术-体育教学-教学研究-中国 Ⅳ. ①G852.02

中国版本图书馆CIP数据核字(2017)第074572号

书 名	传统武术科学教学与多元化发展研究 CHUANTONG WUSHU KEXUE JIAOXUE YU DUOYUANHUA FAZHAN YANJIU
作 者	马 睿 著
出版发行	中国水利水电出版社 (北京市海淀区玉渊潭南路 1 号 D 座 100038) 网址：www.waterpub.com.cn E-mail：sales@waterpub.com.cn 电话：(010)68367658(营销中心)
经 售	北京科水图书销售中心(零售) 电话：(010)88383994、63202643、68545874 全国各地新华书店和相关出版物销售网点
排 版	北京亚吉飞数码科技有限公司
印 刷	天津光之彩印刷有限公司
规 格	170mm×240mm 16 开本 18.75 印张 336 千字
版 次	2017 年 5 月第 1 版 2022 年 9 月第 2 次印刷
印 数	2001—3001 册
定 价	60.00 元

前　言

传统武术是我国民族传统体育的重要内容，同时，也是我国民族传统体育文化的重要组成部分。传统武术早在原始社会就开始逐渐产生了，在经过漫长的演变后，逐渐发展成为当前极具魅力的民族传统体育运动，其不仅集结了历代人民的智慧，包含着哲学、宗教、兵家、中医等多元化的文化思想，而且有着非常丰富的内容，这些都成为其受到人们广泛欢迎与喜爱的重要原因。

当前，传统武术在学校中得到了广泛的开展，并且已经成为学校体育教学的重要内容，取得了一定的教学成果。但是，在传统武术教学中也存在着教学体系不完善、教学方法单一、教学内容枯燥无味等问题，对教学效果产生一定的负面影响。另外，传统武术不仅在学校有所发展，在竞技、产业方面也有较好的发展，这就为传统武术的全面、可持续发展创造了良好的条件。为了解决传统武术教学中出现的问题，促进传统武术的多元化发展，特撰写了《传统武术科学教学与多元化发展研究》一书，希望能够为传统武术的全面发展提供相应的依据和支持。

本书共有九章，可以分为两个部分。第一部分是前六章，是对传统武术科学教学的研究，其中，第一章对传统武术教学的基本理论进行了阐述，主要涉及传统武术的发展历史、文化内涵、教育价值以及教学发展现状等方面；第二章对传统武术教学理论基础进行了研究，包括传统武术纳入教学系统的必要性以及教学的任务与内容、原则与方法等；第三章对传统武术教学创新发展进行了分析，教学内容开发和教学模式创新是重点所在；第四章对包含传统武术课程设置的基础、课程教学的实施以及精品课程的建设等在内的教学课程体系的构建进行了剖析。这些传统武术教学的理论，为第五章传统武术基本功和动作教学及第六章太极拳、初级剑术、五禽戏、散打、南拳等课程教学奠定了坚实的理论基础。第二部分为第七章至第九章，分别从竞技化发展、产业化发展和可持续发展三个方面对传统武术的多元化发展进行了深入分析和研究。

由此可以看出，本书通过简洁凝练的语言、系统明了的结构、丰富的知识点，对传统武术的教学及其多元化发展进行了细致地分析和研究，充分体现出了科学性、系统性、实用性、时效性等显著特点，对人们全面、深入地了解和认识传统武术提供了科学的理论依据和实践指导。可以说，这是一本借鉴性非常强的专业学术著作，值得一读！

本书在撰写过程中，参考并借鉴了相关专家学者的研究成果和观点，在此表示最诚挚的感谢！另外，受时间和精力所限，书中难免出现不足之处，敬请批评指正！

作　者

2016 年 12 月

目　　录

第一章　传统武术教学概述

经过漫长的历史发展，传统武术已经形成了形式多样、内容独特、文化色彩浓郁、社会价值深远的中国特有的体育文化活动形式。而随着我国现代教育和学校体育的发展，传统武术已成为学校体育教学的重要内容，这对我国传统武术文化的弘扬和传承有着非常重要的意义。本章就传统武术教学的相关知识进行论述，内容包括传统武术的发展历史、文化内涵、教育价值以及教学发展现状。

第一节　传统武术的发展历史

一、传统武术的起源

作为一种独立的社会文化现象，传统武术在我国有着非常悠久的发展历史。可以说，传统武术的起源与中华文明几乎是同步产生的。

（一）武术的雏形

原始社会时期，由于人类正处于自然环境恶劣以及社会生产力非常低下的情况，为了求得生存，人类开始与野兽争斗，通过群体的力量在与自然界战斗中求得生机。狩猎是人类生产生活的重要方式之一，在与野兽的搏斗中，人类通过拳打、脚踢、躲闪等徒手动作，以及利用石头、木棒与野兽抗争，正是通过这些过程，人类逐渐形成并积累了劈、砍、刺的技能。这种基于本能的、自发的、原始形态的搏斗技能是低级的，还没有脱离生产技能的范畴，但逐渐形成了一定的击刺技巧、攻防姿态与动作，然而，这种在人与兽争斗的过程中积累起来的技巧与方法，还不能说是武术的萌芽。这主要归因于，只有通过人与人之间的格斗、搏杀，才能更好地促进攻防技术这一对矛盾体的不断提高和演化，才能与技击的逻辑本质相符合。传统武术是人与人之间相互搏杀、格斗的技巧，通过在人与野兽争斗的过程中将一些击打技能积累起来，从而为我国传统武术技能的形成奠定了基础。

旧石器时代晚期，打制石器等生产工具有了较大发展，出现了尖状石器、石球、石手斧、骨角加工的矛。在新石器时代，大量的石斧、石铲、石刀和骨制的鱼叉、箭镞，甚至还有铜钺、铜斧等相继出现。随着狩猎和生产工具的不断创新，人类在砍、劈、击、刺等技术上积累了更为丰富的经验。此时，传统武术以运用格斗技术的自觉性、使用工具方法的主动性、创造锋利工具的能动性等为标志的雏形开始形成。

人类之间的战争使传统武术得以真正意义上的萌生。到了原始社会末期，人类之间开始出现了一些规模较大的战争。如《吕氏春秋·荡兵》记载："未有蚩尤之时，民固剥林木以战矣。争斗之所自来者久矣，不可禁，不可止。"通过战争，原先是人类与野兽争斗的工具和技能被逐步演化为人与人之间搏杀格斗的工具和技能，同时也很好地促进了技击技术的发展和器械的制作。如《世本》记载："蚩尤作'五兵'：即戈、殳、戟、酋矛、夷矛。"兵器的丰富，必然导致使用这些兵器的技术不断丰富和发展。可以说，大量的磨制锋利的生产工具在人与人之间的搏杀格斗之中逐步演化成相互残杀的武器，也将战争中所需要的格斗技能和兵器技艺在生产技术中分离出来，作为一项独立的社会技能，传统武术开始得到发展。

生活在原始社会时期的人们，在开始进行狩猎和战事之前或之后，通常都要举行"武舞"。据史籍记载：大禹时期三苗部族多次反叛，屡次征伐也未能使之降服。后来，禹停止进攻，让士兵持斧和盾进行操练，请三苗部族的人观看"干戚舞"，结果三苗部族被"干戚舞"雄浑的力量所慑服，立即臣服于大禹。在古代众多的"武舞"之中，"干戚舞"就是其中之一。而"武舞"是对战争场景或狩猎的模拟，人们期望能够通过这些击刺杀伐的动作来产生一种超自然的力量，从而克敌制胜，战胜对手。就效果来说，武舞既是对搏杀技能进行操练的形式，同时也是一种对武威进行宣扬的手段。"武舞"融知识、技能、身体训练和习惯的培养等为一体，将用于实战格杀的经验按一定程式来演练，为后来武术套路的形成奠定了基础，是古代武术由感性认识向理性认识的升华。

目前，在很多具有原始风貌的民族传统风俗之中，还能再现原始武舞的影子，如云南纳西族的祭神武舞"东巴跳"，数十上百人手持武器而狂舞。在我国当前发现的一些原始岩画中，也能够看出一些原始武术的图像。在一些岩画中，远古的战士们呈横列状，右手高举短戈，傲然屹立；还有一些人一手持方盾，一手执两端粗、中间细的武器，双腿弯曲呈马步下蹲，生动展现了原始武术的威武形象。

（二）武术的形成

在原始社会时期，虽然传统武术得以萌芽发展，成为原始文化的重要内容，但传统武术尚没有进入到有计划、有目的、有组织的体育活动范畴，一直到阶级社会出现，真正的武术才得以逐渐形成。

阶级社会连绵不断的战争、家族的私斗中，比较成功的一击、一刺、一拳、一腿逐渐被人们模仿、传授、习练着。因此，战场上的搏斗经验不断得到总结，武术进一步向实用化、规范化发展，兵器和武艺也都有了较大程度的变化，武术体系正逐步形成。

奴隶制度的崩溃，使得奴隶主、贵族在教育和军队方面的垄断武技的局面被打破，随着"游侠"和"士"阶层的出现，武技也开始走向民间。民间开始出现军事武艺，这也促使着武术技艺由个体性开始向着多样化的方向发展。为了更好地促进武术技能提高，在武艺的比试方面，习武者开始讲究攻防技巧，在打法方面也出现了进攻、防守、佯攻、反攻等。随着传统武术的不断发展以及武术技术的日益完善，在这一时期，传统武术理论也得以形成。

二、传统武术的发展

（一）古代武术的发展

传统武术在奴隶社会时期，沦为了专门为统治阶级提供服务的军事技能，并开始向着复杂化、专门化的方向发展。

1. 夏朝时期

夏朝的建立，是我国古代开始进入到奴隶社会的标志，在这一时期，传统武术技击技术随着奴隶主贵族之间接连不断的战争得到了进一步发展。车战成为当时作战的主要形式。为了更好地满足车战的需要，同时此阶段冶炼技术得到发展，军队中配备了很多种做工精良的青铜兵器，并且在形制方面做了很多改进，使之组合更加趋于合理，如戈与矛结合而产生的戟。另外，当时还出现了以武术为主的教育机构，如"序"和"校"等，进行各种武技（如"手搏""手格""股肱"等）的传习和演练。

2. 殷商时期

在殷商时期，田猎开始出现，成为传统武术训练的重要手段。在农业经济社会中，人类不再将田猎作为赖以生存的谋生手段，而是将其作为一种具有军事意义的活动。田猎是将对各种武器的使用和驾驭马车技术训练作为主要目的，"以田狩习战阵"。作为一种综合训练，田猎是将技术、身体和战术训练作为一体。田猎时，将士们驱驰车马、弯弓骑射，进行军事技能训练，殷商甲骨文中就有大量关于田猎的记录。在青铜冶炼技术的大力发展之下，开始出现了很多精良兵器，如矛、戈、戟、斧、钺、刀、剑等，这也使得传统武术的杀伤力大大增强。

3.西周时期

在西周时期，为了维护贵族专政，统治者对贵族子弟实行“六艺”（即礼、乐、射、御、书、数）训练，也因此而萌生出了传统武术文化教育的气象。“六艺”中的“乐”“射”“御”这些都是与武术有着直接关系的训练内容。“射”“御”分别指射箭和驾驶战车，“乐”则是周朝开国的一种舞蹈，这种舞蹈是在东南西北四方各做四次击刺的动作，成为后来的武术基础套路和传统套路中的“打四门”套路。

4.春秋战国时期

到了春秋战国时期，由于诸侯争霸，战事非常频繁，这也使得练兵习武成为当前最为重要的举措，得到了足够的重视和发展，同时铸造工艺也得到了很好的发展，特别是在吴、越出现了一些精通制剑的名师大匠。在当时，不仅击剑非常流行，而且文人佩剑也蔚然成风，这使得武术的格斗技能得到了非常快速的发展。当时，诸侯各国“以兵战为务”，对拳技、臂力、筋骨强壮出众者都很重视。

在《管子·小匡》中记载：为了能够使齐国得以强盛起来，齐国的宰相管仲进行了兵制改革，要求官兵要进行实战性的武技训练，在民间有拳勇而不报告者则一律按照隐匿人才问罪。每年春秋两季，齐国都会举行全国性的“角试”来发掘人才，将那些具有高强武术的人才选拔到军队之中，这也使得民间传统武术技能的发展得到极大的促进。

在《吴越春秋》中记载：在古代越国，有一位时称“越女”的女击剑家，非常有名。她既有着出众的剑术，同时也有一套技击理论。在越女看来，剑术虽然表面上看似浅显易懂，但其中蕴含着非常精妙而深邃的道理，有门户的开合、阴阳的变化。越女的剑术正阐明了其中攻与防、内与外、虚与实、快与慢、动与静、逆与顺、呼与吸等矛盾双方的关系，形成了较为成熟的技击理论。

5.秦汉时期

到了秦汉时期，传统武术开始萌生出了初期的分支，出现了剑术、拳术、象形武术等分支，这也为传统武术后期的发展打下了良好的基础。

为了更好地维护专制皇权和国家统一，秦朝在民间实行禁武的政策，这使得传统武术的发展受到了极大的阻碍，但由于秦王朝的统治比较短暂，才使得禁武对传统武术发展带来的消极影响不是很大。

汉朝十分重视武备和军事训练，甚至“兵民合一”“劳武结合”，全民的尚武之风盛极一时。根据当时作战形式的需要，在军中刀的地位逐步取代了剑，发展到了三国时期，刀已经成为军队中最为主要的短兵器。后来，随着剑术在民间的广泛流传，这时的剑术在非军事用途中得到了很好的发展，并且刀剑之术以及相扑、角抵活动开始东传日本。

在这一时期，有很多关于武术的理论著述出现，如在《汉书·艺文志》中，收录了《手搏》6 篇、《剑道》38 篇。《史记·太史公自序》中写道“非信廉仁勇，不能传并论剑，与道同符”，习武练剑，“内可以治身，外可以应变，君子比德矣”。以上这些文献的相关记载，都标志着在这一时期开始形成了对习武者行为进行规范的“武德”要求。

6. 两晋南北朝时期

民族大融合是这一时期的主要特点，在军中和民间，武艺都得到了很好的交流和发展。此外，位置偏向南方的汉族政权更加倾向于享乐苟安，崇尚声色玩乐，这也使得娱乐武术得到了很大的发展，如当时流行角抵戏、刀楯表演、刀剑表演以及武打戏等。同时，武术在与文化的交融中开始与佛、道的思想和法术结合起来。

7. 唐朝时期

开明的政治，繁荣的经济，开放的文化、社会环境使得武术得到了很大的发展。

(1)剑术的发展

在唐朝时期，枪成为战场上的主要兵器，刀制也已经取代了剑制，这使得剑完全退出了战争舞台。但在民间，剑术得到了很好的发展，具有健身、自卫、表演、娱乐等功能。在唐朝时期，与徒手格斗相关的技艺，如角抵、角力、相扑、手搏等都是混称并用的，都得到了很好的开展，并传到了日本，这对日本武道的发展产生了很大的影响。

(2)武举制的建立

府兵制在唐朝时期得到了很好的发展和完善，武举制也在长安二年(公元 702 年)得以建立，这种通过考试来对武勇人才进行选拔的方法，对传统武术的发展起到了很好的促进作用。

①通过对武举内容的确定，使传统武术得以规范化、精练化。

②由于是面向社会各个阶层开放，武举制使得人们习武的热情得到了

激发。

在这些措施之下，唐朝掀起了尚武任侠之风，甚至很多文人墨客也都崇尚武侠，如诗仙李白就曾写下“安得倚天剑，跨海斩长鲸”“抚剑夜吟啸，雄心日千里”的诗句。

8.两宋时期

(1)兵器的发展

在两宋时期，由于民族矛盾非常突出，战争也非常频繁，使得各个统治者都非常重视武备，军事武艺得到了非常好的发展。除了军事训练变得系统、规范之外，兵器在种类方面也有了非常明显的增多，形制上也变得非常复杂，除了常用的弓、弩、刀、枪外，还有锏、棒、鞭、斧等，这为后世民间武术器械的丰富和技艺的提高创造了条件。

(2)习武组织的发展

广大农村为了反抗压迫、抵御侵略，开始出现了很多武艺结社组织，其中影响力较大的有“忠义巡社”“弓箭社”等。在城市之中也出现了很多武艺结社组织，如“英略社”“锦标社”等。两者不同之处在于，城市武艺结社的主要目的是健身娱乐。武艺结社组织的大批出现，使得民间武艺的发展得到了极大的推动。

(3)武艺表演的发展

套子武艺在宋朝时期随着表演武艺的兴盛而大量出现，除了军中设有武艺表演(如诸军春教时“禁中教场，呈试武艺，飞刀斫柳，走马舞刀，百艺俱呈”)之外，由于商业变得繁荣，武艺表演在城市群众性的游艺场所“瓦舍”“勾栏”中也变得丰富多彩。这些按规定程式、规定动作进行的武艺表演，对后世武术向表演化方向发展具有深远的影响。

9.元明清时期

(1)元朝

传统武术对元朝的社会发展产生了非常重要的影响。这主要是因为，一方面，元朝统治者要镇压各族人民(主要是汉族)的反抗，既要求强化军中习武练兵，同时又禁止民间习武，并制定了很多禁律，这也使传统武术在民间的发展受到了很大的阻碍；另一方面，文艺戏曲在元代得以兴盛，武打戏的出现使得武术在舞台艺术上的发展到了一个新的高度，这为明清时期武术在舞蹈艺术方面的发展奠定了良好的基础。

(2)明清

明清时期，伴随着火器在军中的出现，武术与军事武艺逐渐分离开来，在民间得到了更为广阔的发展，这也使得传统武术迎来了大发展时期，在这一时期也形成了传统武术文化。

这一时期武术文化的特征主要表现在以下几方面。

①套路的形成

虽然“武舞”或“打套子”在明清之前就已经长期存在，但武术套路是从明朝开始正式出现的。程宗猷的《单刀法选》所绘制的刀、棍等套路演练步法线路图，是至今所见的最早的武术套路图谱。对于中国传统武术来说，武术套路是其特有的技击术形式之一。

②流派的形成

我国传统武术的诸多拳种和流派基本上是从这一时期开始的。

③内家拳的出现

虽然很多内家拳在拳理和风格方面各不相同，但大都产生于明清两代，如形意拳、太极拳、八卦掌等。通过借助于中国哲学理论来对拳理进行阐释，内家拳更全面、更深刻地反映出中国文化的哲学内涵，以及对修身养性的重视。

④内功的形成

武术和气功导引原本是相互独立又并行发展的两种文化现象，在早期两者并没有什么直接联系。到了明清时期，尤其是清代，武术内功便由于民间秘密结社组织中的两者结合而诞生，这也使得“内外兼修”成为中国武术与世界其他武技相区别的最为鲜明的特征。

⑤武德的要求

在明清时期，在所有拳种的拳谱上都记载了对习武者的道德要求，有的甚至具体到了技术层面。

中国传统武术无论是技术方面还是理论方面，都有着非常深刻的伦理型文化的烙印，武术文化的完备形态也为后世武术的发展创造出了非常广阔的空间，同时也使得世界武坛中中国武术的地位得到了确立。

（二）近代武术的发展

近代武术为中华人民共和国成立后武术运动的发展起到了重要的承前启后的作用。

由于受到西方强势文化的猛烈冲击，近代中国战火不断、时局动荡，很多思想展开了激烈交锋，中国武术在这一特殊历史时期虽然受到了一定程度的消极影响，但在“强种强国”理念的号召下，也曾一度得以兴盛，并创造出了武术运动的新局面，使得传统武术得以向着规范化、科学化的方向发展。

1. 武术组织的建立

自辛亥革命之后，中国传统武术在一些社会名流和教育家的号召下受到了更多的重视和关注，一大批武术公社相继在各城市出现，上海就有 30 多家，北京有 20 多家，天津有 10 多家。其他城市也相继建立了许多武术组织。

1910 年，在上海成立了精武体育会，在当时成为最具影响力、传播最广泛、持续时间也最长的武术组织，它所产生的影响远及海内外。

国民党政府于 1928 年在南京成立了中央国术馆，随后在各个省、市、县相继成立了地方国术馆。对于社会上开展的武术活动，这一官方国术馆组织系统进行了积极的行政干预，其决策对当时武术的总体发展产生了直接影响。官方国术馆组织系统以及各类民间武术组织的成立，使得传统武术地域家族的限制被打破，也突破了传统武术师徒口口相传的方式，使得武术的生存环境开始从农村走向城市，逐步形成了将城市武术组织作为中心，对传统武术进行有组织的推广、整理和研究。

在传统武术发展中，武术组织的出现对其发展产生了积极而深远的影响。

2. 武术形式的创新

(1)在武术的教育形式上为传统武术的近代化转型做了有益的尝试

1911 年，一批武术名家合作编辑了一本全新的武术教材，并于 1914 年进行了修订，其名为《中华新武术》。1917 年，将该教材定为军警必学之术，次年被定为全国正式体操。这一批武术名家所创编出的新武术，是将传统武术作为内容素材，在形式上借助兵式体操的操练特点，并分段、分节地配以口令，很适合进行团体教学和操练。虽然“新武术”在内容方面比较单调，兵操色彩在动作中体现得非常突出，但它使得循序渐进的教学训练原则得到一定程度的体现，这为武术成为学校体育课提供了一个比较可行的形式。

1915 年 4 月在天津召开的“全国教育联合会”第一次会议上通过决议：“各学校应添授中国旧有武技。”武术被作为一种尚武强国的教育手段推向学校。

1918 年 10 月，在召开的全国中学校长会议上通过决议：全国中学都要添习武术，这标志着旧时在乡村市井之中流传的武术正式进入学校之中，成为学校体育课程的一项重要内容。但由于各种原因，各地学校开设武术的情况并不平衡，加之后来的抗日战争，对武术在学校的开展也有较大影响。

（2）组织各类形式的武术竞赛活动

中华全国武术大会于1923年4月在上海举办，这次大会的成功举办，成为中国体育史和武术史上的第一次单项武术运动会。

旧中国时期，在1924年召开了第3届全运会，武术套路第一次成为其中的表演赛项目，这也标志着武术运动正逐步进入了综合性运动会之中。

中央国术馆组织在1928年和1933年举办了两次“国术国考”，这也是近代最具影响力的武术比赛。

旧中国第5届、第6届全运会在1933年和1935年得以举办，在这两届全运会中武术已成为了正式的竞赛项目。通过这些竞赛活动的成功举办，武术竞赛规则也经历了从无到有的过程，并得到了逐步细化。

（3）武术观念开始革新，武术理论向科学化方向发展

人们对于武术的认识随着新、旧思潮的交锋和“土洋体育”之争的展开以及武术进入学校体育课程和运动竞技场开始逐步深化，开始从体育观的角度来认识武术。与此同时，很多学者也开始对武术的起源与发展进行实事求是地考证，并对武术健身与技击的效果进行了验证，获得了很多宝贵的学术成果，也使得传统武术的科学化发展得到了进一步促进。

（三）现代武术的发展

1.传统武术理论研究的发展

在传统武术发展中，对传统武术的理论进行系统而深入的研究是其中一个非常重要的方面，也是衡量传统武术发展是否成熟的重要标志之一。

（1）民间武术理论的发展

民族形式体育研究会在1952年由国家体委设立，这一研究会的主要任务是对传统武术等民族体育开展研究工作。对于传统武术的研究，在国家和党的重视和支持下，得到了非常快速的发展，在之后的几年时间中，无论是对武术的性质和发展方向等社会科学理论的探讨，还是围绕武术的技术理论和人体生物科学的内容，都有所涉及。

武术理论的研究在“文革”期间受到了严重的干扰。

到了1982年，全国武术工作会议对“必须加强武术的科学研究和理论建设”做出了明确的指示，这使得传统武术理论的研究开始得以繁荣起来。

从1983年至1986年，开展了规模浩大的传统武术挖掘与整理工作。经过不断的努力，查明了全国源流有序、拳理明晰、风格独特、自成体系的拳种达129个，针对这些挖掘工作的成果，出版了专门性著作——《中国武术拳械录》。

中国武术研究院和中国体育科学学会武术学会(后更名为武术分会)在1986年、1987年相继成立,这为开展科学的传统武术研究提供了组织保障。

全国第一次武术学术研讨会在1987年召开,规定此会每年举办一次。全国武术研讨会的召开为广大的传统武术研究者们提供了一个相互交流的平台。此外,传统武术进入学校,特别是高等院校之中,这为传统武术的科学研究提供了强有力的研究队伍保障。

(2)学校武术理论的发展

在学校教育中,传统武术的开展获得了前所未有的发展。北京体院和上海体院在1958年相继成立武术系,北京体院在1963年开始招收武术专业研究生。之后,由于"文化大革命"影响被迫中断。到了1977年,高考制度得以恢复,开始招收本科生,次年武术研究生的招生工作也得以恢复。1997年,上海体院首先设立了武术学科开始招收博士研究生。这标志着传统武术开始进入现代科学的殿堂,成为能够培养高层次研究人才的专门学科。

(3)武术理论体系的构建

随着武术科学研究蒸蒸日上,学术成果大量问世,一些论文还登上了亚运会和奥运会的科学大会学术讲坛,多学科、多层次的立体型研究使武术理论研究更加深入,武术的理论体系框架和技术体系的理论建设初见成效,武术学科体系正在逐步走向科学、严密。

需要注意的是,由于武术基础性理论非常薄弱,理论研究起点比较低,再加上相对于其他学科研究队伍整体素质有待提高,与实践相比,武术理论研究还远远不能满足武术实践的需要。现有的武术理论在很多方面还很难做出应有的理论指向和科学阐释。

2.武术教育体制的发展

在新中国成立之后,作为学校体育教学内容之一的武术,受到了国家各相关教育部门的重视。

1956年,中国第一部全国通用的《中、小学体育教学大纲》由教育部编订并颁布,武术的相关内容便被涵盖其中。

1961年,《全国大、中、小学体育教学大纲》(修订版)中规定,武术在小学体育课中每学期6学时,中学为8学时。

从1980年开始,在学校体育教育中,武术受到了进一步的重视。国家领导人曾多次要求在小学、中学和大学的体育课中增加武术的相关内容,通过学校体育将现代教育与民族体育很好地联系起来,并将武术作为达标考核的重要项目之一。

1987年,《全日制小学体育教学大纲》明确把武术列为3～6年级的基本教材之一。第二次全国武术工作会议于1992年召开,会议提出了要针对大、中、小学来编写武术教材,要使三分之一的高等院校和中小学在校学生学会一套武术套路。这些措施对于武术在学校中的开展起到了很好的推动作用。

高等院校由于师资、器材、设备等条件较好,教学中能够顺利地贯彻落实教学大纲所规定的武术内容,武术教育取得了理想的教学效果。许多高校还成立了武术协会,开展了形式多样的武术比赛。

武术要是成为体育院校和普通高校体育系的必修课程,并开设武术专项选修课,对于武术教材的建设也得到了很好的开展。根据形势发展的需要,教育部在制定和完善体育教育专业本科课程指导纲要时,将原来的11门主干课程变为9门主干课程,后来又变为6类主干课程。在这些主干课程中,武术(类)课程便是其中之一。根据不断修订和完善的体育教育专业本科武术(类)课程指导纲要,教育部还组织专家分别在1996年和2000年出版了《武术》教材。

将学生的发展和学生需要作为中心来开展武术教学,是一个值得认真研究的问题,虽然在各级各类学校中武术都得到了很好的开展,并取得了一定的成效,但武术在学校中的推广和普及还有很长的路要走。

3.武术管理体制的发展

社会化和组织化是现代体育文化形态的两个重要特征,新中国成立后,武术运动的发展同样表现为高度的组织化。武术作为民族传统体育的一部分,在新中国成立后,受到了党和国家的高度重视。

1950年,为了更好地倡导武术运动的发展,中华全国体育总会组织召开了武术座谈会。

国家体委在1952年成立后,设立了民族形式体育研究会,其任务主要是挖掘和整理武术等民族形式的体育工作。

国家体委于1955年在运动司下设武术科,对武术工作进行专门负责。之后,武术科又被升格为武术处,负责国家对武术方针、政策的贯彻执行和武术的普及推广、组织竞赛等工作,并指导各地群众武术组织的活动。

中国武术协会于1958年在北京成立,之后各个地方武术协会也相继成立,从而构成了一个相对比较完善的武术网络组织系统。就性质来看,虽然武术协会属于社团组织形式,由各级体育总会来进行管理,但武术协会长期以来一直积极参与国家有关武术的各项具体工作,使得我国武术运动的发展得到了积极推动。

1980 年之后，我国开始实行改革开放政策，武术事业也得到了非常快速的发展。1986 年，国家体委武术研究院在北京正式成立，以更好地适应形势发展需要。1987 年，国家体委将体委训练竞赛四司的武术处纳入了国家体委武术研究院，对全国武术工作和对外推广工作进行统一管理。

1990 年，中国武术协会进行实体化改革，成为既是中华全国体育总会的团体会员，又是国家直属事业单位，在对项目的业务管理上拥有部分行政职能。

《关于国家体委武术协会更名为国家体委武术运动管理中心的通知》由国家体委于 1994 年下发，实际上在对中国武术协会进行保留的基础上，又增加了国家体委武术运动管理中心，对武术的管理体制进行了完善。

武术管理体制的逐步完善，在组织上为武术运动的健康发展提供了有力保障，使得武术运动得以规范化、科学化，并在社会化方面获得了长足的进步，从而为国际武术的交流和传播打下了良好的基础。

4. 武术竞赛体系的发展

1953 年，全国民族形式体育表演及竞赛大会在天津举行，这次大会以武术为主要内容，标志着武术作为体育项目开始进入竞赛领域。

1956 年，武术表演大会在北京举行，共有 12 个省市单位参加。

1957 年，在上述两次大会的基础上，国家体委确定了武术为正式比赛项目。

1958 年 9 月，在北京举行的全国武术运动会中有来自 27 个省市的单位参加。在运动会结束之后，中国武术协会组织一些专家编写了中国第一部以太极拳、南拳和长拳为主要竞赛内容的《武术竞赛规则》，国家体委在 1959 年正式批准并公布实施。

1959 年 3 月和 11 月分别举办了全国青少年武术运动会和第 1 届全国运动会武术比赛，并对《武术竞赛规则》进行了应用，这就标志着武术作为一个体育项目实行竞赛的轮廓和具体办法就大体形成，武术比赛步入了正规化的轨道。

三年自然灾害和“文革”期间，停止了一切武术比赛。

1984 年，国家体委在全国武术表演赛逐步以优秀运动队为主的套路比赛、表演项目逐渐减少的基础上，将全国武术表演赛正式更改为全国武术比赛，这使得武术竞赛的发展得到了极大的推动。

1985 年，国家体委颁布、实施武术运动员等级试行标准，极大地鼓舞了广大武术运动员勤学苦练、不断提高运动技术水平的热情。

1989年，国家体委为了更好地满足武术运动发展和武术竞赛工作的需要，将全国武术比赛更改为全国武术锦标赛，同时采取了一系列的措施，将武术套路团体赛和个人赛分开进行举办。在武术套路团体赛中采用了升降级和分级比赛制，这样既能够为运动员提供更多的竞争机会，对公平竞争机制进行强化，又能够更好地促进武术技术水平和武术套路训练水平的快速提高，从而使武术竞赛进入一个全新的发展阶段。

1990年，在第11届亚运会中，武术成为正式比赛项目。

1997年，武术在第8届全运会上成为正式比赛项目，同时也是当时全运会中唯一的非奥运会比赛项目。

2003年，为了适应武术运动申报奥运会项目的需要，对《武术(套路)竞赛规则》做了较大的修订，武术比赛评判的客观性得到了进一步的提高。

随着“武术热”在全国的兴起，为了破除玄学、迷信，在比赛实践中来检验和发展武术攻防格斗技术，国家体委于1979年针对武术散手项目在北京体育学院、武汉体育武学和浙江省体委三个单位中开展试点训练，在获得相应的经验之后再进行推广。1979年5月，试点单位在南宁举办的全国武术观摩交流大会上做了汇报表演，并于同年9月举办的第4届全运会中开展了武术散手公开表演。

1980年10月，国家体委调集试点单位的有关人员研究、拟定了《全国武术散手竞赛规则(征求意见稿)》。随后在1982年1月，国家体委又调集部分专家在北京研讨并确定了《全国武术散手竞赛规则(初稿)》。同年年底，在北京召开的第一次全国武术工作会议上确定了武术散手应本着“积极、慎重、稳妥”的精神发展。

1988年，在比赛中武术散手作为擂台的形式予以确定下来。

1989年，武术散手被列为正式体育竞赛项目。

1990年，《武术散手竞赛规则》经国家体委审定得以正式颁布施行，在武术竞赛中开始实行裁判员、运动员等级制度，这使得武术散手的竞赛规则更加趋于完善。同年，电子计分器在武术散手比赛评分中得以应用，这使得评分手段更加先进。随后，各类武术散手比赛纷纷举行。

武术散手在1993年的第7届全运会和1998年泰国举办的第13届亚运会中被列为正式竞赛项目。自此，散手比赛已经进入了综合性运动会中，这表明武术散手竞赛已经发展得更为成熟和规范。

1999年，经研究决定，将散手正式更名为“散打”，这使得散手竞赛得以进一步规范化，并使得民族特色得以突显出来。

2004年，重新对《武术散打竞赛规则》进行修订，从而实现了将国内散打比赛同国际散打比赛相接轨。

我国目前的武术竞赛主要有世界武术锦标赛，亚洲武术锦标赛，全国武术锦标赛，全国青少年武术锦标赛，全国太极拳、剑、推手比赛，以及全运会武术比赛和亚运会武术比赛等。

5. 武术的社会化与市场化发展

由于不受年龄、性别、季节、场地、器材的限制，武术运动因其内容丰富、形式多样，深受各族人民的喜爱。

(1)武术的社会化发展

1950 年，针对武术如何发展，中华全国体育总会在北京召开了武术座谈会。

1952 年，针对武术的开展，全国体育总会第 2 届代表大会做出明确指示。这也使得在工人、农民和学生群体中，武术活动得以迅速开展起来，并相继建立了各种武术锻炼小组和辅导站等，掀起了群众性的武术活动热潮。

1955 年起，由于一些不法分子利用一些武术社团和武术活动从事非法活动，使得群众性的武术活动受到了整顿。随后的三年自然灾害和十年动乱对武术活动的开展造成了非常严重的影响。

1978 年，经过拨乱反正，特别是第一次全国武术工作会议于 1982 年在北京召开之后，针对武术发展提出了具体的方针、任务和措施，从而指明了武术运动的发展方向，加之文化思想的解禁和武侠影视、小说等媒介的传播，群众性的武术活动重新恢复和发展，全国城乡兴起了一股规模空前的“武术热”。

1991 年，通过在全国范围内开展评选“武术之乡”活动，使得群众性武术活动的良性有序发展得到进一步推动，此后该活动每隔 3 年评选一次。到了 1995 年又在全国开展了“武术百杰”评选活动。

1997 年，原国家体委通过批准并颁布实施了“中国武术段位制”来对习武者的武术水平进行全面评价，以建立规范的全民武术锻炼体系。根据个人从事武术锻炼和武术活动的年限、掌握武术技术和理论的水平、研究成果、武德修养以及对武术发展所做出的贡献，该制度将武术段位定为三级九段。初级为一段、二段、三段，中级为四段、五段、六段，高级为七段、八段、九段。段位制的考评内容包括武德、技术和理论考评(初级段位没有理论考评)。在考评过程中，凡是不具备合格的武德者，则不能进行技术考评；如果技术考评不合格，则不能进行理论考评；如果理论考评不合格，就不能对其授予相应的武术段位。全民的武术锻炼在中国武术段位制实施下变得更加规范。

(2)武术的市场化发展

伴随着我国经济体制的改革以及社会经济的快速发展，再加上人们思想解放和观念转变，武术开始走上了市场化发展道路。

1987年，“开发武术资源”的口号由国家体委提出。

全国体委工作座谈会在1988年召开，在会议上提出了“以武养武”的发展思路。从此，将经营武术作为产品的武术经济得以快速发展起来。一方面，在民间相继建立了各类的武术馆、校、社，迈出了武术经济的脚步；另一方面，很多地方将武术视为对外开放的门户，“武术搭台，经贸唱戏”，这为当地的经济建设做出非常重要的贡献，如中国郑州国际少林武术节、中国温县国际太极拳年会、中国湖北武当文化武术节等。

1993年，中国南北武术散手争霸赛得以成功运作之后，在中国武术管理阶层中，对于中国武术市场化发展的道路逐渐清晰和明确下来。1999年，中国功夫对美国职业拳击争霸赛也得到成功举办。2001年中国功夫对泰国职业泰拳争霸赛得到成功运作。在此期间还运作了中国功夫对日本空手道、对韩国跆拳道等争霸赛，以及国内的武术搏击水上擂台赛等。

2000年，“中国武术散打王争霸赛”的诞生，为中国武术的职业化和市场化发展添上了重要的一笔。

随着社会市场经济条件和环境的进一步发展，武术的市场化和社会化必将越来越普及。

6.武术在国际的传播与交流

把中国传统武术推向世界，扩大中国武术在海外的影响，对显示中华民族特有的智慧和力量，发展国际的文化交流，增进世界各国人民之间的友谊，都有深远的意义。

1960年中国武术队访问了前捷克斯洛伐克，这也是自新中国成立以来武术代表团的第一次出访。1960年底，在周恩来总理的带领下，中国武术队远赴缅甸进行巡回表演，这也由此揭开了武术对外交流的序幕。随后，国家和地方曾多次派遣武术团、队到国外表演、访问。这些出访不仅扩大了中国武术在海外的影响，同时也为我国的外交工作做出了贡献。

1985年左右，随着我国改革开放政策的实施，中国武术开始真正地走出国门，在“要积极稳步地把武术推向世界”方针的指引下，采用“走出去，请进来”的办法，武术运动在越来越多的国家广泛开展起来。

1985年8月，第1届国际武术邀请赛在西安举办期间成立了国际武术联合会筹备委员会。随后在该筹备委员会的积极影响和推动之下，各个大洲都相继成立了武术组织，如1985年欧洲武术协会在意大利成立，1986年南美武术功夫联合会在阿根廷成立,1987 年亚洲武术联合会在日本横滨成立,1989 年由扎伊尔牵头成立了非洲功夫联合会。

国际武术联合会于 1990 年 10 月在北京正式成立,自此,在世界范围内武术运动走上了有组织的发展阶段。

国际奥委会第 109 次全会于 1999 年 6 月 20 日在韩国汉城(今首尔)召开,在会议上确立了国际武术联合会的合法性。这也标志着,武术正式成为了国际奥林匹克运动大家族中的一员。

"源于中国,属于世界"的武术,作为我国优秀的民族文化和良好的运动项目,已经成为沟通我国和世界各国人民的桥梁和友谊的纽带,成为世界其他国家和民族了解中国的一个重要的窗口。

第二节　传统武术的文化内涵

一、传统武术文化解析

纵观整个传统武术的发展历史,传统武术的发展受到中华文化深远的影响,正是在这种影响之下,才形成了富有特色的中国人体运动文化的武术表现形式,同时在武术的各个方面都体现出了中国浓郁的传统文化色彩。只有不断地深入挖掘和研究传统武术丰富的文化内涵,才能全面而深刻地认识中国传统武术。

"文以评心,武以观德",从这句话中就能充分地体现出武德地位在中国武术文化中的重要性。道德修养在传统武术形成与发展的过程中一直以来都受到关注和重视,并通过"崇德扬善"这一道德观来对习武者与其他任何社会之间的和谐关系进行调节,从而使习武者成为德艺双馨的武术传承者,这里所说的德和艺分别指的是"武德"和"武艺"。

武德,顾名思义,就是武术道德。很多学者认为武德是一种"崇德尚武"的精神,也有学者认为武德就是习武者所展现出来的道德。通常来说,武德就是指对习武者行为规范的要求的总和。它具体包括习武者在社会活动中应该具备的道德品质、应该遵守的道德规范和行为准则。习武者之间的人际关系主要依靠武德来协调。武德会对习武者的道德水平、个人修养、精神境界和武术礼仪等产生深远的影响,武德始终贯穿在拜师择徒、教武、习武、用武等整个武术活动过程。武德是社会伦理道德在武术方面的具体运用,武德要求习武者统一练武与修身,也使崇德和尚武紧密相连。

虽然武德很早就在一些古籍中出现，但在武术中出现得却很晚。对于武德来说，其主要体现在“仁、义、礼、信、勇”等几个方面。

“仁”指博爱，爱所有人是其最基本的含义。人的所有道德意识在一定程度上都归入到“仁”中。“仁”也是习武者德行的最高层次的品德追求和最高境界。而“义”是人们遵守“仁”和实现“仁”的途径。

“义”指的是依仁而行的标准、方式与手段，是对人的行为一定要对规范和准则严格加以遵循的强调。

“礼”主要是来源于人的恭敬与谦让心理，是人们处理好各种社会关系、待人接物的主要礼节。抱拳礼是传统武术中一种基本的礼节。

“信”指的是诚信守礼、遵守诺言。习练武术的人要讲信用、信守承诺。

“勇”是指在仁爱、守义、明礼、知信之后，要积极采取的行为活动，这也是见义勇为的道德精神之所在。因此，传统武术中所倡导的博爱、明礼、诚信、果敢等高尚的精神品质至今仍值得人们继承。同时，要坚决舍弃传统武术文化受到封建伦理思想影响而产生的具有封建迷信色彩的糟粕。

对于传统武术来说，技击攻防是其本质特征，但武术最基本的道德属性是推崇“人和”“仁爱”等精神。在不同的历史发展时期，由于拳种门派千差万别，所以对于武术的道德规范也不同。传统武术武德概括而言，其内容为：习练武术者在社会生活、拜师择徒、传授武艺、运用武艺等方面的要求。

二、传统武术文化释义

作为一种人体文化，传统武术文化是将具有攻防格斗特征的人体作为核心。具体来说，传统武术文化主要包括三个层次。

（一）技术器物层

技术器物层是传统武术文化结构的外显层次，人体的动作形态和特定的物质等都属于这一层次的范畴。这一层次的主要内涵表现为攻防格斗技法、套路动作程序、器械、功法、器具、场馆、服饰等。在该层次中，人与物的关系能够明显地反映出来。

（二）传承习俗层

传承习俗层是传统武术文化结构中的中间层次，在这一层次中包括了人体动作传承的形式、方法、规则和规则标准等，这一层次的主要内涵包括组织形式、教授方式、礼仪规范、继承原则、竞技规则、道德标准等，在这一层次中，人与人之间的关系能够得到清晰的反映。

（三）心理价值层

心理价值层是传统武术文化结构中的隐性层次，也是最内层不可见的层次。这一层次之所以能够形成，其关键在于主体自身的意识形态，包括道德理念、文化修养、审美情趣、思维方式等。该层次的核心内容是传统武术文化形态中所体现的民族性格、民族精神、民族感情、民族心理常态等。

第三节 传统武术的教育价值

一、传统武术的育人价值

（一）锻炼人的意志品质

在促进人的意志品质提高方面，我国传统武术有着非常积极的促进作用。一般来说，传统武术的习练能够针对人的意志品质从多个方面进行考验。例如，练习基本功的过程中要不断对身体不同部位的疼痛加以克服，而且贵在坚持；练习套路的过程中要对枯燥加以克服，培养自身吃苦耐劳的优秀品质。通过长期坚持传统武术习练，能够很好地培养习武者的勇敢、顽强、不断进取的意志品质和良好习性。

（二）促使人身心和谐

和谐是中国传统文化中的精髓所在，同时和谐也是最高的价值原则。在我国传统文化发展过程中，和谐发挥出了巨大作用，产生了深远影响。这也是同西方文化相比，中国传统文化差异之所在。和谐的存在使得中国传统文化形成了自己的基调。重视和谐，就是对人与物和谐的追求，也是一种对人与社会、人与自然以及人自身内外的和谐的追求。由于对人与社会和谐的重视与推崇，所以很早之前就提倡练习武术但不用武术。对人与人之间矛盾的解决也不能诉诸武力，要用“礼”来调节。

在中国传统文化中，人身心内外的和谐是被着重强调和提倡的。这就要求在习练传统武术的过程中，不论习练哪种武术流派和分类，人类都要重视“内三合”和“外三合”，这也对习武之人的身心统一提出了更高的要求。促进身心和谐发展是习武者身心统一的实质。因此，传统武术的和谐既要求动作上下与内外技术相互协调，同时也要求将和谐作为传统武术的一个重要理论，这些主要取决于中国传统文化对和谐价值观的重视程度。

（三）激发人积极向上

传统文化基本精神在我国漫长的历史发展长河中逐渐形成了多元化格局。在人的精神领域中，刚健有为是作为中华民族的重要心理因素存在的。这一精神气息要求人们要具有宽广的胸襟和自强不息的精神。

在中国传统武术发展过程中，刚健有为的中华民族传统文化精神得到了淋漓尽致的展现。传统武术既是一种身体运动，同时也是一种技击术，其刚健有为主要表现为对胜利的追求，对勇武的推崇。传统武术既能够培养和锻炼人们百折不挠、顽强不屈的强者争胜的精神，还能对观看者的心理产生影响和震撼。即使是动作轻柔缓慢的太极拳，也同样表现出刚健有为的民族文化精神。总的来说，习武者无论是在外在的动作技术方面，还是在内心的精神和心态方面，都能够充分体现出积极向上的刚健有为的民族文化精神。

（四）增强人的民族团结意识

中华民族在发展进程中，民族之间的融合性、地域性及文化统一等都在随着时代的进步与社会的变迁而逐渐开始弱化。这就使得传统武术所具有的增强民族凝聚力和认同感的重要价值和功能得以充分显现出来。随着各个地域、各个民族的传统武术得到发掘和传承，使得中华民族的一代又一代人民的认同感得以更好地实现，这也有助于人们产生强烈的民族自豪感，能够在一定程度上增强民族凝聚力、向心力和号召力。起源于不同地区的传统武术进行竞赛与表现时，参与者除具有强烈的竞争心外，民族集体荣誉感也是必须具备的情感。因此，传统武术运动的开展有助于提高人们的集体意识和民族意识，有助于各个民族之间的协作和团结，从而更好地增加民族凝聚力和认同感。

二、传统武术的健心价值

（一）有利于缓解紧张情绪

作为社会成员，人们在日常生活及工作等方面都会对不同程度的压力加以承受，各种各样的压力能够使人的精神总是处于低落与紧张状态。在传统武术习练方面，人们可以在适宜的时间选择自己喜欢的环境来进行练习。在自己喜欢的环境中进行传统武术习练，能够使习武者在练习过程中保持轻松愉快的心情。由此可见，传统武术运动能够帮助人们保持愉悦的心情，并缓解紧张的情绪。在传统武术习练过程中，人们可以对自身的紧张情绪进行缓解和调节，从而产生愉快的感觉，保持神经系统兴奋的健康状态，更为轻松地投入到生活和工作之中。

（二）有利于保持良好心情

在习练过程中，人们要遵循一定的节奏和规律，并且要做到上肢和下肢相互协调、配合，从而使身体的各个部分都能够参与其中，以完成各个习练动作。通过身体各部位的积极参与，能够有效地缓解肌肉的紧张状态，同时也能使人的神经和情绪通过有规律的节奏得到舒缓，并在传统武术中享受乐趣。在习练传统武术的过程中，全身肌肉能够保持在放松的状态，随着身体的放松，习练者的精神也得以放松。由此可见，通过传统武术的习练，既能获得有效的休息效果，还能够更好地维持良好的心情和情绪。

（三）有利于防治心理疾病

随着社会经济的快速发展和社会文明程度的不断提高，人们的生活水平也得到了很大的提高，生活质量得到改善，同时也给人类带来了巨大的生活和竞争压力。这一客观实际对人们的生理活动和精神状态造成直接的影响，人们在巨大的压力下很容易产生心理疾病。在生理上，心理疾病主要表现为没有食欲、体质不断下降、有睡觉的欲望但总会失眠；在精神上，心理疾病主要表现为情绪低落、精神不振、没有自信、心理郁闷、经常处于急躁状态等。这些心理疾病的表现会影响人们的正常生活。据现代科学研究表明，参加武术运动能够有效预防上述心理疾病症状的发生。所以，在练习武术之后，人们往往会觉得身心轻松，心情愉悦，具有饱满的精神，这就有利于防止心理疾病中生理上一些症状的出现，从而对心理疾病进行良好的预防。

（四）有利于“内”“外”统一发展

武术讲究外练与内练的统一，武术的“外练”指的是由人体的运动系统（由关节、肌肉以及骨骼组成）完成的各种动作。而“内练”主要涉及的是人的“精”“气”“神”等内部问题。养生术文化是与之有着非常密切联系的中国传统文化，虽然人们对长生不老的追求是不科学的，但人们在追求长生的过程中所积累的养生理论却有着科学依据。在传统武术动作要领中，为了更好地配合动作的进行，需要对呼吸做出正确的调整。在武术不同流派的拳术中，通过调整呼吸来配合动作也是十分重要的，这不仅能够促进动作的灵活自如，而且能够通过呼吸的调整来对人体循环系统和其他内脏器官的功能进行调节。传统武术理论要求将内在的“精、气、神”与外在的“手、眼、身、法、步”等有效结合起来，以此来提高习练效果。这是传统文化中养生理论与武术理论及训练方法相结合的体现与反映。

三、传统武术的健美价值

健康是进行健美体型塑造的最基本的条件之一。健康不仅是指身体没有疾病，它还包括其他很多方面，如正常发育、体型匀称、五官端正、有光泽的肌肤和健壮的肌肉等。这些健康的内涵能够将人类社会所特有的审美观充分地体现出来。每个人都希望具有健美的好身材。然而，因为受到先天遗传因素的影响和后天诸多方面因素的限制，并不是每个人都能够拥有令自己满意的好身材。

身体锻炼有着很强的针对性，对锻炼者的身体各个部位的生长与发育能够产生不同程度的影响。传统武术运动就是众多身体锻炼形式中的一种。人们通过练习武术进行养生与健身的过程中，身体所需要的能量很多，身体内脂肪在氧化分解反应后所产生的能量是身体所需热量的主要来源，有规律地参与传统武术运动能够使人们拥有比他人更加完美的身体线条，从而使其表现出优美的体型、姿势和动作。此外，根据相关研究发现，传统武术不会使人体肌肉体积过分增大，因此习练者不必担心因习练武术而导致肌肉体积增加，对身体的外在美产生影响。

四、传统武术的娱乐价值

总的来说，在传统武术娱乐价值中，自娱与他娱是其中的两个突出表现。传统武术的自娱性指的是人们通过参与武术运动，能够在精神上获得满足，从而表现出一种娱乐的心态。他娱性指的是人们在观看武术运动的表演或比赛的过程中，情绪随着表演或比赛情况的变化而起伏不定，或高兴，或失落，或欢呼，或抱怨，这些情绪的变化都能够使其精神得到不同程度的满足。

无论是在传统武术自娱还是他娱的过程中，传统武术娱乐的重要条件和基础是人们的精神和心理需求以及对传统武术价值的认同。武术娱乐既包括人们对武术外在形式美的享受，又包括人们对武术技击性的崇尚与向往。在徒手或器械对抗项目中，能够将人们对武术技击性的推崇充分体现出来。对抗项目表演或竞赛的参与者在激烈的对抗中，能够将自己的勇敢、威武、顽强、聪慧甚至暴力的特征充分展示给观赏者，从而唤起观赏者的本能意识，使其在思想上受到刺激，精神上得到满足。

在对抗性的传统武术搏击竞技中，能够将人体的力量美、灵巧美、速度美和柔韧美等淋漓尽致地表现出来。在竞技对抗的环境中能够使人感受到美及其带给自身的愉悦感，通过观赏武术比赛和表演也能够从中享受美。

传统武术对手、眼、身、法、步等身体动作规范性具有很高的要求，并且要求习武者内部的精、神、气要与力、功相统一，并且对习练者意念思维也有一定的要求，要求习练者通过外部动作的演练来将自己的精神、节奏与风格体现出来，这就促使武术形神兼备的运动特色及审美特征得以形成，从而增强习练者与观赏者的精神满足感。

就传统武术的动作来说，其中有一些动作是对自然界中的不同动物姿态和各种景象进行模拟，通过对大自然的模拟能够将我国传统武术所独具的深邃的内在美和含蓄美表现出来。

武术的内在精神美能够从传统武术艺术表演中集中表现出来。这在表演套路和套路对练中有着具体体现，在表演套路中能够显现出传统武术的技巧和功力，在套路对练中能够对实战进行临摹。通过这种表演能够反映和宣扬武术的内在精神，并降低了血腥成分，提高了艺术欣赏价值，给人们带来美的感受。

由于具有非常丰富的内容和独特的风格，中国传统武术受到越来越多的人的欢迎和喜爱，传统武术不受年龄、性别和阶层的限制，这使其具有非常广泛的群众基础，而且时间、地点及场地对武术习练的影响较小，从而体现出其简便与经济的特点。因此，传统武术逐渐发展成为人们参与健身和娱乐的重要手段。

第四节　传统武术教学发展现状

本节将结合我国部分高校传统武术教学发展现状来对我国传统武术教学各方面的发展进行详细阐述。

一、传统武术教学设施现状

（一）教学训练器材现状

充足的教学训练器材是高校传统武术教学得以顺利开展和获得理想教学效果的基础和重要保障。传统武术教学训练器材主要分为以下两个部分。

(1)内在功力器材:主要包括哑铃、杠铃、皮条、壶铃、沙袋、木桩、综合训练器等。

(2)内在技术器材:主要包括枪、刀、棍、剑等。

我国高校传统武术教学中训练器械的发展现状研究,主要是根据我国部分高校传统武术教学器材的调查及统计来进行的(表1-1)。根据统计得知,在现阶段我国部分高校传统武术教学过程中,棍是使用最为频繁的技术器材,其次是刀,而在技术器材使用率中,剑排在第三位,枪是所有技术器材中使用率最低的。通过观察这些技术器材的使用情况可知,这一现状与传统武术教学难易的规律是相符合的。

表1-1 我国部分高校传统武术教学训练器材统计表($N=14$)

	器材	数量(个)	比例(%)
技术器材	枪	4	28.60
	刀	6	42.90
	棍	8	57.10
	剑	4	28.60
功力器材	哑铃	9	64.30
	皮条	7	50
	木桩	4	28.60
	沙袋	14	100
	杠铃	14	100
	综合训练器	11	78.60

同其他器材相比,杠铃和沙袋在功力器材的使用率是最高的。功力器材的科学使用,既能够促使高校传统武术教学顺利开展,也有助于提高高校学生的传统武术训练功力。

教学器材的丰富程度,会对传统武术教学的顺利进行产生直接的影响,因此,非常有必要在高校传统武术教学中拥有一定比例的器材。随着近几年各大高校的普遍扩招,大学生的数量也是逐年增加,参与武术学习的学生人数也在不断增多。但与之形成鲜明对比的是,学生传统武术课上使用的器材并没有得到相应的增加,并且经过长年使用,很多器械都出现了不同程度的磨损甚至损坏。这对传统武术教学的开展和教学质量的提高产生了很大的影响。这就要求我们要加强传统武术教学器材的建设,为传统武术教学和训练打下一个良好的物质基础，这是高校相关部分应该重点关注的问题。

（二）教学场馆现状

在高校中，传统武术教学与训练场馆是其中硬件指标之一，根据相关调查，高校传统武术教学的组织以及相关竞赛活动的开展都是在教学场馆中进行的，从某种程度上来说，教学场馆决定着传统武术教学效果。而且高校体育教学综合实力的强弱也能够通过教学场馆充分体现出来。所以，对于高校传统武术的教学来说，保证教学场馆的良好状况是非常重要且必要的。

针对高校传统武术教学场馆现状的研究如下，以福建省高校为例，通过对我国福建省部分高校的调查和统计可知（表 1-2），现阶段，传统武术教学训练场馆的建设已经引起了大多数高校的关注与重视，这些高校中大部分都以本校实际条件与客观情况为依据，对相应的传统武术课程进行了设置。但是也有少部分学校因为师资力量薄弱或者一些教学事故，没有对传统武术教学课程进行设置。

表 1-2　高校传统武术场馆数量统计表（*N*＝14）

高校名称	武术场馆数量
宁德学院	1
闽江学院	1
泉州师范	1
华侨大学	1
福州大学	1
集美大学	3
福建林业大学	1
福建交通职业技术学院	1
福建警察学院	1
莆田学院	1
三明学院	1

续表

高校名称	武术场馆数量
厦门大学	1
福建中医学院	1
福建师范大学	2

为了确保研究的严密性与全面性，除了对福建省武术场馆进行调查与分析外，又以青岛市为例对青岛市各大高校武术教学训练场地基本的情况进行了调查与分析。通过调查发现，在青岛市的各个普通高校传统武术教学中，室外场地是主要的教学场地，而在室内进行传统武术教学的情况非常少。在室外场地教学具有一定的弊端，因为室外的水泥地面不适宜做一些传统武术套路教学中的跌扑、跳跃、滚翻等动作，极易导致学生受伤，相对而言，室内具有一定的安全性，而且在室内教学容易采用一些安全防护措施。室内也适合开展武术散打教学，这主要是因为散打教学需要借助于沙袋这一器材，而这一器材在室内更为方便悬挂。但青岛市各高校传统武术教学与训练场馆相对较为缺乏，学校领导并没有对此给予充分重视，这也造成了学生学练传统武术的物质需要无法得到保障和满足。这些都对学生学习积极性的提高以及传统武术良好教学效果的获得造成了不利影响。

综上所述，我国高校传统武术教学与训练场馆设施建设是参差不齐的，所以，一定要加大武术教学场馆的建设力度，为传统武术教学的顺利开展提供基础物质保障。

二、传统武术教学师资现状

教师在高校武术教学中起着非常重要的主导性作用，他们直接影响着传统武术教学质量的提高。无论传统武术课程体系如何合理设置，如果缺少了高素质的教师，同样很难达到理想的教学效果。也就是说，对于高素质、高教学能力的教师来说，通过充分发挥自身主观能动性，同样能够创造出质量高的传统武术教学体系。由此可见，对传统武术教学成效和学生发展来说，教师素质的好坏会产生非常直接的影响。因此，建立一支高素质的师资队伍是非常必要的，因为只有提高教师的素质，才能通过教师自身的努力来促进教学质量的不断提高，也才能培养出更多的高质量的人才，同样与社会需求相符合的传统武术人才的培养，也需要有高素质的传统武术师资队伍做保障。

就目前的状况来看，不管是数量上还是质量上，我国高校武术的师资队伍与武术发展的需求都有着较大的差距。虽然教师的学习不等同于教学质量，但在很大程度上学习能够反映出教师所具有的理论水平和发展潜力。一般来说，教师的学历越高，其对专业知识就有着越深的认识，同样也就具备了更强的适应教学改革的能力，在传统武术教学方面所发挥的作用也就更大。随着我国教育事业的不断发展，世界各国在加强师资队伍建设方面都呈现高学历化趋势。目前的高校武术师资队伍中，占最大比例的是本科学历的教师，硕士以上学历教师人数过少，整体学历层次偏低，高学历人才缺乏，这与国家规定的学历要求存在一定差距。根据这一现状，要采用多渠道来有效提高传统武术师资队伍的学历层次，增加师资队伍中硕士和博士所占的比例，这将是高校师资队伍建设的一个重点。

我国高校武术教师师资水平较低，专业性较强的教师又非常少，这就在很大程度上决定了教师的业务水平和业务素质相对较低。另外，这一现状还受到武术教师的教学态度、教学水平和专业水平等方面的影响。高校传统武术教师呈现年轻化趋势，再加上培训时，没有对传统武术形成一个全面的学习和了解，不利于对传统武术运动的认识和教学水平的提高。在教学过程中，武术教学的难度比较大，搞好武术教学必须做到技术动作熟练，示范准确，讲解清楚，同时还要对武术技术内容的内在攻防含义有深刻的了解，这样才能使学生真正懂得武术技术动作的目的和实用方法。促进武术教师水平的不断提高，既能够使学生在课程中的兴趣和爱好得到有效增强，还能够使学生学习的积极性得到进一步激发。

三、传统武术教学方法与组织形式现状

传统武术教学方法和组织形式的选择关系到传统武术课程能否顺利开展，实现既定的教学任务和目标，因此在传统武术教学中一定要采取恰当的教学方法和组织形式。

（一）教学方法现状

在教学过程中，为了实现共同的教学目标和任务，教师和学生所采用的方式与手段的总称，就是所谓的教学方法。教学方法的合理性有着非常重要的影响，这主要表现为既能够有效地激发学生学习的积极能动性，也有利于教学组织形式的安排，并为教师和学生营造一个良好的学习氛围。传统武术具有特殊性，这也对传统武术教师的教学方法提出了更高的要求。只有在教学过程中进行不断摸索、实验，才能更好地找到适合自

身发展的教学手段和方法，为学校开展传统武术教学起到积极的促进作用。

根据我国部分高校传统武术教学所采用的教学方法调查，主要有传统教学法、自主性教学法、合作性教学法、探究式教学法、游戏法等。表 1-3 将这几种教学方法进行了相应的对比。

表 1-3 我国部分高校传统武术中所用教学方法的对比

教学方法	所占比重	优点	缺点
传统教学法	74.19%	有利于集体教学，可使学生在教学中对教学内容有一个全面的了解，并且熟练掌握技能	在教学过程中，学生始终处于被动接受地位，对师生之间的交流和互动是不利的，忽略了学生的主观能动性
自主性教学法	4%	有利于培养学生积极独立思考的能力	教学不容易组织，要求教师在教学过程中一定要加强安全意识教育，做好防范危险的意识
合作性教学法	6%	有利于培养学生的社会性和集体性，对于学生之间的交流和互动也较为有利	对传统武术教师的教学能力提出了更高的要求
探究式教学法	3%	对学生发现问题和解决问题的能力非常有利	对教师的教学能力提出了更高的要求
游戏法	9.68%	游戏中的情节和竞争、合作等要素，对于学生独立思考和判断的能力的培养较为有利	教师一定要加强安全意识防范的教育，说明游戏的真正目的，防止学生产生攻击性行为

由于传统武术是认知的学习，并且其教学更注重技术的传授，因此将多媒体技术运用到武术教学中具有非常重要的意义，对于学生产生良好的感官效应，更加清晰地认识动作技术并形成一定的动作记忆都有积极的促进作用，进而对于既定教学任务的完成十分有利。根据相关统计发现，在传统武术教学中，采用现代化教学技术进行教学的传统武术教师只占 17.8%，这就要求我们在今后的一段时间内，主要努力方向是将多媒体、教师和学生三大要素在传统武术教学中有机结合起来，从而更好地实现传统武术的教学效果。

（二）组织形式现状

所谓组织形式，是指在课程教学中，教师对学生人数的控制。据《数据包络分析法在高校人员比例评价中的应用》中对全国31个省市高校中2001年各类教职工及学生的人数状况的统计分析可以得出，高校中较为合适的在校学生数与专任教师数之比为(14.96～16.28)∶1[①]。

但是，根据有关我国部分高校从事传统武术教学的教师进行的调查发现，师生比例存在着严重失调的问题(表1-4)。

表1-4　我国部分高校从事传统武术教学的教师调查

	人数	所占比重
从事每班25～34人教学	53	58%
从事每班35人以上教学	26	28%
从事每班15～24人教学	13	14%
从事每班15人以下教学	0	0

根据上述调查分析可以得出，各高校必须采取积极有效的措施，来加大传统武术教师的培养力度，对传统武术课程的班级人数进行合理的安排，把师生比例缩小到最小范围，使传统武术教师的教学效率得到充分的提高，从而确保传统武术教学质量。

四、传统武术教学内容现状

（一）教学内容较为单一

我国的传统武术有很多种类，就拳种来说，目前探知的就有129种之多，其中还不包括一些小拳种和雷同拳种，也不包括体系不完整的功法和套路，由此可见总的种类是非常多的。尽管如此，目前在高等院校传统武术的课程设置中，传统武术项目所涉及的拳种并不多。根据有关我国部分院校传统武术教学课程开设状况调查(表1-5)发现，在所调查的上海体院、武汉体院、沈阳体院、成都体院和西安体院中，传统武术教学内容所占比例分别

① 曲丹，沈仲辉．数据包络分析法在高校人员比例评价中的应用[J]．同济大学学报，2003(11)．

为 22.22%、24.61%、9.26%、8.41%和 15.72%，平均数仅为 16.04%。由调查结果可知，传统武术在体育院校教学中所占的比例非常低，而在普通高等院校中，传统武术教学所占的比例更低。

表 1-5 五所体育院校传统武术占总学时的比例

学校	总学时	传统武术学时	比例%
上海体院	576	128	22.22
武汉体院	776	191	24.61
沈阳体院	756	70	9.26
成都体院	856	72	8.41
西安体院	636	100	15.72

通过对上海体育学院民族传统体育专业武术教学大纲的调查和研究，2002 年规定的传统武术套路共有 10 个，主要包括八卦掌、翻子拳、五路华拳、四路查拳、形意拳、通臂拳、双刀、双剑，2003 年经过新一轮教学改革后，只保留了五个传统套路，即华拳、八卦掌、形意拳、南刀、南棍，由此可以看出，学生实际上能学习和掌握的传统武术的套路内容、拳种变得更少了。对于传统武术在高校的发展来说，这一趋势会产生不利的影响。

我国高校传统武术教学内容之所以呈现出单一的现状，是由一系列因素导致的，这些因素主要有以下几个方面。

1. 教学大纲的制约

针对高校传统武术教学，国家会制定出专门的、统一的教学大纲。一般来说，传统武术在普通高校中的教学内容大体上是相同的，即主要包括太极拳和拳、刀、棍、剑等初级套路，而柔韧性水平要求不高但竞争性强、攻防实战性强等优点的散打、短兵等内容，则很少被涉及，这是按照教学大纲进行教学的结果。中国传统武术之所以受到广大学生的欢迎和喜爱，主要是由于其内容是技击，而攻防技击性是其本质特征。但由于传统武术教学大纲的存在，使得教师往往根据教学大纲来制定相应的教学计划，在教学中侧重于动作的规格和外形，这就导致忽视了传统武术攻防技击性的特点，使得整个教学过程变得非常枯燥，无法激发学生学习的兴趣和积极性，这对学生学习传统武术的积极性产生了一定的影响。因此，在这种情况下，教师就应该尽可能地将教学大纲带来的局限性克服掉，要从学生的实际情况出发，努力发掘那些既简单实用，动作组合又少的攻防动作，使教学内容得到进一步丰富，从而使学生学习传统武术的积极性得到充分调动，以取得更好的教学效果。

2. 教师教学能力的限制

由于高校传统武术教师大都是从高校毕业的学生，所接受的教育都是基本一致的，而他们所学的内容也都是教学大纲中所规定的内容，这也在一定程度上决定了这些传统武术教师向学生传授的知识也都是大纲范围之内的，这是造成教学内容单一的一个重要原因。竞技武术套路是传统武术教学的主要内容，而有关散打和传统武术的教学内容却很少，这无法很好地满足学生的学习愿望，严重影响学生的学习兴趣。另外，现在高校传统武术教学内容还停留在以竞技武术套路为主题的教学模式上，这对学生的学习兴趣和热情产生非常严重的影响。由于这些教学内容与社会发展是相背离的，因此，会导致学生学完之后很快就荒废了，没有将传统武术的价值和功能完全体现出来。

高校比较重视主要课程，而对武术教学的时间安排相对较少，各高校教师为了完成规定的教学任务，不得不根据时间来对教学任务进行安排。再加上很多高校学生并不了解传统武术，没有基础，并且学习任务繁重，这些因素无形之中增大了学生的学习难度，大大影响了学生的学习兴趣。通过学习，学生很难对武术知识进行熟练掌握，这对传统武术的传播和发展是非常不利的。

（二）重教学实践而轻理论课教学

对于传统武术教学内容来说，其主要包括两个方面，分别是理论教学和实践教学。在传统武术教学中，武术理论是其中一个非常重要的组成部分。对学生传授相关武术理论，有助于学生更好地理解技术和学习视图知识，更好地弘扬传统武术文化。在高校传统武术教学中，大学生是主要的教学对象，他们具有较高的理论层次和认知能力，这就要求在具体的教学过程中，教师要根据学生的具体实际来进行有针对性的教学。对于目前普通高校传统武术理论教学来说，课时数太少甚至没有。导致这一现象的原因主要包括大多数院校对武术理论课没有严格的考核要求，理论课安排时数较少，授课质量也相对低下。由此可以看出，高校及武术教师并没有在理论课的讲授方面引起高度的重视，这也是我国大学生武术理论知识欠缺的主要原因。

此外，对于高校传统武术理论课教学不重视还从学生对传统武术的认知途径来体现出来。书刊、影视是学生认识武术的主要途径，通过理论知识传授和武术教材自学来认识武术的，所占比例非常小。但是，现实中那些影视、书刊对武术的描述是虚构、夸张的，不能够客观地对武术进行描述，因此武术本身的真正内涵是不会通过这些途径反映出来的，这对于学生对武术的理解会产生一定程度的影响，相当一部分学生对一些传闻的“功夫”影视中的技术和功法盲目崇拜便是这种情况的结果。学生之所以很少通过视图来进行武术自学，其原因是学生不具备较高的视图能力。在这样的背景下，要求各院校要高度重视对武术理论内容的教学，增强学生对武术理论的审图认识。

一直以来，高校武术课程的教学所采用的都是传统的教学形式，即教师来教和学生来学，而教学中所涉及的内容也基本上是武术套路技术，而专门武术理论的教学很少涉及。这就使得人们不能够全面地认识体育教学，从而片面地认为传统武术教学就是锻炼学生的身体素质，只教会学生相关的武术技能，所以自然而然地就会忽视武术理论的教学。武术蕴含着丰富的中华传统文化，因此对武术的学习不仅包括对武术技术、技术理论的学习，还包括通过学习武术，来进一步学习、继承我国优秀的民族传统文化，从而达到德、智、体全面发展的目的。

中国传统武术具有非常悠久的历史，是中华民族传统文化的重要组成部分，它与中华民族的政治、军事、文学、宗教、哲学等整个的思想文化相融合，有着非常雄厚的理论基础。因此，高校传统武术教学应该增强对武术理论教学的重视程度，并将其作为武术教学的重要内容。但就目前来说，高校重术科轻理论的现象非常突出，再加上传统武术教材各有不同，甚至缺乏，这些都使得传统武术理论知识的传授受到了很大的限制，对传统武术教学质量产生了不利影响。

（三）选用武术教材的合理性较为欠缺

教材是人类文明的结晶，是传承与发展人类文明的载体，每位高校学子都是通过对教材的学习来达到使自身素质提高、潜能得到开发和发展的目的的。教材是高等学校教学内容和教学方法的知识载体，高校武术教学内容和教学方法是高校武术教材的主要内容，教师的教与学生的学是通过一定的媒介联系在一起的，起最基础、最直接的媒介作用的就是教材。由此可以看出，对于现阶段的教与学来说，教材是至关重要的，其不可缺少。

中华武术不仅包含着众多的实践项目，还包括精湛无比的理论知识，这些内容与中华民族的整个思想文化相互作用、相互影响。为了更加深入地了解这种民族的传统文化，在学习武术时一定要对其理论研究较为重视。具有丰富的实践经验对人们的认识非常重要，但这还远远不够，因为要想将社会上诸多的异端邪说等伪科学辨别出来，使大学生的素质和修养得到有效提高，就必须将这些实践经验上升到理论认识的高度。

从教材内容方面来说，高校传统武术的教学内容主要包括初级太极拳、三路长拳、棍术、剑术等，这些套路各个动作之间缺少必要的联系性，单个动作较多，每个套路都由四个段落组成，每个段落又由十几个动作组成。套路编写太长，对于高校学生学习和熟练掌握传统武术教学内容是非常不利的，尤其对于初学者来说，更是困难。我国各类高校武术教材都有着不同的版本，这就加大了教师对教材的选择难度。通过对高校武术教材的调查和分析，得出其都存在着诸多的问题，具体来说，这些问题主要有以下几个方面。

1.内容过于陈旧，体系不合理

随着现代社会的快速发展，国内外出现了很多新理论和新方法。但在我国高校中，很多教材内容都过于陈旧，只是对以前内容的研习，并没有在教材中纳入新的教学理论和方法，也没有在具体教学过程中进行应用，更没有对新的教学内容进行追踪研究。除此之外，教材中所阐述的一些技术、方法、裁判等知识早已过时甚至错误，这与与时俱进的知识更新和教学要求是不相符的。同时，教材自身的结构设置也并不合理，主要表现在其没有包含其所应有的主要内容。

2.教材质量低下

目前，虽然传统武术教材有着很多种版本，但大体上都是相似的，并没有出现公认的最好版本，这可以说是传统武术研究的一种繁荣假象。在我国传统武术教材中，很多章节的设置，甚至整节、整段的内容都是完全一样的。在高校自编的传统武术教材中，也存在着这种问题，甚至非常严重。比如，高校中教师的年度考核和职称晋升等的一项重要指标便是是否有专著或主编的著作，但现实中，许多教师往往由于工作繁忙或水平有限等原因，没有充裕的时间进行创作，或者是没有足够的能力出专著，但是为了达到晋升的目的，他们不得不东拼西凑，粗制滥造，想方设法来编著教材，从而最终导致教材质量相当低劣。

3.教材内容繁杂，缺乏针对性

传统武术课程设置的主要形式有普修课课程、辅修课课程、专修课课程，但是民族传统体育专业的武术课程的设置就比较复杂，表现出了由浅入深、针对性强、循序渐进的特点。课程设置的不同，所选用的教材也是不相同的，必须与设置的课程保持一致。也就是说，不同课程的教材所针对的教学对象是不同的，要根据各自的培养任务和目标有所侧重。但是，就目前的状况来看，我国各大高校的武术教材的内容设计以及教材的选择方面都存在着一定的问题。

（四）传统武术考核存在问题

通过进行传统武术考核能够反映出传统武术教学的质量以及获得的教学效果。因此，要建立起合理的考核制度。全面、客观、公正、合理地评定学生的学习成绩，既能够有效提高学生学习传统武术的兴趣，也能够促进传统武术在高校中的发展。但是，目前我国高校武术教学中的考核存在着各种各样的问题，具体来说，主要体现在以下几个方面。

1.考核内容缺乏整体性，较为片面

学生的演练水平是高校传统武术教学考核内容的主要依据，但这种方式没有对那些平时积极参与锻炼，但在武术理论知识掌握和学习态度方面以及身体素质较差的学生给予足够的重视，这使得考核内容表现出了片面性，这对学生积极学习传统武术产生了非常不利的影响。同时，那些具有一定武术基础，但平时上课不努力的学生的惰性也得到助长，无法对学生的学习效果做出全面的评定和检查。

2.在考核形式上，缺乏对武术理论的考核

导致没有重视武术理论考核的原因主要是传统武术教学“重技术、轻理论”，内容比较单一。

3.在考试的形式上，采用传统考试方法

传统考试方式是现阶段诸多高校常采用的方法，也就是说，由任课教师对所教授班级进行自评，在传统武术成绩考核与评定方面也同样采用此种方法。这种考试方法存在着很多弊端，如考核与评定的标准和尺度不平衡、人情评分等。

由此可见，由于教材内容和教学方法的原因，传统武术教学考核方法存在着诸多局限，这很难使学生的学习兴趣和热情得到激发，同时也不利于学生自主、积极地学习和对武术理论知识、技术技能的掌握。

第二章　传统武术教学理论基础研究

传统武术教学的开展是一项比较系统和严谨的工作，必须建立在科学教学理论基础之上，以保证传统武术教学活动科学有序开展，真正丰富学生武术理论知识、提高武术技能、传承武术文化。传统武术教学理论对传统武术教学实践具有重要的指导意义和作用，本章在详细分析传统武术纳入我国学校体育教学系统的必要性的基础上，重点对传统武术教学的任务与内容、原则与方法进行了系统分析，以便于为教师重视传统武术教学、科学开展教学活动提供理论指导。

第一节　传统武术纳入教学系统的必要性分析

一、传统武术是传承武术独特技击文化的唯一载体

（一）武术技击功能的重要性

传统武术有着漫长的发展历史，其萌芽并发展于冷兵器时代，在其形成与发展过程中，传统武术的攻防技击性发挥着十分重要的作用。

从传统武术文化发展来看，技击性是传统武术的重要属性和基本特征，是传统武术文化的重要表现特征之一，与传统武术的文化背景有着十分密切的关系。现代社会，社会文化发生了很大的变化，传统武术所依托的传统文化内容、特点等也发生了很大的变化，这就使得传统武术出现了与现代社会文化发展的不融合，传统武术的攻防技击性逐渐被弱化，其技击的实用价值被进一步降低。在西方体育思想的影响下，传统武术文化处于弱势的地位，其传播和发展举步维艰。

从传统武术与其他体育运动的区别来看，传统武术是传统体育的重要组成部分和重要体育运动项目，传统武术区别于一般体育项目的个性与其独特的技击文化的存在具有密切的关系。因此，“无论在国内还是国外，武

术不仅因其有技击特点而存在，而流传，而发展，也因此而为人们所喜爱"①。相对于其他搏击、对抗项目，传统武术技击性"具有明显的中国传统民族文化特色，表现在技击方法的全面、训练手段的独特、搏击思想的智慧等方面，这是传统武术区别于其他体育项目的特征"②。

从体育教育的角度来看，传统武术纳入学校体育教学具有广泛的学生基础，究其原因，也正是因为传统武术技击性的存在。调查显示，在开设传统武术教学的学校中，有86%的学生选修武术课程的目的是学习防身自卫技能，而当前学校武术教学存在的一个普遍问题就是"学生喜欢武术，但不喜欢上武术课"，这个教学问题正是源于学生对学习武术技击性的学习需求与实际武术课程教学中没有体现武术技击性的矛盾所产生的。武术教学"缺乏技击实效的套路组合，最终使学生失去武术学习的兴趣"，因此，可以说，传统武术技击性的体现在教学中也具有重要地位。

（二）武术技击文化只有传统武术可以承载

武术特有的技击文化使其区别于其他技击性体育运动项目，在竞技体育发展的一般规律上，传统武术与篮球、排球等项目是一致的，但是，传统武术包括套路和散打两个部分，在技击性的表现上，传统武术技术动作属于难美性项群，追求"高、难、美、新、稳"，而传统武术的套路则基本不具有技击性，但是其套路技法原理中却蕴含着技击的内容，通过传统武术的套路练习，能对习武者技击能力的提高起着重要的促进作用。

在当前武术的两大内容体系中，传统武术承载了武术独特的技击内涵和理念。与世界上任何其他一项体育运动相比，传统武术的技击文化和思想秉承着中国传统文化的"整体观"思想，强调"体用兼备""练打结合""技道双修"，只有传统武术承载了这种独特的技击文化。

二、传统武术进入学校是文化传承的根本大计

青年学生是祖国和社会未来的建设者和接班人，是民族文化的传承者，传统武术文化的传承自然离不开年轻一代。而如何让青年学生关注、认识、了解、传承武术文化，就必须从学校教育入手。

---

①　温力. 试论武术运动的现状及发展——兼论武术套路练习和对抗性练习结合的可能性[J]. 体育科学，1987(3).

②　武冬. 传统武术在现代化社会中的落差与发展的思考[J]. 北京体育大学学报，2004，27(12).

教育是一项基本国策，是立国之本。传统武术是我国优秀的传统文化，文化的传承与教育之间有着密不可分的关系，教育应关注传统文化传承。我国实行九年义务教育，重视高等教育的发展与改革。随着我国在校学生的不断增多，在校学生人口在我国人口总数中占有越来越大的比例。将传统武术纳入学校教学体系，通过学校教育进一步普及与发展传统武术，吸引和影响更多的人（包括学生及其家长）传承武术文化，是保护和促进我国传统武术文化发展的一个必要和有效途径。

我国在校人口众多，学校是文化传承的一个重要基地，中国武术文化的传承如果能抓住学校这一领域，抓住了在校学生这个庞大的人口群体，我国传统武术文化的传承也就能有望实现。

正如前面所说，传统武术的独特技击理念和价值内涵只能通过传统武术这一载体来进行传承，因此，在学校传统武术教育中应批判地继承和发扬武术文化，而不应将传统武术文化放任其散落民间自生自灭。[①] 传统武术是我国优秀传统文化的“全息影像”，是一种开放式运动技术，趣味性强，能激发青少年学生的习练兴趣，受到青少年学生的喜爱。因此，将传统武术纳入学校教育教学系统，是传承武术文化的根本大计。

第二节　传统武术教学的任务与内容

一、传统武术教学的任务

（一）发展学生身体素质

传统武术是一项可以全面锻炼参与者身体的运动。只要科学参与武术运动，并坚持长期参与，就一定能在传统武术习练过程中促进身体的运动系统功能的发展和身体体能素质、器官机能的提高。

通过传统武术教学，能够促进学生身体正常发育，全面提高其身体素质。增强其体质，而要想进一步提高传统武术技能，就必须打好身体基础，发展体能素质，增强运动能力，为更好地学习和掌握传统武术技能奠定基础。

---

① 刘文武．传统武术进入我国学校系统的必要性及其途径研究[J]．北京体育大学学报，2013，36(1)．

在传统武术教学中，发展学生的身体素质应包括两方面内容：一方面，促进学生身体机能能力、身体形态和心理状态的正常发育；另一方面，促进学生身体各方面素质的全面发展，包括身体素质（力量、速度、柔韧性、耐力等）、实践工作能力以及体能能力等，并培养学生自我习练的良好习惯，不断提高技术水平，将传统武术作为终身体育锻炼的重要手段。

（二）发展学生心理素质

体育教学具有促进学生心理素质健康发展的重要任务，传统武术作为体育教学的一个重要内容，也应重视学生心理素质的健康发展。

通过传统武术文化、基本功、技击原理、技法等的学习，学生应具有坚强的品质，集体主义精神和勇敢拼搏的良好意志，形成自己的世界观、人生观以及价值观。

（三）促进学生掌握武术理论及技法

促进学生掌握传统武术理论知识与技法原理、动作是现代传统武术教学的重要任务之一。对于在校学生来说，既然是参与武术教学，就必须学习和掌握武术运动的基本理论和动作技术，这是武术教学的重要内容也是学生为更深层次、更进一步丰富武术理论与技法的重要基础。需要特别提出的是，武术运动知识与技术的学习并不只是为了学习，更重要的是希望学生通过接受武术教学，形成终身体育意识和习惯。

具体来说，传统武术教学应使学生掌握教学大纲所规定的武术基本技术、知识，分别阐述如下。

（1）传统武术基本知识：体育的一般理论，与体育相关的其他学科的理论，传统武术的起源与发展、内容及分类、文化内涵等。

（2）传统武术基本技术：包括传统武术的基本功、基本动作、动作组合、基本技能、动作技巧等。

（3）传统武术基本能力：包括提高学生传统武术基本技术的自我表现能力、水平和效果；提高学生在实践中灵活运用武术技术、技巧的工作能力；培养学生进行传统武术习练的良好习惯。

（四）培养学生道德思想

传统武术具有丰富的文化内涵，是我国几千年文化和民族精神的结晶。在现代社会中，物质的丰富使得许多人迷失了自我。而传统武术求真求实的理念，能使许多参与武术运动的人重新了解生活的真正意义，找到真正的自我。

通过传统武术教学，学生应充分认识与了解我国传统文化，并养成良好的道德意识和提高对社会主义精神文明的认知。具体来说，通过传统武术学练，学生应实现以下几方面的进步与发展。

(1)培养学生对传统文化的兴趣，增强爱国意识。

(2)培养学生良好的个人品格，努力奋斗，开拓进取。

(3)增强学生自身的约束能力，构建良好的人际关系教育。

(4)培养学生尊师重道、文明守礼的品行。

二、传统武术教学的内容

从传统武术教学课程类型来说，传统武术的教学内容包括武术理论知识，武术动作、技法教学两大部分。

从传统武术内容体系构成来说，武术运动以功法练习、套路演练和技击实战为基本运动形式。而在一般的武术教学中，最常见到的种类为武术基本知识、基本动作和基本能力。上述三类武术教学内容是在常规教学中比重最大的，这里重点对此进行分析。

(一)武术理论知识教学

传统武术理论知识教学主要是针对传统武术一般知识(包括起源、发展、流派、特点等)、传统武术哲学思想、传统武术文化内涵以及传统武术技法技理、运动规律与特点等的教学。

通过传统武术理论知识教学，学生能对传统武术有一个全面、深入的了解，有助于了解传统武术文化，掌握传统武术的精髓，便于激发学习武术的兴趣，有利于调动武术学练的积极性与主动性，并为之后的武术功法、套路、格斗等的实践学练奠定良好的理论基础。

就目前我国学校传统武术教学来说，当前我国开设传统武术教学课程的高校，普遍存在重实践教学而轻理论课教学的现象。我国高校在传统武术教学中，对理论知识安排的课时很少，有些学校甚至没有开展传统武术理论教学，由此导致学生缺乏传统武术理论知识和文化知识，致使学生不能全面认识传统武术，单就教学效果来看，不利于传统武术教学质量的提升。从长远来看，则不利于传统武术的教育传承的发展。

传统武术理论知识和传统武术运动实践共同构成了学校传统武术教学的内容体系。因此，必须同样得到重视，不可偏废其一。

（二）功法运动教学

功法运动是传统武术的重要运动形式，其与武术套路、武术格斗共同构成了传统武术实践教学的内容。

功法运动是指以单个武术动作为主进行练习，以达到健体或增强某一方面体能的武术运动。[①] 功法运动主要是习练武术套路和攻防格斗的基础。

按照形式与功用，可以将传统功法运动分为内功、外功、轻功和柔功四类（表 2-1）。

表 2-1　传统武术功法运动内容

内功	也称“内壮功”“内养功”，包括静卧法、静坐法、站桩法和鼎桩法等，内功练习有养精蓄锐、疏通经脉、内壮外强之效
外功	也称“外壮功”，通过专门的技法训练提高身体击打、抗击打、摔跌、磕碰的能力，外功练习有强健筋骨、增强体魄之效
柔功	指提高身体柔韧性的专门武术练习方法和手段，武术基本功中的各种压腿、扳腿、下桥、压肩等都属于柔功
轻功	也称“弹跳功”，可增强弹跳能力，使习武者蹦得高、跳得远

需要特别指出的是，轻功是提高武术专项技能的训练方法。但是，传统武术中的一些功法缺乏理论依据或纯属捏造虚构，如“金钟罩”“刀枪不入”“飞檐走壁”等是对传统武术功法的过分夸大和不实描述。

（三）武术套路教学

套路运动是传统武术的重要内容之一，因此是传统武术教学的重要内容之一。当前，我国各级高校的武术教学除了武术基本功外，占据课时最多的就是武术套路了。

根据演练形式的不同，可以将传统武术的套路运动分为单练、对练和集体演练三种类型。高校传统武术教学中的武术套路主要以单练为主。

所谓单练，即单人演练的武术套路，包括拳术和器械两大类。

（1）拳术。拳术是传统武术的重要内容之一，高校传统武术拳术教学主要有长拳、南拳、少林拳、太极拳等。

---

① 蔡仲林，周之华. 武术［M］. 北京：高等教育出版社，2009.

(2)器械。传统武术器械套路种类众多,传统武术器械有十八般兵器,各兵器均有相应的套路。但是,目前,在传统武术教学中的武术器械套路主要涉及武术初级器械套路,包括初级刀术、初级枪术、初级棍术和初级剑术。

(四)武术格斗教学

传统武术中的格斗运动,具体是指两个习武者根据既定的规则进行的对抗、搏击练习。目前,传统武术中比较常见的格斗运动形式主要有散打、推手、长兵和短兵等,目前,只有散打被纳入了传统武术课程教学,其他几种格斗形式在我国各级各类学校中目前几乎很少涉及。

传统武术的攻防技击性深受广大学生的欢迎,因此,武术格斗内容具有广泛的学生基础,但是,在传统武术实践教学中却存在"学生喜欢传统武术,但不喜欢上武术课"的教学问题,究其原因,在当前教学大纲没有对武术教学具体内容做出统一规定的情况下,各校缺乏统一的武术教材,教师在制定教学计划和开展教学时,只注重武术动作的外形和规格,使得传统武术教学的过程较为枯燥,不利于学生的学习。对此,体育教师在教学过程中,应尽可能地克服传统武术教学大纲的局限性,发掘简单实用、动作组合又少的攻防动作,丰富武术教学内容,调动学生学习传统武术的积极性。

整体来看,我国传统武术教学内容单一,在很大程度上受到教学大纲的制约。很多学校的传统武术教学内容设置保守、缺乏突破与创新,内容相似,主要包括太极拳、拳术、刀、棍、剑等初级套路,而散打、短兵等竞争性和攻防实战性较强的传统武术项目很少。在传统武术教学过程中,和其他体育运动教学内容相比,传统武术课时比例少,涉及的传统武术项目并不多,不利于传统武术运动的发展。我国学校传统武术教学内容还需要进一步地丰富与完善。

第三节 传统武术教学的原则与方法

一、传统武术教学的原则

(一)尚武崇德

尚武崇德是我国传统武术的重要精神文化内涵,在我国传统文化中就一直保有尚武崇德的思想。

所谓“尚武”，即指倡导和参与武术锻炼。在传统武术发展的不同时期，“尚武”的表现是不同的，但任何时候都不是指提倡武力，这一点一定要明确。此外，还应该明确的一点是，尚武重视武术锻炼，但并非是一种无脑的乱斗，而是一种在“德”的约束下进行的身体锻炼和技法训练。在和平时期，尚武强调通过武术基本功、技法的习练，以强身健体、以武会友，并在习武过程中培养自身勇敢面对现实、不断超越的竞争意识；在战争年代，尚武精神则体现在不畏生死、勇敢抗争和保家卫国方面。

所谓“崇德”，即指推崇道德修养。武术道德，简称“武德”，武德是从事武术活动的人必须遵守的行为方式和道德准则，它是伴随武术运动在我国经过千百年发展积累而成的，是一种对习武之人道德约束的标准，是习武者的基本素质要求，习武之人必须铭记心中和遵从。具体来说，习武之人，应注重个人道德修养，诚信正直，谦和忍让。尤其是在现代社会，习武之人的言行举止应符合社会基本道德准则，遵守社会公德，恪守文化规范，并能见义勇为。

在传统武术习练过程中，应将崇德与尚武有机融合起来。武德是从事武术活动的人必须遵守的行为方式和道德准则，在高校传统武术教学过程中，教师应通过武术理论教学，重视学生的思想教育，不能忽视对学生武德的教育，即所谓“未曾习武先习德”。

具体来说，传统武术教学实践中，在尚武崇德教学原则的指导下，教师应注意以下几点。

(1)传统武术教学过程中，教师应结合武术的特点以及教学规律，明确学生习武的目的和动机，抵制恃强凌弱、好勇斗狠的恶习。

(2)发扬自强不息的民族精神，使学生自强不息、虚心好学、尊师重道、遵守社会公德和秩序、爱国爱民。

(3)通过传统武术中良好思想意志品质的培养，学生应勤学苦练，踏实习练武术基本功和技法，促使各方面素质全面提高。

(4)在整个传统武术教学过程中，都应重视学生尚武崇德的思想教育。

(二)兴趣主导

兴趣是最好的老师，在传统武术教学过程中，重视学生的武术学练兴趣培养，是科学开展武术教学活动的第一步，有助于以后各项武术教学活动的顺利开展。因此，在传统武术教学中，所有传统武术教学内容、教学方法、教学手段、教学形式以及教学模式的安排选择都应充分考虑学生的学习兴趣与需求，突出学生在教学中的主体地位。

具体来说，兴趣主导就是在传统武术教学中重视对学生学习和参与传统武术兴趣的培养，这是传统武术教学的重要原则之一。只有学生对传统武术感兴趣，才有可能学好传统武术。要实现这一点，教师应做好以下教学工作。

(1)教师应广泛了解学生的传统武术兴趣，结合传统武术教学大纲，在统一安排教学活动的基础上，针对不同学生的不同兴趣来选择和安排不同的武术内容进行教学，以最大程度地发挥学生参与传统武术运动的积极性。

(2)教师应重视学生正确体育价值观的培养。通过各种教育学、心理学的手段，进行传统武术运动学练的目的性教育，逐步树立起自觉学习和参与传统武术运动的态度和动机，并重视培养学生主动进行武术学练、独立思考、创造创新和自我调控的能力，使学生更自觉地、主动地完成学习任务。

(3)要注意新旧教材的搭配组合，在教学内容上，注意传统武术文化、动作、套路与技法习练等内容的结合，以提高学生综合运用技术的能力。

(4)教师应精心设计教学(特别是课程开始)，善于激发学生的兴趣，引导其兴趣向正确的方向发展。在教学中能善于捕捉时机，因势利导，对学生的武术学练兴趣进行积极强化。在初期训练时应以游戏和玩耍的形式开展教学，调动学生的传统武术学练的积极性，使学生对传统武术运动的兴趣转化为学习动力。

(5)教师在传统武术教学过程中应重视对丰富多样的教学方法的科学选择，通过不同类型的教学方法的引用，努力激发学生参与传统武术教学学练的兴趣。在传统武术教学的不同阶段，针对不同运动基础、年龄、性别的学生，应运用各种符合不同年龄学生个性心理特征的教学手段，以激发学生的武术学练热情。

(6)要充分利用现代教学手段和技术，通过图表、照片、电视、电影、多媒体等辅助教学手段，使学生直观、形象地掌握传统武术技术动作和方法，提高学生的武术技能和实战能力。

(三)直观教学

传统武术历史悠久，在其漫长的发展过程中，形成了诸多流派，传统武术内容体系复杂、动作技术多样，对于习武者来说，学习一生也不可能把传统武术的功法内容全部学到。而传统武术教学课时有限，面对复杂、多样的武术基本功、基本动作、套路练习、功法练习等，要想促进学生准确、快速掌握，必须提高教学效率，而直观教学是一种科学有效的教学方式，也是传统武术教学中要求教师武术教学必须遵守的一个教学原则。

从教学的角度上来看，传统武术的动作数量较多，而且动作相对更加复杂，再加上做出的动作除了身体外形方面的标准外，还有眼神、心智等多方面元素的标准。面对内容复杂的传统武术动作、套路和技法练习，为了提高教学质量和教学效率，教师就应该力求在传统武术教学中重视直观教学，如利用较为直观的教学方法和指导方式等安排学生进行武术习练，只有最为直观的教学才能使武术教学获得最好的效果。

我国的武术教学历来讲究“口传身授”，即教师格外注重直观的演示，身体力行，多以领做为主，配合语言提示，使学生通过反复练习掌握动作。实际上，这就是现代直观教学法在武术教学中的实践体现。

传统武术教学实践中，科学遵循直观教学原则应做到以下几点。

(1)明确教学目的。根据具体的传统武术教学目标，选择合理的传统武术教学内容、教学手段和方法。

(2)明确教学要求。根据传统武术教学任务与基本要求，针对不同水平的学生采取不同的教学方法与手段，如学生水平较低，应多进行动作示范、观看技术图片等，如学生水平较高，则可播放正确技术动作影片帮助学生学习，使每个学生都能提高传统武术基本功基础，熟练进行传统武术套路练习，并使其传统武术技能有不同程度的发展。

(3)充分利用学生的视觉、听觉、动作感觉，使学生建立良好的传统武术技术动作定型。

(4)在传统武术教学实践中，直观性的教具教学、直观动作示范应与教师的语言讲解结合进行，以启发学生思维，提高学习效率。

在传统武术教学中，动作示范、直观教具是武术直观教学原则指导下科学教学方法的重要选择与运用。

(四)循序渐进

循序渐进教学原则是传统武术教学的基本原则之一。正如前面所说，传统武术内容丰富，项目众多，动作、套路、技法复杂，因此，学生对于传统武术的学习不可能一蹴而就，而是要经过一个持续的、漫长的学习过程，在这一学习过程中，要重视各个教学和学习阶段的循序渐进，不断为之后的学习奠定扎实的理论与实践基础。

简单来说，科学遵循循序渐进原则就是要做到传统武术教学的有序安排，对传统武术教学中的教学内容的安排要做到由简单到复杂、由低级到高级、由单一到组合，循序渐进地进行。传统武术教学实践中，遵循循序渐进原则应注意以下几点。

(1)逐步增加武术教学内容的难度。传统武术教学过程应符合传统武术运动发展规律，教学内容应由易到难、由简到繁；训练的时间和量应逐步提高。

(2)科学安排武术教学不同阶段的教学任务与教学要求。在传统武术实践课的教学中,要根据传统武术不同武种的运动规律与特点,从单一到组合,科学组织各阶段教学。

(3)传统武术实践教学中,对学生的武术习练的运动负荷应有序增加。在高校传统武术教学过程中,组织学生练习应逐步增加运动负荷,按照适应—加大—再适应—再加大的规律有节奏地增加运动负荷。同时,注意运动负荷应与学生的生理和心理特点始终相符。

(五)巩固提高

巩固性原则,具体是指在传统武术教学中,让学生在学习理解技术过程中加强反复练习,重视复习,以达到技术熟练和巩固的原则。从传统武术教学的学科理论基础和运动、学习规律来看,巩固提高原则符合学习规律、技能形成规律、遗忘规律、"用进废退"原理等,在传统武术教学过程中,教师应重视学生对已学习过的知识与技能的巩固与提高,使学生体能获得不断发展,体质不断增强,传统武术技能不断提高。

传统武术教学中,遵循巩固提高原则应注意以下几方面内容。

(1)在武术教学过程中,必须加强教材的连续性,只有连续练习,才可以既学了新的,又复习巩固提高了已学过的内容。

(2)逐步推进教学进程。传统武术教学过程中,要层层深入地推进教学进程,不要盲目追求进度,要在每一个阶段的传统武术教学中,都使学生打好知识、体能、技能基础,为下一阶段的武术学习奠定扎实的基础。

(3)重视基础练习。在武术教学中,充分调动学生的感官,通过"听、看、练",使学生真正掌握武术基本功、技术动作和武术套路。在多练的基础上熟能生巧,从而达到巩固提高的目的。

(4)反复练习。传统武术教学良好教学效果的获得离不开教师对学生传统武术学习积极性的调动。传统武术教学内容丰富,技术动作较多,但是课时有限,教师应鼓励学生在课外也积极参与传统武术习练,以不断巩固与提高传统武术技能。

(5)强化训练。传统武术技术练习不能长时间地停留在原有的动作和水平上,要有所改变与丰富,使学生在保持武术学练兴趣的基础上发展武术运动水平与技能。

(6)提高学习目标。传统武术教学要重视通过给学生施加一定的"压力"来督促学生学习,使学生变压力为动力,不断向新的学习目标挑战,不断提高传统武术运动水平。如对已掌握的传统武术技术动作,要不断提高质量要求,提高动作的表现力等。

(7)重视教学考评。通过学习测评、武术套路表演、武术格斗，使学生不断提高自身学习目标与要求，激发学生斗志，促使学生不断学练。

(六)全面发展

促进学生身心健康全面发展是学校体育教学的重要任务，传统武术教学也应确保这一教学任务的实现，并以此为教学原则指导教学活动的开展。全面发展原则，具体是指在传统武术教学中应该使学生身心素质得到全面的发展。身心全面发展是学生掌握传统武术功法技术和提高运动成绩的基础。

传统武术教学应促进学生的全面发展，具体来说，就是通过传统武术教学活动的开展促进学生的身体、心理、社会适应能力等的多方面发展。传统武术教学遵循全面发展的教学原则应注意以下几点。

(1)综合贯彻传统武术教学大纲的教学目标和教学要求。在传统武术教学中，要使学生积极地学习国家所颁布的传统武术教学大纲的精神，遵循传统武术教学大纲所提出的要求与目标。

(2)贯彻全面发展原则，不是在教学中另外安排提高身体素质的练习，而是注意不同教材的均衡搭配，使学生全面掌握武术基本功、掌握多套武术套路练习，并通过武术技能学练发展各项身体素质。

(3)教学、考核项目和内容应考虑全面发展身体的因素，传统武术教学内容、教学方法、教学手段、教学模式、教学组织形式等都应该围绕学生科学设计、选用，促进学生各方面素质的综合发展，使学生真正提高传统武术运动的知识和技能，实现身心素质和能力的多元发展。

(4)重视不同课次之间教学内容和练习内容的衔接，并注意传统武术教学与其他体育运动项目教学的合理安排。

(七)因材施教

传统武术教学实践中，遵循因材施教原则应注意以下几点。

(1)统一要求。因材施教应建立在统一要求的基础之上，教师对全体学生提出统一的教学要求。在此基础上，注意每个学生的身体素质与能力水平是有差异的，重视针对个别学生的“教”，使教学有区别、有针对性。

(2)了解学生。了解学生是因材施教的重要前提，在武术教学中，教师应对学生进行充分的观察和了解(如身体素质与个体差异)，教学应符合学生特点，掌握不同学生的详细情况，提出不同的学习要求和选用不同教学内容与方法。

(3)区别化进行教学设计。传统武术教学设计应有针对性，在制定传统武术教学目标时，综合考虑教材、学生特点、组织教法以及客观教学条件，使教学更有针对性。

(4)满足不同学生学习需求。传统武术教学目标和要求应符合大多数学生的实际能力，同时，兼顾不同层次学生的学习需求，为身体素质较好的学生创造更好的条件，帮助素质差、基础薄弱的学生完成学习任务。

(5)灵活安排不同学生的运动负荷。不同学生的运动基础、学习能力、身体素质具有很大的差异性，要促进学生发展，就必须有针对性地提高学生的薄弱环节，扬长避短，促进其传统武术运动技能快速提高，使不同学生均有所提高。

(6)创造因材施教的教学条件。传统武术教学实践中，教师要采用多种教学的组织形式，进行"等质分组"或对学习较"差"的学生开"小灶"。

(八)突出武术风格

传统武术具有丰富的文化内涵，这种文化内涵表现在传统武术动作、套路、拳法技理、武术道德等各个方面，正是这种文化内涵使得武术运动不同于其他运动项目。传统武术不仅仅是一项追求身体外在表现形态的运动，更重要的是，在传统武术习练过程中，人们要将它内在蕴含的武术文化表现出来。

对传统武术文化内涵的认知与表现是一个系统、复杂的过程，这种文化并不是通过简单的教学就可以完成的，如果说武术外在的"形"可以通过教学完成，那么对于武术文化的养成就需要习武者自己的"悟"。

传统武术教学与以往的家族式的言传身教具有很大意义上的不同，将武术教学纳入学校体育教学体系，就必须遵循一般教学规律与原则，与传统武术学练中的"师父领进门，修行在个人"的自然式的发展不同，在武术教学中，教师应通过科学的教学内容、方法、手段、模式等的安排、选用，促进学生认识传统武术文化，丰富传统武术文化知识，引导学生进行这种"悟"。

具体来说，不同的武术项目会有不同的动作组合和套路特点，其动作风格也各相迥异。例如，长拳的舒展大方，太极拳的缓慢柔和，南拳的刚劲等。要在武术教学实践中，使学生领悟不同传统武术运动项目的文化内涵，熟悉掌握不同武术运动项目的动作原理与风格特点，应从以下几方面着手开展教学。

(1)教师可在学生较全面掌握拳种的技术和理论基础上，注重教学精细环节，针对能够体现特点和风格的技术动作进行高水平示范和深入讲解，反复地练习，使学生充分掌握技术结构和动作过程，全面掌握套路风格。

(2)教师应通过动作组合、套路练习,或通过技术录像、光盘予以呈现,使学生充分掌握传统武术套路习练过程、技术结构和动作过程,全面掌握套路、技术风格。

(3)武术技法、套路风格的正确表现一定是建立在正确的武术动作基础之上的,因此,武术教学中,教师应确保学生已经能够掌握正确的武术运动动作定型。

(4)在学生熟练掌握传统武术动作、套路、技法的基础上,再进一步地突出用劲技巧和精神的融入,使学生在练习时做到精神饱满、内外合一,反映出所练武术想表达出的内涵和精、气、神等特点。

(九)注重内外兼修

武术是中华璀璨文明中的重要组成部分,武术作为中华文化的组成之一,它不仅包含强身健体的价值,还蕴含了诸多哲理。武术理论中很早就有"内志正""外体直"的习练要求。武术练习的治气与修身,有主内、外修练的区别,内外兼修是武术习练的一个重要特点。

传统武术十分注重内在涵养的研究,这点在我国传统武术内外兼修的特点中得到了最充分的表现。传统武术强调"内实精神,外示安逸……布形候气,与神俱往",既重视"百折连腰尽无骨,一撒通身皆是手"的外练,也重视"息无声神气守"的内修,进一步显示出内外兼修的特点。

"内外兼修"是传统武术的重要哲学思想基础。具体来看,内外兼修的"内",指心、神、意等心智活动和气息的运行;"外",则主要是手、眼、身、步等身体外在形态的活动。外即形,内即身,追求内与外,形与神的结合使武术成为相互联系的统一整体,最终使得习武不仅成为可以全面提高人体机能的重要方式,还成为人们培养性情、陶冶情操的重要手段。

传统武术不同项目也都强调内外兼修,如太极拳"以气运身,务顺遂",长拳"外练筋骨皮,内练一口气"以及"外练手眼身法步,内练精神气力功"等。只有"内外兼修",才能使武术更具魅力,更臻完善,习武者的身心健康才能得到更好的发展。这就要求在传统武术教学中,通过科学的武术教学,运用各种方式和方法向学生灌输身体内外的和谐配合,达到身心的全面锻炼,促进学生的身心全面发展。

在传统武术教学中,武术组合或套路的掌握必须建立在熟练的基础上,做到"心动形随""形断意连""出神入化",实现内外兼修。在武术教学中要做到注重内外兼修,具体教学要求如下。

(1)传统武术教学中,教师应通过各种方式和方法强调内与外的和谐配合,重视学生身心两个方面的健康锻炼与发展。

(2)对于传统武术动作、技术、技法来讲,无不包含着一定的习练技巧,了解这些技巧会有效地促进对技术动作的规范掌握。

(3)传统武术组合或套路的掌握必须建立在熟练的基础上,熟能生巧,巧可促练。只有达到了一定的熟练程度,才能够娴熟地练习组合或套路,真正做到“心动形随”“形断意连”,进而实现内外兼修。

(十)重视教学安全

体育活动总是伴随着一定的风险,作为一项特殊的体育活动,传统武术也不例外。

技击性是传统武术运动的重要特点之一,无论是传统武术基本功练习,还是传统武术功法、对抗练习,都具有一定的不安全因素,会对学生的运动实践构成一定的安全威胁,对此教师必须高度重视,强调安全教育。

安全教育具体是对学生的关怀,是素质教育中的重要环节。在传统武术教学过程中,教师要树立以人为本的教育理念,务必将人的身心安全因素放在重要地位,最大限度地减少和降低传统武术教学过程中所有危险因素。

由于在传统武术教学中总是隐藏着诸多的不安全因素,如果忽视这方面的教育工作,则可能对学生的身心安全造成不良的影响,甚至可能造成严重的教学事故。因此,要科学实施安全教育,在教学中应注意以下几点。

(1)在传统武术教学课程正式开始前,教学过程中以及教学活动结束之后,教师应经常性地进行安全检查和教育。

(2)传统武术教学中应使学生明确武术习练的目的是强身健体,武术基本功练习应量力而行,避免练习超出自身能力的难度动作。

(3)端正学生习练武术的态度,避免学生争强好胜,进行盲目的武术格斗和搏击。

(4)在练习各种武术器械时更应该认真讲解和示范规范的操作动作,并注意保持学生之间的距离,避免意外受伤的出现。

(5)要通过武术课堂的各种练习不断适应各种气候、场地、训练强度,以提高学生的机体适应能力,并在武术技能习练过程中重视自身的运动健康与安全保护。

二、传统武术教法

体育教学包括教师的“教”与学生的“学”两部分内容,传统武术教学也不例外。从“教”与“学”的角度来看,传统武术教学方法也包括教师的“教法”和学生的“学法”两大类，具体分析如下。

传统武术教法，是教师开展教学活动所使用的具体方法，最常使用的主要有语言教学法、直观教学法、完整与分解教学法、预防与纠错教学法、指导发现教学法、合作学习教学法、程序教学法、渐进教学法、探究教学法等，具体分析如下。

（一）语言教学法

1.讲解教学法

讲解教学法，是指教师通过语言讲解，使学生了解、认识和理解传统武术运动制胜，技术的要点、规律、构成等的教学方法。讲解教学法是传统武术运动教学常用方法。

传统武术教学实践中，讲解法主要应用于传统武术技术动作的方法和要领及技术动作注意事项等的讲解。教师运用讲解法应注意以下几点。

（1）讲解要明确。教师对于传统武术教学内容的讲解必须要有明确的目的，不能漫无目的地讲解。

（2）讲解要正确。在进行讲解时，应注重其内容的正确性，不管是具体的传统武术理论知识、运动文化还是技术动作教学，都应做到准确无误。教师的讲解不能脱离学生的知识范围和结构，应在学生的接受能力范围之内，也就是说教师讲解的广度和方式要符合学生的体育基础和已有的知识经验，并突出武术风格特点。

（3）讲解要生动。注意语速和语调的变化，调动学生认真听讲的积极性，帮助学生建立正确的动作定型。在讲解过程中，重视对技术动作的形象化描绘，可以适当加入肢体语言帮助学生理解，让学生更深刻地理解技术动作。具有一定难度的武术动作和技法，教师的讲解必须突出重点，简洁明了。

（4）讲解要有启发性。教师要善于运用对比、类比、提问等方式进行启发性教学手段，启发学生积极思维，使学生举一反三，触类旁通，让学生将看、听、想、练各种感官动员起来，更好地理解相关的知识，达到学以致用的目的。

（5）重视讲解内容的前后关联性。传统武术各武种虽然技术风格、动作等都不相同，但是在一些知识、技术上具有一定的关联性，教师应善于借助于学生已经接触过、学过的运动技术与教学内容产生联系，促进学生更好地理解动作。

（6）讲解应讲究时机与效果。讲解很重要，但不需要时刻进行，也不能随心所欲，想起来就讲几句，注意在学生注意力集中、面对教师、注意教师时进行讲解；在学生练习过程中或背对教师时尽量少讲解或不讲解。

2. 口头评价法

在传统武术教学中，口头评价是一种激励、点评学生学习效果的重要教学方法，多用于传统武术实践课的教学，对于学生学习情况及课堂表现给予相应的口头评价，促进学生改进学习。

传统武术教学实践中，教师常运用的口头评价包括两种形式，各有特点，适用不同的学生。

(1)积极的评价。积极的评价即为对学生的正面鼓励，这能够在一定程度上激发学生的积极性，促进教学活动的更好开展。适用于教学初期和基础较差的学生。

(2)消极的评价。消极评价则是否定性的评价，这种评价往往指出学生的不足，明确其提高的方法和努力的方向，用这种方式时应注重语气和口气。适用于学生熟练掌握技术动作的教学中，针对骄傲自满的学生应客观指出其错误，帮助学生改进。

3. 口令、指示法

在传统武术教学实践中，需要借助多种口令和指示，如“拉伸腰身”“两臂侧平举，扬眉、鼓气”“重心提高”“手臂伸直”“两臂胸前交叉，右外左内”口令语言简短有力，能够很好地指导学生进行相应的传统武术技术动作的学练。

教师在传统武术练习讲解时，可用提示方法启发学生，一方面，教师在组织教学中布置场地、收拾器材时会用到；另一方面，学生在练习中未能意识到的、关键的动作时，教师可以用简洁的语言提示出来，给学生一定的指示。

武术教学中，教师的正确口令、指示应注意以下几点。

(1)口令、指示准确、简洁、及时，尽量用正面词。

(2)口令、指示语言节奏稳定，符合武术技术动作的性质和风格特点，体现出动作的快慢变化。

(二)直观教学法

1. 示范教学法

示范教学法，具体是指教师以自身的动作作为传统武术技术动作教学的范例，来对学生的训练进行指导的教学方法。动作示范法简便灵活、真实感强、针对性强。

传统武术教学中，经常采用的示范法主要有：正面、侧面、背面和镜面示范法。由于传统武术的动作、方向、路线变化比较复杂，因此，在学习较为复杂的动作时，多采用背面示范的方法；学习简单的动作并在行进间完成时，可采用侧面示范的方法；当动作掌握后，要求做好动作配合时，可采用镜面示范法。

在传统武术教学中，教师在运用示范法时，需要注意以下几个方面。

(1)教师做动作示范时要有明确的目的，示范应注意结合教学内容和学生特点，选择动作示范的位置、方向、次数、速度。传统武术教学中的动作示范要突出传统武术教学的重点和难点。

(2)教师的动作示范要正确。动作要力求做到准确、熟练、轻快、优美；示范要严格按照规格要求来完成动作技术，体现出不同传统武术武种内容的风格和特点。

(3)教师的动作示范要便于学生观察。教师对传统武术技术动作示范应便于学生观察，否则就是无效的示范，学生就不能学习到正确的传统武术技术动作。

(4)示范、讲解与启发学生思维相结合。在传统武术教学过程中，动作示范不仅要使学生掌握动作，还要充分发挥学生的视觉、听觉、触觉等各感官的作用，促进学生对传统武术技术动作的理解，并注意通过对技术规律、特点等的讲解引导和发散学生大脑思维，更有效地促进学生对传统武术技术、结构、规律、风格、特点以及武术技术动作意境美和文化内涵的体现。

2.直观教具与模型演示法

传统武术教学实践中，教师可以采用图表、照片和模型等直观方法进行辅助教学。

通过运用直观教具与模型演示，能够使学生更加易于理解相应的技术结构和动作形象。将直观教具和模型演示与教师的讲解有机结合起来，能使学生加深对武术技术动作结构和技法原理的理解，便于提高学生的学习效率。

3.助力与阻力教学法

助力与阻力教学法，具体是指教师在传统武术教学过程中借助外力使学生正确体验动作的用力时机、用力大小、用力方向、动作时空特征等。

助力与阻力教学法多在传统武术基本功练习时使用，尤其是在一些柔功练习时,帮助学生拉伸肌肉,完成标准动作。

4.多媒体技术法

多媒体技术主要包括电影、幻灯、录像等。采用重放、慢放、定格等操作方法,帮助学生认识技术动作,注意播放内容要与教学目标适应。

传统武术教学实践中,注意多媒体技术教学与讲解、示范结合使用,使传统武术教学更生动。

(三)完整与分解教学法

1.完整教学法

完整教学法,是指在传统武术技术教学中,从动作开始到结束,完整地进行教学和练习的方法。

完整教学法在传统武术教学中,通常适用于以下几种情况:技术动作的难度不是很高时;技术动作不可进行分解时;首次进行动作示范时。

在传统武术教学中教师合理运用完整教学法应注意以下几点。

(1)讲解要领后直接运用。传统武术教学过程中,教师通过对传统武术技术动作的分解讲解后,示范整个技术动作,使学生能流畅地模仿完整技术动作。

(2)强调动作练习重点。传统武术实践课教学过程中,对于较为复杂的动作,教师应明确讲解、示范重点,使学生能了解武术技法动作的重点与难点。

(3)降低动作练习难度。对于技术难度较大的传统武术动作,应适当降低技术难度,待动作熟悉后,再要求学生按标准动作进行完整动作的练习,并注意动作的标准化。

2.分解教学法

分解教学法是教师根据具体教学条件和教学对象将完整的动作技术合理地分解成几个部分与段落,使学生逐一练习和掌握技术各环节动作的教学方法。分解教学法适用于复杂和高难度传统武术技术动作教学,具体是指在传统武术教学实践中,教师分解完整的传统武术技术动作,通过各个阶段、环节的逐个教学的教学方法。

传统武术教学实践中,对于分解教学法的合理运用应注意以下几个方面。

(1)教师要根据动作技术的特点,采取相对合理的分解方式(如按时间先后、按空间部位、按时空特点等）分解动作。

（2）分解技术动作应以完整的技术概念为基础，否则就不能合理把握整个传统武术技术动作。

（3）对动作的分解应明确动作各部分与各段落在完整动作中的地位与作用，并为学生最后的动作组合学练做好准备。

（四）预防与纠错教学法

预防教学法是教师分析学生学习过程中可能出现的各种错误及其原因，预先采取有效的教学手段，及时、合理避免学生产生相关错误的教学方法。

纠错教学法是教师对学生在武术实践练习中出现错误动作时，及时给予提示、讲解、纠正的教学方法。

预防具有一定的超前性，纠错具有鲜明的针对性，预防和纠错是相互联系、结合使用的。

（五）指导发现教学法

指导发现教学法，具体是指在传统武术教学过程中，教师通过合理的教学设计，让学生在经历了通过教师有意识设计、指导的实验、观察、分析、假设和论证后发现规律和建立概念的一种教学方法，包括教师的“教”和学生的“学”两个方面。

在传统武术教学中，指导发现教学法主要适用于武术功法教学、武术套路教学和复杂武术技术动作教学中。该教学方法运用过程中，教师要特别重视在教学中突出以下几个教学程序。

（1）学生预习教师所要教授的教学内容时，发现问题。

（2）教师以指导语的方式改造所授传统武术教材内容，并且将一些相关的观察结果和分析的直观感知材料提供给学生，使学生自行解决学习中遇到的困难和问题。

（3）教师进行分析、归纳和总结。

指导发现教学法的科学实施如图 2-1 所示。

（六）合作学习教学法

合作学习教学法是通过对学生进行分组，使学生以小组形式完成学习任务的教学方法。

合作学习教学法主要适用于武术基本功教学、武术格斗教学。在武术基本功教学中，由同伴帮忙完成一定的高难度动作练习，要求动作标准；在格斗教学中，要求一名学生配合另一名学生完成具体的格斗技术动作和套路。

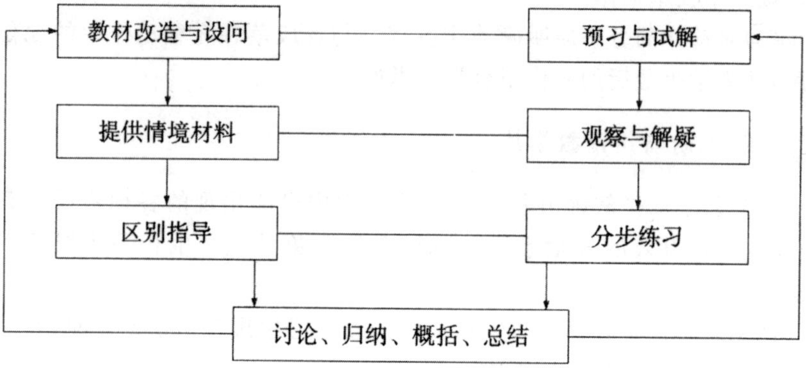

图 2-1

（七）程序教学法

根据认知规律、技能形成与发展规律，将传统武术运动教学内容分成若干个步骤，即便于学习的“小步子”，组织学生依次按照顺序来完成，这就是程序教学法。

程序教学法的科学实施过程中，教师应合理分解各种教学程序，逐步有序开展教学，使学生科学、有序地完成整个传统武术运动学习。

学生完成学习“小步子”过程中，教师应重视对学生的学习情况进行科学评价，给予学生学习反馈，帮助学生改进学习。

（八）渐进教学法

传统武术技术动作丰富，组合动作较多，套路练习复杂，因此教师在教学中也常采用渐进教学法，使学生由易到难、由简到繁、由浅入深，循序渐进地掌握各种动作技术。

在传统武术教学实践中，教师采用渐进教学法的具体操作方法有如下几种。

（1）由学习单个动作到组合动作。

（2）由单手动作到双手动作。

（3）由原地完成动作到移动完成动作。

（4）由较慢地完成动作到较快地完成动作。

（5）由完成局部动作到完成整个套路练习。

(九)探究教学法

探究教学法是指教师有计划地安排学生“发现”问题,经过探索,最终解决问题的教学方法。该方法有助于培养学生独立学习和思考的能力,有助于学生在武术套路和格斗练习过程中做到举一反三、出其不意。

在传统武术教学实践中,教师可根据探究教学原理引导学生在武术格斗练习中依据武术拳法技理创造新的攻击与反攻击动作与方法(图 2-2)。

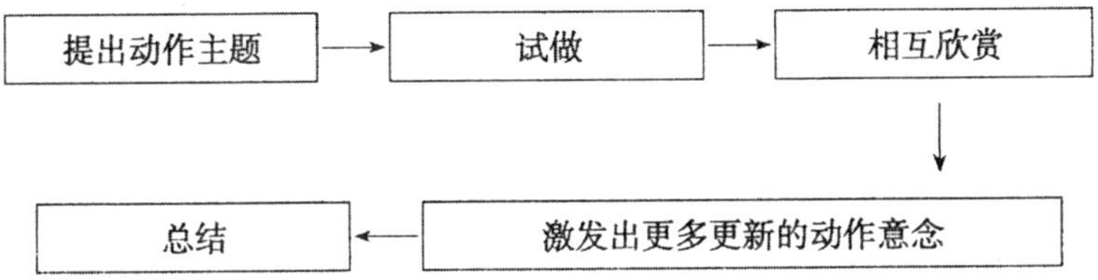

图 2-2

实施探究教学法,教师应重视鼓励学生,适时提出建议,引导学生归纳、完善构思,进而成功解决问题。

(十)游戏教学法

游戏教学法通常用于传统武术教学中的基本功教学,有助于丰富教学内容,使传统武术教学过程不那么枯燥,能充分调动学生的学习兴趣。该教学方法的应用应注意以下几点。

(1)游戏选择应遵循传统武术教学的本质,通过合理安排游戏,提高学生学练武术的基本身体素质。

(2)教师应要求全体学生遵守游戏规则,并做好评判工作,公开、公平、公正地评价学生在游戏中的表现。

(3)注意教学安全。

(十一)案例教学法

案例教学法是指教师在教学中通过列举具体的案例帮助学生更清晰、更深刻地认识教学内容的教学方法。

在传统武术教学中,案例教学通常用于传统武术对抗格斗配合教学,通过典型的动作和攻防案例的讲解分析与实践练习,让学生掌握传统武术格斗原理、技法及其适用情况、应用目的、应用效果。

三、传统武术练法

武术练习是武术教学的主要内容。通常情况下，一堂武术教学课的大部分时间都是练习时间。因此，为了提高练习时间的效率，必须选择正确的练习方法。

传统武术练法，是学生进行武术动作、套路、功法、格斗学练所使用的具体方法，最常使用的主要有模仿练习、重复练习、冥想练习和对抗搏击练习，具体分析如下。

（一）模仿练习

模仿练习，具体是指在直观教学中，学生通过观察教师的示范动作之后进行模仿练习。模仿练习有助于学生明确传统武术动作的套路路线、方向和结构，使学生对整套动作的练习更准确。

模仿练习建立在教师进行动作示范的基础上，根据学生练习的形式，可以将练习法分为完整练习、分解练习、简单条件下和复杂条件下的练习；根据学生练习的运动特点，可以将练习法分为个人技术练习、配合性练习和对抗性练习等。

一般来说，在传统武术教学初期，模仿练习应用最为普遍。学生模仿的范本可以是教师，也可以是视频、图片。教师在做示范时，还可以将动作要领总结为几个关键词，不断在动作示范中要求学生记忆，以期使学生的动作模仿更有效率、更准确地把握动作要领。

（二）重复练习

重复练习，具体是指对某一武术动作，或某一组武术组合动作，或某一武术套路进行反复学练的连续方法。该方法有利于使学生快速建立动作表象，进而快速从学生对动作的表象认识过渡到自动化阶段，即形成正确的动力定型。

组织学生进行重复练习，应注意以下几点。

（1）初学者重复练习武术动作时，教师应根据学生对动作的熟悉程度和做动作的准确程度合理掌握重复的时间、次数和形式。

（2）教师应充分考虑课程的时间因素，力求在各方面找到重复练习的平衡点，避免过度的重复练习，以免使学生产生枯燥乏味的心态，在练习中出现懈怠情绪。

（3）重复练习应采取多样化的练习方式，如加入情境、组织相关练习游戏等，充分激发学生的学练兴趣。

（三）冥想练习

冥想练习，具体是指在脑中重复习得的各项动作的技术要领，以此达到强化运动技能的练习方法。冥想练习的方式较为特殊，它与传统的身体练习有着本质的区别，它属于一种纯意识层面的练习，需要学生通过意念活动达到对动作熟练掌握的目的。

具体来说，冥想练习就是通过思维活动让学生在想象中完成武术动作的一种注重"心理练习"的方法。通过冥想练习，学生可以对动作的表象有一个正确的认识，同时还有利于使学生集中注意力。

在传统武术教学中，实施冥想练习应注意以下几点。

（1）冥想练习一般安排在学习新动作之后或复习之前，时间一般不宜太长，每次1～3分钟。

（2）教师应在传统武术教学中充分发挥主导作用，要求其观察并及时引导学生冥想运动表象。

（3）学生应在对动作或技术概念熟练掌握的基础上进行冥想练习，通过冥想练习，在大脑中像放电影一样，演练整个武术动作或者武术套路。

（四）对抗搏击练习

对抗搏击练习通常用于传统武术的格斗项目教学中，有利于提高学生运用武术动作进行实战攻防的能力，能最大限度地促进学生机体功能能力的发挥，同时，还有利于培养学生不畏艰难、积极向上、敢于拼搏等的良好品质。

在传统武术教学中，进行对抗搏击练习应注意以下几点。

（1）对抗搏击练习应建立在学生熟悉掌握武术格斗技术动作和技法要领的基础之上。

（2）教师应对学生进行合理分组，避免对抗双方实力悬殊太大，不利于对抗双方相互促进。

（3）对对抗搏击练习过程中学生完成动作的质量予以客观的评价，并指出改进的方向和方法。

（4）注意教学安全。

第三章　传统武术教学创新发展研究

传统武术教学是使学生学习传统武术理论知识以及掌握传统武术技能的重要环节。武术教学质量的高低直接决定了学生了解武术、学会武术的扎实程度，同时这也是我国传统武术传承与发展中的重要组成部分。现如今，随着体育教学改革的不断深入，传统武术教学的创新问题也是相关学者研究的重要课题。为此，本章就重点从高校传统武术教学的角度出发，对其教学及其创新问题进行研究。

第一节　高校武术教学体系综述

传统武术在我国的发展历史较为长远，其大部分的发展历程处于我国封建社会时期。直到今天，传统武术发展为我们看到的样子，而这已经历经千年。如此长时间的发展历程，使得传统武术本身形成了庞大的结构体系，传统武术已经不再属于一种单纯的身体技击运动，而已经由此演变为一种民族文化。

在高校教学中，传统武术的教学体系最直接地体现在理论学习部分。传统武术尽管是一项以身体技能掌握为主的运动类学科，但其武术理论是武术文化的重要体现，是武术体系的重要表现形式。不过纵观传统体育的历史，由于种种原因，武术理论的总结与发展在大部分时间中是落后于武术实践的。实际上，在现代体育发展视阈下，武术理论的内涵与结构绝对与其技能同等重要，它是一个多成分的复合体，一个从时间到空间都难以把握范畴的文化现象。为此，对于传统武术的研究一定不能忽视其理论，而是需要以现代科学为手段，以现代体育发展的眼光和高度抽象、多维思考的角度，从动态上研究武术的本质及其规律，进而能够将武术理论中有利于现代价值观的内容突显出来供人们了解和学习，并将其中包含有浓厚封建、迷信的部分剥离出去，最终力求建立起一个具有新的特质的武术教学的知识结构体系。

一、武术教学研究对象与方法

研究对象，是指在一定的研究过程中所要认识的客体。在研究过程中，一切研究行为都要围绕研究对象进行，所得出的研究数据也都要能直接或间接反映对研究对象的研究内容。现如今，武术已经成为高校体育教学内容中必不可少的项目，因此，对武术教学的研究对象就是武术运动。确定了研究对象后，再从不同方面、不同角度和不同层面对其本质规律、特点、分类、技法等问题进行研究，从而最终获得一个较为全面的武术研究结果。与此同时，由于传统武术教学中还涉及了学生对武术的学习环节，因此，研究对象中还应包括武术运动对人体各方面形态、机能的影响等内容。

研究方法，是指用各种科学的方法探求事物的本质和规律的过程。武术运动涉及的方面非常多样，其中包含着诸多文化和元素，单就其涉及的学科除了运动学外，还有如社会科学、自然力学和某些边缘学科。为此，对其进行研究的相应研究方法也就非常丰富，常见的如观察法、实验法、类比法、模拟法、分析法和综合法等，这些方法在武术教学理论研究中都可以运用或借鉴。

二、武术教学知识结构

传统武术教学的知识结构体系主要有三大块内容，分别为基础理论、技术理论和应用理论。在三大子结构下，还各自拥有更加详细的内容，具体如图 3-1 所示。

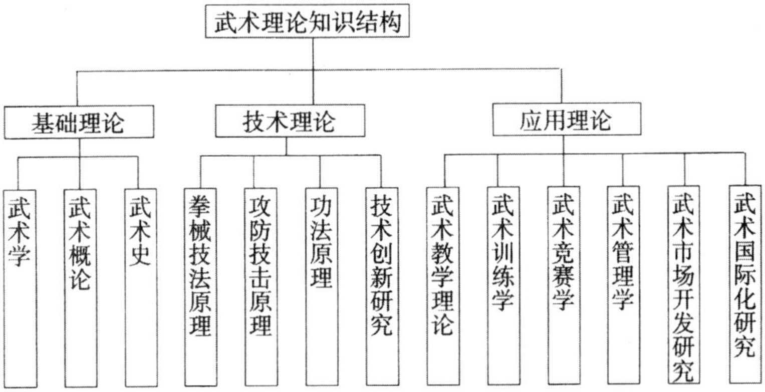

图 3-1

（一）基础理论

基础理论是关于武术总体认识的理论。对武术的基础理论来说，主要包含有武术学、武术概论和武术史。下面对这些内容的具体理论研究进行梳理。

1. 武术学

武术学从科学的角度出发对武术的宏观整体进行研究。武术学的主要研究内容为武术理论的形成过程、变化规律和发展趋势，除此之外武术学还分析整个武术体系的结构、整体与分支科学以及各个分支学科间的相互影响，研究各学科产生、发展的规律以及不断变化的分支学科的分类原则等。

2. 武术概论

武术概论主要对武术的总体相关知识理论进行论述，主要是指武术的概念、武术运动的特点、武术的价值与社会功能、武术的流派与分类等。这对武术本质的问题的研究最为直接和深入。

3. 武术史

武术史的研究对象主要为武术产生、发展的历史演进过程，揭示其发展规律，具体包括武术发展史、断代史以及各种拳械单项史等。

（二）技术理论

直观地说，武术技术理论的研究对象为武术中包含的众多流派的技术风格、结构特点、技击方法及其附带的精神意志习练法等。技术理论研究带有明显的实践性和技术性，它是对武术技术实践的理论总结。

武术技术理论研究的内容具体包括拳械技法原理、攻防技击原理、功法原理、技术创新研究等。

1. 拳械技法原理

拳械技法原理主要研究普遍存在于各种拳械技术的共性规律，并分析其技法特征、动作结构、技术分析等。

2. 攻防技击原理

攻防技击原理主要研究散打、摔跤、擒拿等实战项目的技击原则、方法、技术、战术等内容。

3. 功法原理

功法原理的研究内容主要为传统与现代练功方法、手段以及基本原理和特点等。

4. 技术创新研究

武术运动在现今的发展越来越受到国内外的瞩目，并且武术技术也并非停滞不前，它也是处在不断的运动发展中的。因此，对武术技术进行创新性研究也是非常重要的，其研究内容主要为武术创新出的新技术、新动作和新组合。

（三）应用理论

应用理论，是指针对武术运动的各项活动的实施过程中涉及的理论问题的研究。具体来看主要包括对武术教学理论、武术训练学、武术竞赛学、武术管理学、武术市场开发以及武术国际化的研究。

1. 武术教学理论

武术教学理论研究武术教学特点和一般规律，套路教学和对抗性项目教学的教学原则，教学方法与手段，教学步骤、阶段以及教学的组织形式等。

2. 武术训练学

武术训练学的主要研究内容包括武术训练过程与规律，分析训练原则、训练方法与手段、训练特点以及训练计划的科学制定、运动员的选材等训练学理论。这里提到的训练主要针对的是竞技武术训练和传统套路武术训练。

3. 武术竞赛学

武术竞赛学是研究武术竞赛规则、竞赛裁判法、竞赛的组织、竞赛的编排方法以及竞赛法规建设、竞赛体制等有关竞赛的理论。

4. 武术管理学

武术管理学的主要研究内容为现代武术管理活动的规律，包括管理目标、原则、组织、体制和方法以及管理制度等。

5.武术市场开发研究

武术市场开发研究的主要研究内容为在市场经济条件下，武术市场的培育和开发，促进武术产业化的实现。这类研究在如今体育运动越发国际化的今天显得格外有意义。

6.武术国际化研究

武术国际化研究的主要研究内容有研究武术与奥林匹克运动、武术国际化发展的文化比较、武术的国际化传播、武术国际化发展趋势等。

三、武术教学与相关学科的关系

武术发展到今天已经成为一项综合性较强的运动实践性学科。这里所谓的综合性就在于它本身除了涉及与武术紧密相关的理论和技击技巧外，还涉及许多其他相关学科，这些相关学科与武术本体进行融合之后，形成了今天看到的具有丰富内涵的武术运动及其文化。

而对传统武术来说，由于其生根发芽和成长都是在中华大地上进行的，因此，传统武术中也蕴含了几乎所有中华文化的内涵。为此，在21世纪的今天，就更应利用现代研究方法和思维对武术理论与技击方法进行研究，以期开拓人们认识武术运动的视野和思路，促进武术理论的科学化。因此，武术的相关学科是指武术与中国传统文化、武术与现代学科两部分(图3-2)。

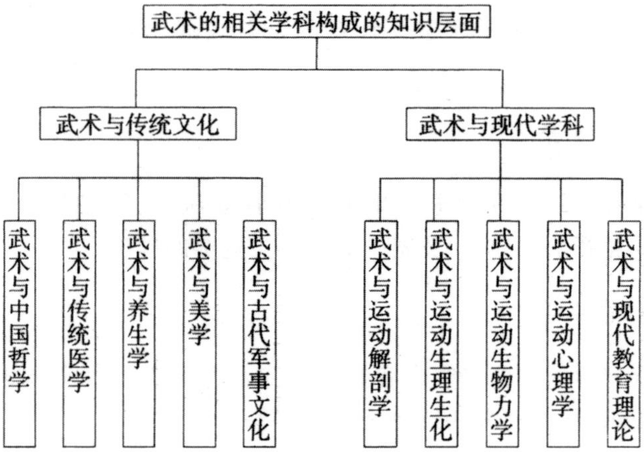

图 3-2

(一)武术与中国传统文化

我国的传统武术发源于中华大地,如此其内在就自然蕴含着中国传统哲理和文化,由此形成内涵很广、层次纷杂的理论知识结构。具体来看,传统武术与我国的哲学、传统医学、养生学、美学、古代军事等都有着无法割断的联系。

1.武术与中国哲学

中国传统哲学博大精深,寓意深远,一直影响到今天我国的哲学研究。武术作为扎根我国的重要文化组成部分,自然其本身也带有非常丰富的哲学内涵。研究中国哲学认识论中的主要观念和范畴对武术理论与实践有深刻影响,其中较有代表性的武术哲学包括"天人合一""太极"、道与气等。

2.武术与传统医学

武术本身带有强身健体的功能,这与我国传统医学的发展有着不可分割的联系。因此,在研究武术相关学科理论时,对传统医学的研究是不能被忽视的,如精气神学说在武术中的应用,传统医学经络学、骨伤科对武术的影响等。

3.武术与养生学

武术本身具有强身健体、陶冶情操的功能。因此,对于传统养生思想、原理、方法等的研究,并将其与武术相结合,就可以令武术强健身心的价值在现代社会体现得更加淋漓尽致,成为人们大众健身的优选。

4.武术与美学

武术本身蕴含着多种美的元素,这种美主要体现在武术的动作美和武德美两方面。因此,对美学的研究也会从一个侧面更加全面地认识武术,进而引申出武术美学的基本表现特征等课题的再研究。

5.武术与古代军事

武术最初在古代主要作为军事训练的手段而广为流行。为此,对武术与战争、兵法关系、武术技击与兵法谋略等的研究就非常重要。如果把武术与军事分割开来,那么将是难以想象的事情。

（二）武术与现代学科

随着现代科技的发展，武术运动的发展也在借势而行。武术从现代学科中吸取了诸多有益的营养，这些营养对丰富和完善武术理论知识结构与技击技法提供了重要帮助。而对武术本质的多方面研究也需要在现代科技的帮助下，运用先进的研究方法和手段才能做到更深的挖掘。特别是运用现代生物学科理论与方法对武术进行多方位研究，以了解武术运动对人体结构机能的影响机制，揭示强身健体、防身养生和观赏自娱的客观价值，阐释武术运动对人体锻炼的独特作用，为武术提供科学理论依据。

1.武术与运动解剖学

运动解剖学研究的对象是运动对人体形态结构产生的影响以及在运动过程中人体结构的机械运动规律。武术作为体育运动的重要一项，对身体各部位的活动有着更高的要求，因此在研究武术时运用运动解剖学的原理对研究来说是非常关键的，可以给研究带来事半功倍的效果。

2.武术与运动生理生化

经常参加武术锻炼的人可以从中获得较为理想的健身效益。这主要是由于武术本身具有的健身属性和功能，它的效益的重要体现之一，就在于能够影响到人体的生理生化指标。为此，在研究武术运动时结合生理生化学的研究方法与手段，就可以更加清晰地揭示武术运动对人体所产生的各项生理生化指标变化，为竞技武术的科学训练提供科学依据，让人们更加信服参与武术运动对身体健康带来的好处。

3.武术与运动生物力学

运动生物力学可以对武术动作的力学原理进行探讨，为运动员进行技术诊断，科学地指导运动技术的改进与提高。生物力学的基本原理与方法，已被广泛地用于武术教学与训练、运动员选材等方面。

4.武术与运动心理学

运动心理学对所有从事体育运动的人都是适用的，对于武术运动者来说也是如此。运动者参与武术运动的不同目的决定了他们的运动心理，为了获得更好的运动成绩，或是获得理想的健身效果，运动心理学融入武术运动就是非常必要的。它主要可以运用在武术训练方面，并且给运动员心理素质的培养、赛前运动员心理调整等方面提供帮助。

5.武术与现代教育理论

研究现代体育教育理论如何运用于武术。现代体育的教学原则和方法，充实了传统的武术教学方法，丰富了武术教育理论。

四、高校武术课程教学体系改革的基本思想

（一）突出高校武术课程在体育教育中的重要作用

鉴于武术运动是我国的“国粹”之一，这就使得这项运动必然要在我国学校的体育教学中承担重要的角色和特殊的历史使命。江泽民同志曾经在党的十六大报告中指出：“民族精神是一个民族赖以生存和发展的精神支撑”，“面对世界范围各种思想文化的相互激荡，必须把弘扬和培育民族精神作为文化建设极为重要的任务，纳入国民教育全过程，纳入精神文明建设全过程，使全体人民始终保持昂扬向上的精神状态”。这一讲话精神就足以给武术在体育教育中的地位进行了进一步地巩固。

2004年4月2日，中宣部、教育部印发了《中小学开展弘扬和培育民族精神教育实施纲要》，其中要求，“体育课适量增加中国武术内容”，此举的最大意义就在于要在学校教育阶段大力弘扬民族传统文化，宣传爱国爱民族的伟大情怀。这无疑对我国各级各类学校中的学生提出了新的要求。

目前，由于武术运动的教学形式和表现形式更加贴近于体育教学的内容，故而将其归类在体育教学范畴是非常合理的。但仔细分析发现，武术教学的教育作用又何尝仅仅限于身心两方面呢，实际上它的教育作用早已超出了一般意义的体育课程作用，具有其特殊的不可替代的教育价值是其他体育教学内容不可比拟的。因此，对于武术课程在教育领域中的定位需要给予它更加全面和重要的关注，这就要求我们必须站在弘扬民族精神和传承民族文化的高度认识武术课程。

（二）改革需遵循武术的本质规律与特点

武术运动不论从外在运动形态上，还是内在的精神文化上，都富有其本身的属性，展现出武术运动不同于其他运动的规律和特点。因此，对于高校武术课程教学体系改革来说，无论怎么变革，都不能摒弃掉武术本体的特点，不能剥离其基本属性，更不能违背武术运动的发展规律。

为了做到这点，武术界的许多学者一直致力于明确武术的本质属性，并且对已经了解的理论进行了与时俱进地审视。不过直到今天，关于武术的

本质规律和特点仍旧存有一些争论和不同观点。

有一种观点认为技击性是武术的本质属性。支持这种观点的实证不仅是中国武术，其他国家的武术无一例外都包含有技击性的属性。因此凭借这个条件，认为武术的本质就是一种技击行为。

而另一种观点认为，我国传统武术的本质特点是一种套路性的运动形式。不过，这种理论就出现了很多反驳点，反驳的实例为日本的空手道和韩国的跆拳道等实战技击类武术同样也有套路的存在形式。

通过两种观点的比对，人们为了确定武术的属性又开始从传统文化、武德等多方面对武术加以限定，以区别于其他武术类（或称技击）项目。

我国武术发展到最为辉煌的时期时形成拳种上百个，这些都是传统武术的实体展现。通过分析这些武术形式，基本都可以从中发现极为相似的训练体系，这种情况在较大的武术形式分类中会更明显地看到，如太极拳、形意拳、八卦掌、八极拳等。就拳种总体看，基本上是“功法—套路—用法”三位一体的，这个一体是有机的整体，而不是随意拼凑的，缺少任何一项都不足以实现习练的目标。这就是中国武术长期苦苦探索玩味出的本质，即“功—套—用”的一体性。

在将上述理论理解透后作为认清武术本质规律与特点的基础，再来看对武术教学的改革。目前，出现了很多把原本完整的中国武术技术训练体系的一个环节拆下来，如只抽取套路，夸大为一个竞赛项目，或抽取个别技击动作元素，形成一种对抗形式，最为典型的要数散打项目。我们需要认识到的是，散打的确属于我国传统武术技击形式的重要体现，但仅仅以此就认定这是武术的本质就非常片面了，这种认识就属于“只见树木不见森林”的认识，如此对完全了解武术还相距甚远。为此，在进行武术教学体系改革工作时，要特别注意避免这些错误的发生。

（三）改革需以满足大学生需求为根本

现代社会的竞争总体来说是人才的竞争。而大学阶段作为大学生由学生向社会人过渡的阶段，就需要高校教育能够与社会需求的人才的培养模式接轨。换句话说，就是高校中开展的一切学科都要以能够为社会打造全面型人才准备，同时，也要满足学生自身的需要，体育教学中的武术课程也是如此要求的。2002 年 8 月，教育部颁布实施的新《全国普通高等学校体育课程教学指导纲要》规定体育课程目标，强调增进健康，提倡终身体育、个性教育等。2004 年 7 月教育部下发的《普通高等学校体育教育专业各类主干课程教学指导纲要・武术类课程教学指导纲要》提出了“传承民族体育文化，弘扬民族精神，淡化套路，突出方法，强调应用”等要求。这些精神无一不是以满足大学生需求而存在的。

不同学生有着不同的体育兴趣倾向，除此之外还有一些其他因素也会影响到学生对武术的学习需求。不仅如此，高校武术课程改革还必须考虑大学生的身心特点。大学阶段是一个人生理和心理发展的成熟期，许多学生认为学校开展的武术课太过单调、枯燥，与心目中的武术学习相距甚远。但跆拳道满足了多数学生练习武术的需求，这就非常值得武术教育研究人员对这一现象进行深入研究。这种现象就要求，甚至是某种程度上的“逼迫”，要使武术课程无论在课程内容还是形式方面，都要以“以学生为本”的理念进行适应性改变，如此才能重新夺回学生对传统武术的青睐。

第二节　高校武术教学内容开发

武术教学内容是高校武术教学的依据。如今在体育教学改革的大背景下，对于包括武术教学内容在内的教学内容的改革也是改革的重中之重。科学、有益、适合高校学生学习的武术教学内容不仅能够调动学生习练武术的兴趣，还能间接养成他们终身喜爱武术，延续参与武术运动的习惯。因此，对于高校武术教学内容的不断开发就显得非常必要。本节就重点对这一问题进行深入研究，具体阐述了高校武术教学内容开发的概念、开发的主体、开发原则以及开发措施。

一、高校武术教学内容开发的概念

武术教学内容，是指有利于武术课程实施与生成的各种因素与条件。其具体的表现形式主要有两个方面：一方面是形成武术教学内容的要素来源，如武术的理论、武术技能、运动经验、身体练习方法和武术价值观等；另一方面则囊括了决定武术教学内容实施范围和水平的人、财、物等要素，具体包括场地、设施、教师等。

另外，从涵盖性的角度来看，对于武术教学内容的定义还可以分为广义的和狭义的。

广义角度上的武术教学内容是指满足武术教学内容所需要的思想、知识、人力、物力、时间、场地器材设备、环境等与课程目标、内容、实施和评价有密切联系的武术课程外部因素。

狭义角度上的武术教学内容是指形成武术教学内容的直接因素来源，包括武术教材内容的挖掘、可转化的格斗项目、可引进的地方传统武术以及可创编的武术动作等。

而提到对武术教学内容的开发这一概念，首先要明确这里所谓的“开发”的含义，即它是一种广义的开发，具体为是一种从无到有的生成过程，或者是对一种已有资源进行的一种完善或改造的创造性过程。

我国曾有学者根据体育教学内容的构成要素把体育教学内容的资源分为知识资源、经验资源、身体练习资源以及其他等。因此，将这一概念与武术教学内容相结合，就可以得出一个更具有针对性的教学内容资源的分类，即分为武术知识资源、武术经验资源、武术身体练习资源以及其他等。这些内容在高校武术教学内容的开发中都是亟待开发的对象。

二、高校武术教学内容开发的主体

由于人们对于武术教学的认识长期处于一种固定思维之中，所以武术教材编写者、课程专家、理论工作者等所编制、开发的文本性材料及教学用具在很长一段时间内被当作学校主要的课程内容资源，那么由此就使得人们自然而然地认为他们是开发课程内容的主体。

不过这种思维随着现代教育的发展逐渐开始落后。其中的关键点就在于开发课程资源的主体已经远远不止是上述这些成员，而是表现出了更加多元化的趋势。新增加的开发主体首先就是一线教师，此外还应包括学校管理者、各级教育行政部门，甚至学生也成为武术教学内容开发的主体之一。这在以前的相关思维中是难以想象的。[①] 对此我们一一对其进行分析。

首先提到的主体就是体育教师，而且最典型的还要数一线体育教师。他们能够成为武术课程内容开发的主体的原因主要有两点。

第一，武术教师是亲历一线参与武术教学实践的重要教学主体。为此，他们要拥有过硬的技术能力、经验以及足够的理论知识。这是武术课程活动的重要素材，其本身就是一种资源。

第二，武术课程的开展需要教师参与全程的组织与控制，他们对课程所需的内容、要使用的一切资源都了如指掌。主动参与课程资源的开发，可以拓宽武术教师的视野，为武术教学准备更丰富的内容，同时还有利于促进师生、同事以及社会各方面的交流。

学生与教师一样，也是武术教学活动中的主体，没有学生，武术教学活

① 田菁，刘振忠，郑颐乐. 体育课程内容资源开发的途径[J]. 河北师范大学学报，2008(4).

动就没有存在的意义。因此，学生的思想、情感、经验、知识、身体状况、体能情况等都是武术课程活动中最基本的资源，一切武术教学内容的开发都是围绕学生进行的，它以满足学生对武术学习的需求为主要目的。学生的学习成果是教师教学活动的重要资源，是教师研究的资源对象。因此，学生也是武术课程资源开发的主体。[①]

其次，除了教师与学生外，学校的管理者、各级教育行政部门、家长在某种情况下也能成为教学内容开发的主体，不过这种情况只有受到武术教学活动的内容、方式及大背景的影响才会出现，由此则不能成为武术教学内容开发的主要主体。

三、高校武术教学内容开发的原则

高校中开展的武术教学，其内容的选择首先要保证武术本身的学科特性，突出体现武术特点，并且教学内容要符合武术运动的基本发展规律和基本属性。除此之外，为了适应高校开展的特点，选择的内容需要考虑到学生对武术学习的需求以及对他们的综合素质的提升有所帮助。不仅如此，由于高校学生普遍没有接受过武术运动锻炼，因此，武术教学应该从基础开始教学，此后再从简到繁、从易到难地进行教学。教学内容之间的衔接要做到环环相扣，相互关联，如此才能使得武术教学井然有序。

鉴于武术运动流派众多的特点，可以作为教学内容的武术种类较多，如此使武术教学内容具有开放性、多样性特征，给学校选择适合的武术教学内容提供了广阔的空间，也使武术教学内容的开发必须考虑以下问题。

(1)武术教学内容的开发应充分体现武术课程的学科特点、社会需要与学生需要。

(2)重视武术文化知识、武术技能与武德的培养。

(3)教学应能体现健康价值。

(4)教学应根据地域性和民族性有所差异。[②]

因此，提出以下高校武术教学内容开发的原则。

(一)适应发展的原则

这里所谓的适应发展，其对象主要是适应社会的发展与人的发展。为

---

① 李定仁，徐继存．教学论研究二十年[M]．北京：人民教育出版社，2001．

② 张惠红．体育课程资源系统理论及其在高校体育课程中运用的实证研究[D]．福建师范大学，2006．

此，无论对武术教学的内容进行什么样的改革，都要符合现代教育的理念，并与新的《全国普通高校体育教育本科专业武术课程教学指导纲要》的精神保持一致。具体做法可以是在内容选择上淡化竞技，淡化武术套路，着重突出方法、强调实践应用的指导思想。在主要传授我国传统武术内容之外，还可以适当增加一些国外优秀武术作为补充，不断充实和更新，体现继承与发展的时代特点。

教育的最大意义就在于它始终关注人的发展问题。“一方面，社会只是人的一种存在方式，社会是人的社会，应以人的发展为最高准则，离开了人，社会是没有意义的；另一方面，个人的发展是任何社会发展的先决条件，教育对社会发展的影响只有通过对个人发展的影响才能实现。”[①]为此，要想在武术教学内容开发的工作中做出成绩，就一定不能忽视学生的全面发展问题，这是一定要兼顾和考虑到的。这种关注应当涉及学生发展的各个方面，它包括学生外在的身，也包括内在的心，即从知识到能力、从行为到道德等。只有做到这点，这种开发才是可以看到效益的，被各方认可的。

（二）以学生为本的原则

现代体育教学新理念中有一项非常重要的内容，那就是“以学生为本”。我国传统教育的思维始终认为教师才是教学的主导，学生只是被动接受教学信息的客体。在现代教育理念中，这是不完全正确的。应该认清的是，任何的武术教学内容资源的开发都要以学生为本作为最终的落脚点，这是武术教学活动响应“以学生为本”教育理念的方式。[②] 但是以往的武术教学内容资源开发错误地估计了学生的知识经验和能力水平，导致所设计的武术教学内容是竞技武术进课堂，这脱离了武术教学最初为其制定的目标。现在要求武术教学内容资源开发不再是以学生已有的知识和经验作为基础，而是把它们看作是课程资源的一部分进行开发和利用，使学生由知识的被动接受者转变为知识的主动建构者，培养学生喜爱武术、乐于参与武术的精神，让学生成为与教师一样的教学活动的主体。只有在这种思想意识的前提下，武术教学才能真正得到学生的青睐。

（三）教师自主开发的原则

对武术教学内容的开发有多方对此负责，但从教学实践来看，与教学活

---

① 孟莎．高职院校体育课程内容资源现状及其开发研究[J]．北京农业职业学院学报，2007(6)．

② 范兆雄．课程资源概论[M]．北京：中国社会科学出版社，2002．

动最为紧密的还是身处一线的武术教师。他们对于武术教学中的各个环节了解得非常深刻，也对学生对武术教学的期待和需求有所了解。为此，武术教师就自然成为武术教学内容开发的主要发起人。为了做好这项工作，首先应该给予教师充分的自主权，使其可以根据教学实践与学生发展的需要开发适当的武术教学内容，对课程进行更直观的设计，并能亲自对这些改变进行再实践，以期达到最佳的教育效果。

（四）科学创新的原则

武术运动与其他运动项目一样，都会随着社会的发展而发生着随动性的改变。那么，在武术运动发生变化后，武术教学没有对此进行相应的回应，即仍旧固守传统的教学方法与内容，那么武术教学对学生的吸引力就会下降。为此，针对武术教学内容进行与时俱进式的开发就显得很有必要，其中创新就是主要的方法。

为了适应新时期的教学要求，武术教学内容应该在原有的基础上进行拓宽或深化。最重要的思维便是打破过往长期坚持的单纯套路教学的模式，针对目前学校武术教学改革的实际，在教学内容、教学方法、教学手段上进行全方位的创新，吸收当前国内外武术科研与教学成果，吸收相关学科新知识来丰富、发展、完善武术教学内容体系。

经过科学创新后的武术教学内容，其体系仍必须保有相当的覆盖面和一定的深度，同时这种创新和完善要一直延续下去。创新出的内容应有利于学生创新意识、实践能力、综合素质的提高，并且有利于培养学生创造性思维和分析评价能力的发展。

四、高校武术教学内容开发的措施

高校武术教学内容开发的措施是开发活动的直接应用方法，这就使得开发措施的正确与否在很大程度上关系到开发的过程是否顺利，开发的结果是否与预期一致。经过总结与研究，基本可以认定高校武术教学内容的开发应包含有筛选、引进、改造、整合、创编等方法。武术课程内容资源的开发与利用的途径有如下几项。

（一）引进优秀武术教材，在教学中深挖教材

武术教材是学校根据武术教学方案和课程标准选择和组织的教学内容，它是武术主要的内容资源之一。在浏览了目前市面上发售的武术方面的教材之后可以发现，其种类繁多，内容也较为丰富，从数量上来看可以被

选为高校使用的教材很多。但这些教材是否能够与学校武术教学较好地贴合就是个问题。为此，学校相关教务管理人员就要在武术教师的建议下做好对武术教材的筛选、建设、规范工作。为了能够让教材更好地与本校实际情况结合，甚至可以让有能力的本校教师亲自编写武术教材。

除引进武术教材外，教材的获得还可以是在教学中进行深挖，对教材进行二次开发，从而来保证武术教学用书的科学性和实用性。

（二）对武术教学内容的创编和开发

目前，对于武术教学内容创新的主体思想在于轻套路、重应用。在这一思想的指导下，创编与开发的内容要体现武术类运动的文化内涵，重视武术类运动的教育性和健身的科学性，适当突出攻防技击特点，让武术运动看起来更加纯粹一些。除此之外，还要考虑创编和开发的内容能够适应学生的身心发展和兴趣爱好，动作简单实用、易于开展，适应大多数学生个性的发展需要。

（三）对现有武术教学内容的改造

从实际操作的角度来说，完全创新武术教学内容需要较长的周期进行考察、论证和实验。因此，难度通常较大。为此，我们完全可以转变思路，从而对已有的教学内容进行升级改造。主要的改造方法可以是简化动作技术、精简套路内容、降低难度要求和融合其他格斗技术等。在这一改造的过程中，应充分发挥学科带头人的作用，及时通报武术教学、科研动态，发扬团队协作精神，营造一种良好的学术氛围和竞争向上的态势。武术的国际化趋势在当下已经是不可避免的了，因此，对武术教学内容的改造不应只是闭门造车，还可以向世界其他武术运动发达国家借鉴，将优点纳入改造中来，如此更能体现继承与发展的时代特点，同时这也能为传统武术迈向世界打下更好的基础。

（四）引进本地特色的传统武术

我国是一个幅员辽阔的国家，不同地区的文化具有不同的特色，这点在武术运动方面也是如此。不同民族和地区的武术具有各自的特点，在创编中可根据实际情况加以开发和利用。

为此，高校在选择武术教学内容时，可以根据学校所在地区，选择本地特色的传统武术，如此则可以在丰富体育课程内容和符合学生的特点两方面做到双赢。

（五）课堂教学也是开发武术教学内容资源的主要途径[①]

课堂是教师进行教学研究的平台。一方面，武术教师在实践中所开发的各种武术教学内容资源，都可通过武术课堂教学的具体实施来检验效果、发现不足，并提出改进意见；另一方面，有些武术教学内容资源（如学生的生活经验）的开发过程具有生成性和动态性特点，需要武术教师通过体育课堂教学引导学生领悟、探究、实践才能完成。

第三节 高校武术教学模式创新

一、武术课程教学模式的概念

武术课程教学模式，是指在一定的教育思想指导下，建立在丰富的武术教学经验基础上，为完成武术教学的目标和内容而围绕武术项目形成的比较稳定且简明的教学结构理论框架及其具体可操作的实验活动方式。

二、武术课程教学模式设置的要素

武术课程教学模式设置的要素主要包括以下四种。

（一）教学目标

在武术课程教学模式设置中，应该在分析学习需要、学习内容和学生的基础上，确定武术教学目标，编写学生行为目标。其中，确定教学目标是武术教学系统设计的一项基本要求。教学目标一旦确定，其他方面的设计便围绕其目标进行。

（二）教学对象

在武术教学实践活动过程中，应以学生这一对象为中心展开。现代体育教学设计明确指出，“以学生为中心”展开体育教学设计。武术课程教学设置也不例外。因此，教师要充分分析学生的特点，根据其特点，评定学生的初始状态，预测学生的发展。

---

① 陈毕栋.论体育教师对体育课程内容资源的开发[J].高教研究，2008(5).

（三）教学策略

教学策略的设置包括许多方面，如采用怎样经济而有效的教与学形式，安排怎样的教与学活动，设计何种教与学的方法，选择怎样的教学资源，安排什么样的课型，设计什么样的武术课程教学环节和教学步骤等一系列问题，此外，还有一些更具体的问题需要加以分析和考虑。在整个武术课程教学设置过程中，教学策略发挥着十分重要的作用。

（四）教学评价

在教学模式设置的最后，会完成一个体育教学设计的“产品”。“产品”是否符合体育课程教学目标的要求，能否取得最优的体育课程教学效果，是否符合学生的实际情况，必须对所采用的教学形式、教学方法、教学活动和步骤是否具体可行等一系列问题做出检验。这就需要对武术教学设计的成果进行评价，并根据评价结果进行及时正确的修正。

三、武术课程教学模式设置的功能

（一）为教学设计理论研究提供资料和素材

武术教学模式设置本身包含了教学设计的特定理论和指导思想，如以“学习为中心”的体育教学设计模式包含了“以学习为中心”的体育教学理论。这些教学设计模式除了包含理论思想外，还包含了很多有关的实践素材。其中的教学理论可以转化为武术教学设计的理论，成为武术教学设计理论的来源；而实践素材可以给武术教学设计提供理论基础。

（二）为教学管理决策提供指南和依据

对体育教师的教学设计工作的管理是武术课程教学管理的重要内容之一。加强武术教学设计工作的管理能使体育教学工作有序地、完整地、有效地进行。武术教学设计模式提供了关于武术教学实践活动的各个环节和信息，因此，它为武术的教学管理决策提供了重要依据。

（三）为教学设计及教学活动提供指导

武术教学设计模式作为体育教学设计理论与实践的结合物，直接完整地指导如何进行武术教学设计的实践活动，这些指导能有效地推动武术教学实践工作者的教学活动。同时，武术教学设计模式不仅直接指导武术教学设计的实践，还与武术教学实践活动本身联系紧密，包含了武术教学实践活动的理念、取向、要素以及操作程序，这些对于武术教学活动具有重要的指导意义。

四、高校武术课程教学模式设置的典型分析

高校武术课程教学模式多种多样，它在借鉴相关学科教学模式的同时又融入了武术本身的特点。因此，在武术课程教学过程中，应充分掌握各种教学模式的使用，并积极开拓创新，发展新的教学模式，以提高武术的教学质量，增强武术教学效果。

以下介绍几种比较典型的武术课程教学模式的设置。

（一）示范教学模式

示范教学法在武术课程教学中学生比较容易接受，它可以帮助学生了解武术基本动作的要领和方法。正确的示范动作可以提高学生学习武术的兴趣，激发学生学习武术的自觉性和主动性。

示范教学法的基本模式是：教师示范动作—学生互相观摩练习—巩固定型完成教学目标。这是我国教学中比较普遍采用的教学模式法，主要运用于体育教学系统知识和技能的传授。通过教学，学生了解武术的基本知识，懂得自我防卫，掌握强身健体的本领，领会武术的博大精深，增强民族自豪感。

（二）引导式教学模式

引导式教学模式重视发挥学生的主体作用，教师不只是单纯的知识技能传授者，而是转变成为学生学习武术的启发者和指导者，从而为学生创造一个有利于发挥个性的环境。在教学活动中应注重自学与指导相结合，引导学生树立角色意识和创造性思维能力的发展。该模式强调教师要发挥引导作用，强调学生的主动学习性，并能在武术学习的过程中总结经验，从而提高学生在武术教学中分析问题和解决问题的能力。

（三）情境陶冶式教学模式

情境陶冶式教学模式强调学生个性的发展不仅要重视陶冶理智活动，还要重视陶冶情感活动，以充分调动无意识心理活动的内在潜能，从而使他们在武术教学活动中能够思想集中、精神放松地进行学习。

这一模式的基本结构主要包括以下几个步骤。

1. 创设武术情境

根据武术教学目标，教师可以通过语言描述、音乐衬托、实物演示等手段创设武术场景，以激起学习武术的兴趣。

2. 参与各类活动

学生可以通过参与各种游戏、表演、观看影像等活动，使他们在特定的气氛中，主动积极地、在潜移默化中从事武术运动的学习。

3. 总结转化

通过教师的启发和总结，使学生领悟所学武术内容主题的情感基调，做到情与理的统一，并使这些认识和经验转化为指导他们思想行为的准则。这一模式有利于学生个性的陶冶和人格的培养。

（四）快乐体育教学模式

快乐体育教学模式在武术课程教学中运用的实施过程主要分为课前准备部分、开始部分、准备部分、基本部分和结束部分。

课前准备部分主要完成课前考勤、情感交流、器材摆放、技术指导、任务安排等教学任务。开始部分的主要内容有课堂礼仪、课的内容、课堂纪律等。准备部分主要内容是列队表演、花样口令、变化跑、模仿操、合作操、专项游戏等。基本部分以已学动作的复习、新授动作的教学、综合能力的培养、运动负荷的调节等为主要内容。结束部分通常选择安排队列口令展、舞蹈加小结、放松小游戏、下课一支歌、临别送寄语等内容。

在高校武术课程教学中，运用快乐体育教学模式可以提高学生的学习兴趣，促进学生掌握武术技能，提高学生的创新等能力。

（五）“俱乐部”教学模式

高校“俱乐部”是一种学生组织团体，俱乐部制武术教学能够突破传统的单一认知的武术课程目标，把情意目标提高到与认知目标、能力目标同等重要的地位。因此，成立武术俱乐部也是高校武术课程教学模式的重要内容，它可吸引一部分学生参与到武术学习和训练中来，以培养学生学习武术的兴趣。“俱乐部”教学模式还可以改变学生学习武术的态度、价值观和运动方式，能够充分发挥学生的个性，培养他们勤于思考的能力。

第四章　传统武术教学课程体系构建

传统武术教学课程是整个体育教育体系中的重要组成部分。武术教学课程体系是由课程目标、课程内容、课程实施和课程评价等多方面要素共同构成的有机整体，其对传统武术文化知识的传承、学校体育教育目标的实现具有积极的影响。本章主要就传统武术教学课程体系构建进行研究，主要内容有传统武术课程设置的基础、传统武术课程教学的实施以及传统武术精品课程的建设。

第一节　传统武术课程设置的基础

一、传统武术课程设置的社会学基础

作为一种社会现象，课程具有一定的社会基础与社会职能。与此同时，课程与社会系统或与社会现象之间具有一定的联系，课程的产生与发展离不开社会这个大背景，社会的发展会促进课程的发展。

（一）社会学在课程研究中的作用

1. 社会学是课程产生与发展的基础

现代社会的政府系统或职业结构中能够充分反映出人们在现代社会中创造的历史、社会差异以及各种对抗的利益与价值体系，同样，在学校课程中，这些内容也能够得到充分的反映。此外，课程的争论，不管是明晰的还是暗示的，总是关于社会及其未来社会各种各样可供选择观点的争论。[①]因此说社会对课程具有非常重要的影响，甚至可以说一个社会的发展史可以通过一部课程史反映出来，只有以社会学为基础，才能对课程进行解读，才能加深对课程的理解，也才能促进课程的发展。

---

① 王淑英.学校体育课程体系研究[D].河北师范大学，2012.

(1)社会学是课程产生的基础

随着学校的产生与规范化发展,课程逐渐产生,可以说课程是社会发展到一定阶段的产物,也是体现社会文明发展的重要载体。社会的存在与发展是课程产生的基础与背景,生产力的发展、社会分工的发展、社会结构的变迁、社会精神文化的发展等都促进了课程的产生。

(2)社会学是课程发展的基础

整个人类社会是课程发展的根源与动力,社会结构的完善、社会经济的发展、社会生活方式的改善等都是影响课程发展的重要社会因素,这些要素又各自具有丰富的内涵。要对不同时期的课程进行研究,就必须对相应时期的整个社会发展情况进行研究。

(3)社会学是课程改革的基础

社会学是课程改革自觉而有序进行的基础。当前整个人类社会的发展是课程改革的前提与基础,课程改革要与当前我国社会发展和国际社会发展的特点相适应。因此,必须结合社会背景来着手课程改革的研究,同时在课程改革研究中,还要对中国传统进行考虑。总之,当前我国社会的发展以及我国传统的优劣势特点都是课程改革中需要考虑的问题。

2.社会学是课程构成要素和课程运作研究的基础

课程类型、课程知识、课程实施、课程评价等都是课程系统的重要组成部分,这些要素都具有社会学的印记,具体分析如下。

(1)从课程类型来看,社会控制是潜课程这一课程类型的主要社会功能。

(2)社会权利的分配状况、社会控制的原则能够从社会对公共教育知识的选择、分配、传递及评价等过程中反映出来。

(3)课程实施过程中的知识传授是社会控制的主要表现,其有利于对社会结构的维系。

(4)课程评价是非常有效的社会机制,对于维系社会现状,促进社会制度、准则以及价值体系的强化具有重要的影响。

3.现代教育社会学流派为课程研究提供了重要的理论依据

20 世纪初,西方教育社会学就已经是一门独立的学科了,在 20 世纪 50 年代后,这一学科快速发展,各种流派逐渐形成,相关的理论也不断形成。解释理论、功能理论以及冲突理论等都是在教育社会学流派发展中形成的重要理论,这些理论为课程研究提供了重要的基础。

（二）社会学基础在传统武术课程设置中的运用

作为社会文化的重要组成部分，体育课程受到社会政治、经济等因素的影响，同时其也影响着社会的发展，这主要表现在对体育文化的保存、传递以及重建上。

20世纪初，随着教育社会学的不断发展，冲突理论、功能理论从不同方面影响了学校课程。以社会稳定为基础，学校通过课程设置来实现学生的社会化，并使学生对自己在社会中的位置及角色进行了解，而社会主要通过学校课程来对学生进行筛选，对学生的社会角色进行明确的定位，这体现了学校课程设置符合社会的结构与功能。冲突理论中有一个非常重要的观点，即道德标准、思想观念、价值体系都是服务于权力集团的，学校进行课程设置是为了对特殊的文化进行传递。从这一角度来看，体育课程也只是为权力集团服务的一种手段和工具罢了，传统武术课程同样如此。

武术运动能够促进人们身体健康与心情愉悦，而武术又会通过一定的法规和规则来对人们的行为进行约束，促使个体遵守相关的制度与规范。在体育运动中，人们扮演着团体性色彩很明显的社会角色，个体在运动中对角色的各种变化进行感受与体验，为以后顺利步入社会奠定基础。因此，体育通过各种运动项目促进了个体社会化的实现，传统武术也是其中的一个运动项目，其对于个体的社会化同样具有一定的影响。

二、传统武术课程设置的心理学基础

（一）心理学在课程研究中的作用

1.心理学为研究学生的心理提供了依据

课程的实施对象是学生，只有将课程作用于学生，才能体现出课程的价值。因此，课程的设置一定要与学生的心理水平相适应。

（1）课程设置要与学生学习活动的一般心理学规律相符

只有对学生心理方面的规律（如思维规律、记忆规律等）有了掌握，才能对课程进行科学合理的编制，也才能对课程的难度进行确定。

（2）课程的编制要与学生的心理年龄特征相符

不同课程的实施对象是不同年龄段的学生，因此进行课程研究必须对学生个体的心理年龄特征进行准确把握，以对与该年龄段学生心理发展特征相符的课程进行编制。

(3)课程的规划要与特定学生的个性特征相符

《课程规划——当代之取向》一书中提出，从人的发展视角出发对课程进行规划需要对如下问题进行考虑：课程规划者在对课程进行规划时是否对学生的发展任务、学生的道德发展以及学生的个性发展进行了考虑，课程能否将学生个体的内在差异及每个学生的独特性体现出来，课程是否可以使不同学生获得不同的发展，课程能否将学习中的连续性反映出来，在社会的不同发展阶段，课程是否可以将社会和文化的最新变化反映出来。此外，该书还针对不同心理年龄特征的学生做了不同的课程规划。

2.心理学是课程组成及课程运作各环节研究的基础

(1)心理学是课程目标研究的基础

不管是研究教育目标，还是研究课程目标，都要以心理学为基础。教育学家和心理学家一般都会在心理学的基础上研究课程教育和人的心理。《课程与教学的基本原理》(泰勒)这本书中明确提出，对学习者进行研究有利于制定教育目标，而对学习者进行研究时，一项重要的研究内容就是学习者的心理。智力也是心理学研究的一个主要内容，多元智力理论就是加德纳以心理学为基础提出的著名理论。

(2)心理学是课程内容研究的基础

如何对学习内容进行组织；需要对哪些知识和技能进行选择；如何进行智力训练等才能更好地对学生进行培育，对这些问题的解决单靠逻辑组织是不够的，还需要从心理层面进行组织。

(3)心理学是课程学习方式研究的基础

在心理学领域有很多关于学习方式的研究成果，如英国的探究学习方式、加涅的累积学习方式等。

此外，心理学问题在课程决策、课程实施以及课程评价等环节中也有所涉及。

3.心理学流派为课程的研究提供了重要的理论基础

课程研究离不开多方面思想和理论的指导，心理学方面的思想与理论能够科学指导课程研究。历史上很多课程理论思想流派的形成都是以心理学流派的发展为基础的。近代以来，一些西方教育者认为，判断学习内容对官能训练的价值大小是对学习内容进行选择时需要遵循的一个重要原则，教育者正是站在官能心理学基础上才提出这一观点的。在现代课程研究中，人本主义心理学、认知主义心理学以及行为主义心理学都是重要的理论基础，正是在这些理论基础上，相应的课程理论才得以形成。

（二）心理学基础在传统武术课程设置中的运用

武术课程是具有综合性特征的“技艺类”课程，其融知、情、意于一体，与一般文化课程之间的区别非常明显。具体来说，心理学基础在传统武术课程设置中的运用主要表现在如下几方面。

1.武术课程的研究与学生的心理学规律相符

在设置武术课程目标、选择武术课程内容、实施与评价武术课程时，都要对学生的心理发展规律予以充分的考虑。在选择武术课程内容时，要对不同年龄段学生的心理发展特征进行考虑，对学生的心理需求、个性发展以及兴趣爱好进行充分的了解，以此为基础来对符合学生认知水平的课程内容进行选择。学生的个性需求与心理需求会随其年龄的增长、身体的发展、认知水平的提高而不断变化，因此在武术课程设置中，要以学生的这种变化为依据来对相应的课程内容、方法、手段进行选择，从而促进课程目标的实现。

2.武术课程属于特殊的认知领域

在武术教学中，学生必然会进行武术动作技能的练习，丰富的身体体验就会在练习过程中逐渐产生，学生就可以进一步认识武术运动。由此可知，运动技能是人在某一运动项目的身体练习中，在自身内部之间和主体与客体之间的相互关系中通过综合体验所获得的身体认知。[①] 从这一视角来看，我们必须引入心理学的理论与知识来研究学生武术运动技能的形成规律。

3.武术课程有利于非智力因素的发展

促进学生个体的发展是学校武术教育的一项主要职能，因此，武术教师必须充分了解学生的身心发展规律及学习过程的本质。如何使学生重组或重建认知结构是认知心理学派关注的重点；如何教学生对刺激做出的反应，如何将简单行为转化成复杂行为，如何通过学习强化实现教学目标等是行为主义心理学派关注的重点。人本主义心理学的相关学者在这两个学派的基础上提出，体育课程实施的主要任务是引导学生在学习中收获自由发展的经验，人本主义心理学同时还对整合学生的思维、情感以及行为的必要性做了强调。

① 王淑英.学校体育课程体系研究[D].河北师范大学，2012.

在武术课程的设置与改革中，人本主义心理学具有非常重要的指导价值。学生在武术学习中，不仅可以产生一定的情绪体验，实现身体认知，而且还可以发展自身的非智力因素。学生在身体体验的过程中，非智力因素（情感、态度、意志、价值观等）也会得到相应的发展，只是这种发展是缓慢的，不易察觉。由此可知，在传统武术课程设置中，要对学生的智力因素与非智力因素进行综合考虑，以促进学生的全面发展。

三、传统武术课程设置的教育学基础

作为全面发展教育的一个重要组成部分，体育在全面发展教育中居于非常重要的地位。体育不仅是学校教育的主要构成要素之一，也是国民教育的重要组成部分，对全面发展的社会人才进行培养，构建社会主义精神文明，离不开体育与德育、智育的紧密结合。通过体育教育，学生的身体会获得发展，同时其在道德品质、审美方面也会获得相应的发展，不仅如此，拥有健康身体的学生还能够更好地参与到智育和劳动教育中。体育在国民教育中占据着非常重要的地位，这主要是由其自身的功能及社会对其提出的要求决定的。在学生个体的社会化过程中，体育运动发挥了重要的作用，学生在体育运动中扮演不同的角色，能够更好地适应环境的变化，同时也能够有效地传递体育文化。体育的规范、规则等对学生的行为构成约束，促使学生遵守社会公德和学校的基本规章制度，同时体育也能够促进学生健康生活方式与学习方式的形成。宏观上来讲，对于整个社会系统而言，体育都具有教育功能，体育运动是一股重要的精神力量，其极富感染力，而且很容易传播。体育赛场上的运动员、国歌、国旗等都是国家形象的代表，这些体育载体能够对人们的爱国热情进行激发，能够促进民族精神的振奋和民族力量的凝聚，教育人们要爱国，要为社会做贡献。总之，在国民教育中，体育的地位无可替代。

作为重要的体育项目之一，传统武术同样具有非常重要的教育功能。武术教育过程就是武术教师以教学目的为依据，将武术运动知识、技能传授给学生，促进学生身体发展、体质增强和运动能力提高的过程。

首先，武术教育过程是体育教育、道德教育以及智力教育相结合的过程。学校武术教育的主要任务是增强学生体质，使学生对武术运动知识、技能加以掌握，同时，作为体育教育的重要组成部分，武术教育必须还要为体育教育的总目标服务。在武术教育中，教师应立足于学生的实际，融合德育、智育来全面促进学生的发展。

其次，武术教育过程是促进学生学习与掌握武术理论技能并使其参加武术实践活动的过程。武术知识的传授是学生掌握武术技能、技巧，形成武术行为习惯的基础，而学生对武术技能的掌握只有通过身体活动才能实现。

最后，武术教育过程是促进学生身体发展与指导学生运动锻炼相结合的过程。

综上可知，武术教育包含着理论与实践、身体与精神、内部环境与外部环境等多方面的联系，而要想使这些联系成为现实，就必须实施武术课程，只有对武术教学的过程有全面的了解，对武术课程的功能与价值有充分的认识，才能使学校武术课程的实施达到预期目标，并最终促进总的教育目标的实现。

四、传统武术课程设置的系统论基础

系统科学是对事物整体联系和运动发展规律进行研究的基础科学，在学校体育课程的研究中将系统科学的思想原则作为方法论基础具有一定的理论价值与实践价值。

（一）系统科学的基本理论原则

系统科学的基本理论原则和方法主要从整体性、开放性和动态性、有序性、最优化等几个方面体现出来。

1. 整体性

整体指的是研究主体始终将研究对象看作是一个统一的整体，认为社会上的所有事物都是由各要素按照一定的规律有机组合起来的整体，而非彼此孤立的杂乱无序的简单堆积。系统整体的功能和特征不可能在各要素的孤立活动中反映出来，只有系统各要素的有机联系和相互作用才能体现系统的整体性质和规律，从这一角度来看，整体要大于各要素之和。

2. 动态性和开放性

系统具有开放性，也具有动态性，这两个性质之间是相互联系的，固定不变、孤立存在的系统是不存在的，系统始终都在与外部环境发生联系与作用，并在这一过程中不断对自身的要素和结构进行调整，系统是循环发展的，即按照无序→有序、有序→无序；低序→高序、高序→低序的规律循环往复地演化和发展。系统科学方法研究问题的最终目标是实现最优化。

3.有序性

系统内部各要素是相互联系的，而且系统组织结构具有层次性和等级性特征，这些都是系统有序性的表现。任何一个系统都是由众多要素共同构成的，系统和要素的概念是相对而言的，一个系统只有相对于其构成要素而言时，才能称得上是真正的系统，而一个要素或子系统只有相对于其依附的较大系统而言时，才能称得上是真正的要素。因此，系统的层次性、等级性特征鲜明，系统的功能主要由其构成要素的组织结构方式决定。

4.最优化

要素结构与系统的功能之间具有密切的联系，只有对系统各构成要素的结构功能进行分析，采用最佳的方式来构建和配置系统各要素，才能促进系统整体效应的提高，才能实现系统整体功能的最优化。

（二）传统武术课程体系的层级结构

整体性是系统的本质特性，而有序性是系统整体性特征形成的基础。所以，对传统武术课程体系进行研究，需要考虑两个方面的问题。一方面，武术课程体系的整体性是怎样形成的；另一方面，武术课程体系的各个组成要素是如何联系的，是以什么样的结构形式组合在一起的。

1.武术课程体系的子系统及分系统

任何事物、过程都是由各相关要素相互联系而形成的统一整体，系统是物质的普遍存在形式和社会的一般发展形式。依据不同的分类标准，可以对系统进行不同的分类，以系统的规模为依据，可以将其分为四类，即超系统、大系统、中系统和小系统；以要素的性质为依据，可以将系统分为天然系统与人工系统、自然系统与社会系统、物质系统与精神系统等。对系统的性质与要素的构成形式进行研究是研究系统整体性特征的前提与基础。

以武术课程体系的性质和特点为依据，同时参照系统科学的基本理论，下面主要从“子系统”和“分系统”两个方面来对武术课程体系的层级结构进行划分。

（1）子系统

子系统是系统等级性特征的主要反映形式，也就是说，系统的每一等级中都包含着许多子系统，而且这些子系统之间是相对独立的。这些子系统相互联系就构成了具有整体性的系统。下级子系统通过有机的联系与集合形成上一级系统，这就是系统与子系统的主要联系方式，在这一联系方式下，从上到下或从下到上的系统等级就逐渐形成了。从这一角度来看，大中小学四个学段的武术课程就是四个子系统，它们之间是相对独立的，学校武术课程体系就是由这四个子系统集合而成的。四个子系统分别又是由多个基本要素构成的，主要构成要素有教育者、受教育者、教育内容及教育载体等。

（2）分系统

在某些方面各级子系统具有实体联系或意义关系，这些意义联系的方面或有贯通性质的要素以一定的秩序组织起来的系统就是整体系统的分系统。[①] 课程目标体系、课程内容体系、课程实施体系、课程评价体系等是大中小学各个学段武术课程体系的主要构成要素，这些要素中，每个要素都构成一个分系统。

2. 武术课程体系的构成

构建整体的传统武术课程体系时，需要在社会学、心理学、教育学等相关学科的基础上，将相关理论（系统论、课程论等）融合起来，以四个子系统（大中小学武术课程）为经线，以四个分系统为纬线（课程目标、课程内容、课程实施、课程评价），纵横贯通、依序连接地构建（图 4-1）。

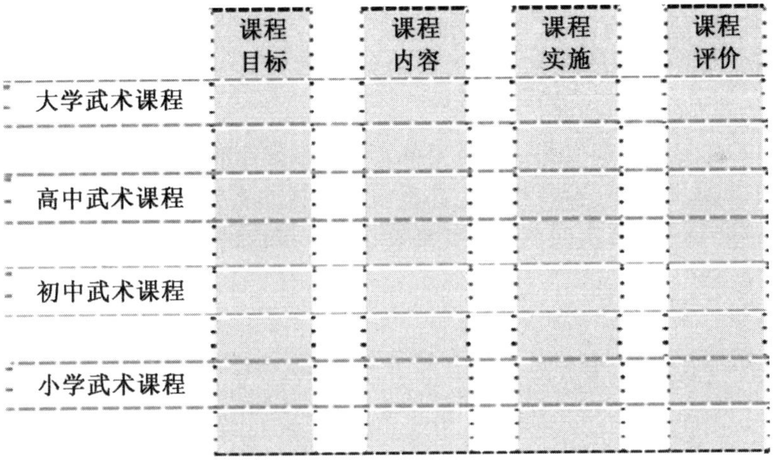

图 4-1[②]

从传统武术课程体系的纵向来看，小学、初中、高中、大学四个子系统纵向衔接。从横向看，课程目标、课程内容、课程实施及课程评价横向贯通。

① 王淑英. 学校体育课程体系研究[D]. 河北师范大学，2012.

② 同上.

对传统武术课程体系进行研究,需要以系统科学的思想方法分别分析四个子系统和四个分系统,并在此基础上对在时间上具有全程性、空间上具有全面性,可以产生最大最优功能的武术课程体系进行创建。

第二节　传统武术课程教学的实施

一、学校体育课程实施概述

(一)体育课程实施的本质——行动

西方国家的一些教育者认为,从本质上讲,课程实施是一种课程变革的过程。如果说对变革计划进行拟定的过程就是课程决策、课程设计,那么课程变革过程本身就是课程实施,课程实施是课程变革的主体。美国有关学者指出,课程实施需要经历一个"做"的过程,这是课程方案创造者和传递者之间的互动过程,在这个过程中,学习者的知识、行为和态度都会发生变化。因此,"行动"才是课程实施的本质,通过行动,观念形态的课程能够向学生可以接受的课程转化,这样课程的教育意义才能实现。

体育课程实施的本质同样是"行动",而且这一本质更为明显与突出,这主要体现在两个方面。

(1)体育课程的实施过程就是落实体育课程标准和指导纲要的过程,体育课程思想指导下的课程目标、课程内容在这一实施过程中会从原来的文本文件转变为教育实践活动。如果没有这一层面的"行动",那么即使课程设计得再好,也不会成为现实,也不会成为具有实际意义的实体。

(2)体育课程的实施需要教师与学生共同参与,师生在这一过程中所表现出来的行为受其各自的意识与智力的指挥。运动技能教学中,师生需要做一些身体实践活动,这样"行动"的本质就愈发清晰了。不仅如此,即使是在体育理论知识的教学中,也需要师生表现出一定的身体活动。因此,通过身体实践活动实现课程实施"行动"的过程就是体育课程实施的本质。[①]

(二)体育课程实施的价值体现

实际上,体育课程实施就是一种教育实践活动,其具有综合性的特征,

---

① 王淑英.学校体育课程体系研究[D].河北师范大学,2012.

而且体现了多种价值。体育课程的科学实施能够使学校体育课程改革达到预期的效果。研究表明,课程实施过程的差异是造成学生学习结果差异的主要原因之一。由此可知,对于体育课程的改革及发展而言,课程实施具有非常重要的作用。下面具体就体育课程实施的价值体现进行研究。

1.体育教师专业化发展的基本途径

在体育教师的人生规划中,有一项非常重要的任务,即实现专业化发展,这也是时代、社会对体育教师提出的要求。要想促进体育课程实施效果的提高,促进预期课程改革效果的实现,就必须拥有优秀的体育教师队伍。体育教师可以通过专业培养,专职培训,体育课程实施、决策、科研等多种途径来实现专业化发展。由于实施体育课程和课余训练是体育教师的主要工作职责,所以体育课程实施这一途径比上述其他途径更重要。此外,上述多种途径是相互联系、相互促进的,体育教师通过体育课程实施这一途径不仅可以实现专业化发展,还能够促进其他途径的实现。

2.使学生掌握体育知识与技能的基本途径

传承体育文化知识是体育课程的一项主要目标。只有通过体育课程实施,才能实现这一目标。在体育课程实施的过程中,体育教师指导学生对课程标准和指导纲要所规划的课程进行学习,或者由学生独立参与课程规划的体育活动,学生通过不同的学习途径,逐渐理解、消化与吸收体育课程教学知识,并将这些知识内化为自身内在的素质(文化素质和运动技能素质),这样教师的教学任务和学生的学习任务就基本实现了。

3.完善体育课程和进行体育课程创新的重要途径

(1)完善体育课程的重要途径

通过体育课程的实施可以对体育课程的质量进行检验与评价。在体育课程实施过程中,教师会发现课程存在的缺陷,从而分析问题的产生原因,探索问题解决的途径。同时,教师也可以发现课程的优势,并探寻有效的途径来使课程优势得到充分发挥。在发现课程问题与发扬课程优势的过程中,教师可以与课程实施的具体情况相结合,积极采取改进措施来促进体育课程的不断完善。

(2)实现体育课程创新的重要途径

在体育课程实施过程中,体育教师和学生会不断体验、思考和创新,从而促进新的体育课程的形成,这就进一步丰富了体育课程资源,而且这些新课程的实施又能促进体育教师的专业发展和学生的个性化发展。

4.体育课程与教学研究的重要场所

(1)在体育课程研究中,如果只是强调课程决策及其各个环节是远远不够的,而在体育课程实施过程中进行课程研究才更为科学。只有在体育课程的实施过程中进行研究,才能更加科学合理地检验和判断体育课程的价值与质量,才能判断相关的体育课程理念和理论是否科学,也才能对体育课程进行进一步的调整、补充和修正,从而对新的课程决策方案进行制定。

(2)在体育教学研究中,因为体育教学系统包含了体育课程实施过程的主体环节与实施环境,因此研究体育教学的各个环节就能够对课程实施的效果做出判断,而且能够根据课程实施效果来对课程理论进行调整与修正。

5.传递人类体育文化,创造文化的重要途径

在整个人类的社会文化体系中,体育教学文化、体育课程文化都是重要的组成部分。体育课程的实施过程不仅是体育教学事件与课程事件发生及发展的表面过程,而且也是对人类体育文化进行传递的内在过程。体育教学文化与课程文化的整体性、延续性特征在这一传递过程中得到了体现。

总的来说,实际上体育课程实施就是体育教师与课程建设者、体育教师与课程本身、体育教师与学生、体育教师与科研人员之间相互沟通、相互交流的过程,在这一过程中,体育教师对课程文件不断修订,对课程方案不断调整,对课程文化不断创造,从而促进课程质量的提高,并使课程本身的目标得以实现。

二、传统武术课程教学实施的体系构成

体育课程教学实施的体系是在体育课程理念的指导下,由体育课程教学实施过程中的实施主体、实施途径、实施环境和实施效果等相互关联的因素共同构成的统一体(图 4-2)。传统武术作为体育的一个重要组成部分,其课程教学实施的体系同样由这几部分构成。在这些构成要素中,实施主体是教学实施的必备条件,离开主体,就不可能开展教学工作。传统武术课程教学实施过程中的执行者(武术教师、学校校长)和课程学习的参与者(学生)都属于实施主体。传统武术课程实施过程中,课程实施主体与课程学习主体之间必然是相互联系的,而他们之间的联系是通过实施途径实现的,也就是说,武术教学是连接武术教师与学生的纽带。实施主体与实施途径赖以存在的基础就是实施环境,脱离了实施环境,传统武术课程教学也就不可能顺利实施。课程实施效果也就是课程实施最终的结果,即传统武术教学

课程实施过程中，武术教师在实施环境条件下通过实施途径对学生产生的影响。课程实施效果集中反映在课程教学对学生主体产生的影响上，通过分析课程实施效果，武术教师可以获得反馈信息，从而进一步对武术课程实施计划和课程设计进行完善。课外武术活动是对武术课程教学的补充，其虽然处于武术课程教学实施体系的边缘，但其发挥的作用是不容忽视的。

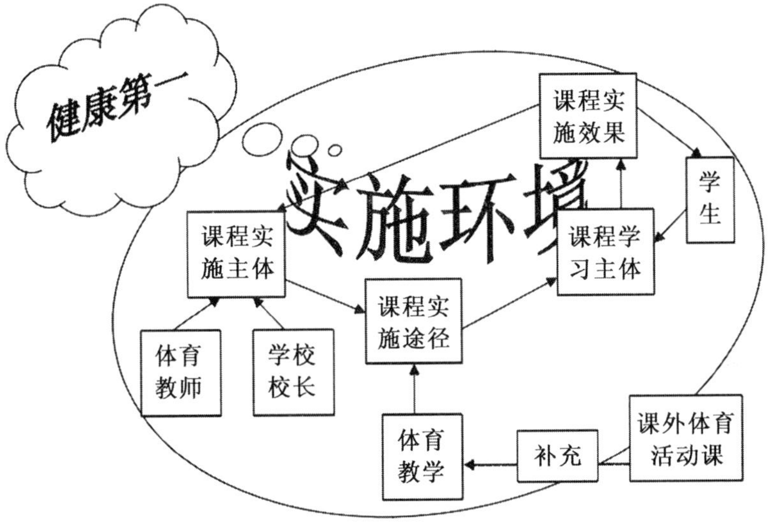

图 4-2①

（一）实施主体

传统武术课程教学的实施过程中会涉及多方面的人员，如学校的管理人员、体育教师、学生、课程设计者（课程专家、相关部门的决策人员、教研人员）等，这体现了课程实施主体的多元化结构。在武术课程教学的整个实施过程中，这些人员因为承担的角色和发挥的作用不同，所以对课程实施产生的影响也有明显的不同。在武术课程教学的实施中，体育教师与学生是核心，这些主体对课程实施产生的影响是无可替代的，因此也是必须给予高度重视的主体要素。

（二）实施途径

“途径”可以解释为方法、路子、路径，因此，在武术课程实施过程中，将武术课程教学计划、教学方案等文本资料转化为课程教学实践活动，以促进

① 王淑英．学校体育课程体系研究[D]．河北师范大学，2012．

预期目标实现的方法和路径就是传统武术课程教学实施的途径。

在传统武术课程的实施过程中，武术教学是最重要的一项途径。另外，课外体育活动也是学校体育工作的主要内容，其能够补充武术课堂教学的不足，对传统武术课程教学目标的顺利实现同样具有积极的作用。

1.武术课堂教学

在学校体育教学计划中，传统武术是重要的教学内容，开展传统武术教学工作有利于促进学校体育教学目标的实现。武术课堂教学是武术教师在规定时间内按照课程标准的规定，向相对固定的学生传授武术知识与技能的体育课堂教学活动，它是武术课程在学校体育中的重要表现形式，是促使体育课程目标实现的一个重要途径。

传授知识、形成技能、培养智能、发展个性是武术课堂教学的主要作用。这四个作用是一个统一体，它们相互联系、相互渗透。传授知识就是将传统武术的基础理论知识与技能知识传授给学生；形成技能就是在教学过程中按照武术运动技能的形成规律指导学生对武术实践技能的掌握，促进其运动能力的发展；在前两项作用都实现的基础上，培养智能和发展个性才有进一步实现的可能，其是知识传授和技能形成过程中的辅助产品。形成技能、培养智能和发展个性都要以传授知识为基础，传授知识的过程与技能形成的过程是有重叠的，两者互相依存，相互统一。在传统武术课程的课堂教学中，传授知识与技能形成是最基本的功能。

2.课外武术活动

有关课外体育活动的解释有很多种，比较典型的有以下几种。

第一，学生在学校内外参加的除体育课之外的有组织性的体育活动即为课外体育活动。

第二，课前、课间和课后在校内进行的，全体学生都可参与的，以保健操、健身活动为主要内容，以促进学生身心发展、社会适应力提高为目的的体育锻炼活动即为课外体育活动。

第三，除体育课程之外，以健身、娱乐、保健为目的的体育活动就是课外体育活动，课余体育训练（以提高学生运动能力为目的）、课余体育竞赛（以丰富学生课余文化生活、提高学生竞技能力为目的）都属于课外体育活动。

不管是哪一种定义，都体现了课外体育活动三个方面的特征。首先，课外体育活动是除体育课之外的活动；其次，课外体育活动面向的是全体学生；最后，课外体育活动在学校内进行，有组织性。当前，关于课外体育活动较为权威的界定是，除学校体育工作规定的早操、课间操、课余体育训练之外，学校在规定时间段内统一组织的体育活动的总称。

课外武术活动作为课外体育活动的重要内容，其具有如下几方面的作用。

(1)促进学生参与武术活动的需求的满足，促进学生身体素质的发展与提高。

(2)使学生对课堂上所学的武术知识和武术技能进行巩固，促进学生武术技能的不断提高，并使武术成为学生的运动特长。

(3)促进学生课余生活的丰富，促进学生身心的发展和社会适应能力的提高。

(4)对学生的武术兴趣与能力进行培养，为终身武术学习奠定良好的基础。

(三)实施环境

作为基本的体育教学实践活动，传统武术课程教学的实施是发生在武术教师与学生之间的，因此说武术课程教学的实施也有其特有的、赖以存在的环境与条件。环境对武术课程教学的实施效果具有一定的影响。武术课是武术课程教学实施最直接的表现形式，也是武术教学活动最基本的组织形式。因此，武术课所处的环境即武术教学环境就是武术课程教学的实施环境，其也是武术教学活动发生的环境。

以实施环境的性质为依据，可以将武术课程教学实施环境划分为以下两种类型。

1.软环境

传统武术课程教学所处的理论环境、制度环境以及人的环境就是所谓的软环境。

2.硬环境

传统武术课程教学实施过程中对课程产生影响的物质要素的总和就是所谓的硬环境，地理环境、武术场馆、器材设施、多媒体、体育经费、教材等都是硬环境中的主要因素。

(四)实施效果

由某种原因或动因所产生的结果、后果就是所谓的效果。传统武术课程教学的实施效果就是通过武术课程教学活动将武术课程教学计划、方案由文本内容转化为实践活动后所产生的结果。武术课程教学实施对武术课程教学目标的达成程度直接反映课程教学的实施效果，学生在课程教学实施中所发生的变化具体体现了课程教学的实施效果。

三、传统武术课程教学的具体实施

要想使武术教学的预期目标得以实现，就必须经历一个教学的实施过程，教学实施是促进教学目标实现和体现课程价值的基本保证。从不同的教学阶段来看，武术课程教学的实施需要从三个方面展开，即准备工作、具体实施以及评价反思，其中准备工作要在教学活动正式开展之前完成，评价反思发生在教学活动结束之后。下面对这三个方面工作的开展进行具体的分析。

（一）准备工作

传统武术课程教学前的准备工作主要包括确立教学目标、选择教学方法与策略、处理教学材料以及编写教案等。

在准备阶段，武术教师的主要任务是明确武术教学的目的与任务，设法通过情境教学模式来对学生的学习积极性进行调动，提高学生的学习热情，使学生产生求知的欲望。学生在这一阶段的任务主要是明确自己的学习目标，做好学习武术知识与技能的准备，这既包括身体、物质方面的准备，也包括心理方面的准备。

（二）教学活动的开展

在传统武术课程教学实施的整个过程中，最关键同时最复杂的一个环节与阶段就是教学活动的开展阶段，在这一阶段，武术教师与学生需要开展多种形式的实践交流活动，以此来促进预期教学目标的实现。具体来说，在教学活动开展阶段，教师与学生需要共同完成的任务有如下几个。

1. 教师使学生了解本次课的学习内容

为了使学生能够了解本次武术课的教学内容概况，教师可以对以下三种方式加以采用。

第一，使学生感知新事物、新现象，从而促进正确表象的形成。

第二，组织学生观察、实验，并通过实际操作来使学生直接感知武术动作。

第三，借助有关事物的语言表述来使学生间接感知武术动作，并逐步由直观到概括。

为了使以上方式发挥效用，武术教师在教学过程中，首先要向学生讲清楚本次课所要学习的武术动作的基本概况，使学生对所学知识有一个基本的了解，从而使学生能够在各方面都做好准备来学习新的知识。

2. 教师使学生具体了解本次课所要学习的武术知识

在传统武术课程教学的实施过程中，学生必然会学习一些武术新知识，这时教师就要积极帮助学生学习，并教学生如何联系新知识与原有知识经验，如何对新知识的结构、特性进行理解，以及如何抽象概括与综合分析新知识。在武术教学过程中，学生对所学内容的了解与掌握是一个不断持续、逐渐深化的过程，因此要求学生在学习过程中积极思考，从而对所学知识有更丰富、更深入的理解。一般来说，为了使学生对武术动作有深刻的理解，并能够熟练地完成武术动作，教师需要采用动作示范、言语相传等教学方法。

3. 教师引导学生巩固所学知识

在传统武术教学过程中，学生逐步理解武术知识并能够独立完成武术动作后，需要继续巩固才能更好地保持动作技能，也才能不断提高动作的熟练度。让学生对所学知识进行巩固不仅能达到保持与熟练的目的，而且能提高学生复述知识与操练技能的能力。

4. 教师鼓励学生在实践中灵活运用所学知识

一般来说，学生学习武术动作时是分解学习的，即将一套完整的套路动作分解成单独的动作进行学习，而且教师也多以分解教学的方法来传授武术技能。在学生掌握单独的武术动作后，教师需要鼓励与引导学生对单个的动作进行综合，从而使学生熟练地掌握完整的武术套路技能，并促进其武术运动能力的提高。

（三）教学效果的评价反思

在传统武术课程教学的实施过程中，在教学工作结束后，需要开展教学效果的评价工作，这是完整的教学系统中必不可少的一环。开展教学评价工作时，评价人员需要详细了解教师与学生对本次课武术新知识、新技能的掌握程度，并对照预期教学目标来判断目标达成情况，如果离预期目标还有一定的距离，就要考虑采取相应的措施来提高教学质量。

武术教师和学生在教学活动结束后都要进行反思，教师主要是反思自己所采用的教学方法是否有效，是否达到了预期的效果，如果没有达到，还有什么更好的方法;学生主要是反思自己在武术课堂中的学习态度是否良好,是否全身心地投入到了学习中,是否达到了自己的预期学习目标,如果没有达到,下次应该怎么做。

教学效果的评价反思有利于促进武术课程教学效果的提高,有利于武术教师的教学能力和学生学习能力的增强,因此需要予以高度的重视。

四、提高传统武术课程教学实施效果的对策

要想促进武术课程教学实施效果的提高,必须加强对课程教学实施体系中各个环节的完善,即对实施主体、实施途径以及实施环境进行完善。

(一)充分发挥主体的积极作用

1.充分发挥体育教师的积极作用

在传统武术课程教学的实施过程中,武术教师是核心主体,其对武术教学实施的效果具有决定性的影响,因此需促进其主体作用的充分发挥。具体从以下几方面入手。

(1)武术教师要继续深入理解武术课程

对事物的认识与理解是行为产生的基础,对事物的认知与理解越深刻,就越能够产生有效的行为。一般来说,武术教师缺乏对武术课程的深入理解是其对课程实施的积极性较低的主要原因。例如,武术教师习惯按照教学大纲规定的内容进行武术课程教学之后,新课程突然将具体化的教学内容变成了该内容需要实现的目标或完成的任务,由具体可操作的内容材料变成了抽象模糊的课程要求,完全由教师自主对教学内容进行安排。武术教师短时间内对这种状况无法适应,而且产生了一系列的困惑,如无法理解为何这样安排,这样安排的意图是什么,这对自身和学生的发展有何意义等,这些问题使武术教师茫然而不知所措,因为找不到突破口,所以其仍旧继续使用旧课程的材料与内容,这就影响了武术教学的实施效果。

为了顺利、有效地实施武术课程教学,必须要求武术教师深入理解武术课程。促进教师深入理解武术课程的途径有很多,如加大对武术课程的宣传力度,组织武术教师对武术课程文本文件进行学习,组织武术教师进行课程观摩,并促进校际间武术教师的交流与沟通等。

(2)加强武术教师的业务学习与培训

加强武术教师的业务学习和培训,就是要使武术教师对相关的武术理论知识和技能进行学习,从而促进其专业素养与教学能力的提高,进而促进

武术课程实施效果的提高。武术教师要树立科学的课程意识与课程理念，掌握课程改革技巧，对学科前沿知识、创新性的教学手段和模式等进行学习与掌握。促进武术教师业务能力与专业素养提高的途径主要有短期培训，技术学习；院校合作，专业进修；校本教研培训以及自学。

（3）激励武术教师进行课堂改革，营造良好的课堂教学氛围

武术课程教学的实施要经历一个不断变化与更新的过程，要在课程实施过程中不断调整与改善武术课程，就必须进行科学合理的课堂改革。要想使武术课程教学充满勃勃生机和无限活力，就必须改变传统的课堂流程顺序，即从热身活动开始，然后教师教学，学生练习，学生自由活动、下课。

作为武术教师的舞台，武术课堂对于武术教师而言具有非常重要的意义，武术教师的师德、才华以及能力都能够在这一舞台上展现出来。武术教师关爱学生的良好师德、丰富的武术文化知识、高超的武术技能、独具特色的教学风格、良好的课堂掌控能力等都需要借助武术课堂教学来展示，具体通过武术课堂中不同的武术教学内容、有效的教学组织方法、与学生融洽的互动交流以及自身的仪态举止等展现出来，总之，武术教师的魅力在武术课堂中能够得到充分的展现。而教师要想将自己的魅力成功展现出来，从而感染学生，为课堂教学增添生机与活力，就必须不断进行课堂改革，加强对课堂教学的研究和创造。只有使武术课堂变成充满生机和活力的课堂，才能使武术课程成为学生真正喜爱的课程。

（4）将武术教师主导与学生主体的关系处理好

在传统武术课程教学的实施过程中，学生是学习的主体，武术教师对此是表示认可的。学生在武术课堂中学习的选择性、自主性、能动性和创造性体现了其主体性。同时，武术课程教学的实施对象是学生，因此学生除具有主体性外，还具有依附性、受动性等特征。

武术课程教学实施过程中，不仅要注重武术教师主导作用的发挥，同时还要引导学生发挥自身的主体作用，对学生的主体性给予重视，只有将二者的关系协调好，才能使武术课程教学得以顺利开展，否则会出现“重教轻学”的问题。

另外，还应加强教师文化建设，同时对相关的政策和制度进行建立与完善，为武术教师开展武术课程教学活动提供可靠的保障。

2.提高学生的武术学习积极性

在武术课程教学的实施过程中，学生是重要的参与主体，课程实施给学生带来的影响，即学生的学习结果最终反映了武术课程教学目标的达成程度，也就是反映了课程教学的实施效果。因此必须对学生的主体地位进行

明确。学生在武术教学过程中学习积极性的提高可以通过以下几方面来实现。

(1)提高学生对武术课程的认识,使学生对武术课程在学校体育课程中的性质和地位有明确的认知,并使学生对武术课程的价值、意义、功能进行了解,促进学生正确学习观的形成。此外,武术教育对于学生的发展具有积极的影响,教师必须使学生了解这些积极影响,只有这样才能激发学生学习武术的积极性与自主性。

(2)通过各种途径对学生参与武术活动的兴趣进行培养。兴趣是激励学生学习的根本动因,只有让学生对武术运动产生了兴趣,才能激发其动机,从而使其做出相应的学习行为。

(3)促进学生在武术学习过程中主体作用的发挥,引导学生思考,鼓励学生体验,使学生在武术课程研讨中发表自己的意见,并对学生提出的有建设性的建议合理采纳。

(4)促进学生群体中体育骨干作用的充分发挥,建立合作学习小组、互助学习小组,使武术基础好的学生辅助其他学生学习,这样,基础好的学生就会产生成就感,而基础差的学生也能够得到帮助,从而促进学生共同进步。

(5)在武术课程之外,对丰富的武术活动进行举办,并对体育艺术节、武术竞赛等多种形式活动的参与范围提出要求,学校所开展的活动必须面向全体学生,使每个学生都有机会参与课外武术活动,从而促进学生体质的增强与武术学习兴趣的提高。

(6)利用外围因素(家庭鼓励、社会推动、相关部门制定制度等)来对学生的学习行为进行激励。例如,家长的正确引导、考核成绩加分制度、社区活动的组织等都会在一定程度上影响学生对武术运动的态度。

(二)促进传统武术课程教学实施途径的不断完善

促进传统武术课程教学实施途径的完善可以从以下几方面进行。

1.改变武术教学现状

武术课程实施的主要途径就是武术教学,如果这一途径落实不好,即使采用多种辅助途径,也难以取得良好的武术教学效果。因而,促进武术课程实施途径的完善首先要促进武术教学效率的提高。具体从以下几方面来提高武术教学效率。

(1)对武术课程规定的时间加以保障。在安排武术课程课时的过程中,要严格按照国家要求来安排,不得随意减少武术课程的课时。对其他课程、事件占用武术课时的情况要严格杜绝，不得随意停止武术课程的实施。

(2)促进武术教师专业素养的提高以及事业心和责任心的增强，使武术教师对每一节武术课程都认真设计，对每一节武术课程都认真执行，让武术课程成为能够促进学生全方位发展的有价值的课程。

(3)在规定的教学时间内提高武术教学效率，对武术教学组织形式进行改革与完善。武术课程教学是传授武术知识的重要途径，虽然武术教学以身体活动为主要内容，然而这不是普通的自由身体活动，身体活动是武术知识形成的途径，武术知识传授是身体活动的基础，武术知识是本质，身体活动是手段。因此，在武术教学中，要有计划、有目的、有组织地进行身体活动。

2.改变课外体育活动现状

作为学生的第二体育课堂，课外体育活动具有重要的意义，为了发挥课外体育活动的价值，需要从以下几方面来改善其现状。

(1)对班级武术活动制度进行制定，使每个班级的学生都能够在固定的活动时间中练习武术，使每个班级中的每一个学生都能接触武术运动。

(2)开展课余武术训练活动，在学校运动会中设置武术表演或竞赛项目。

(3)学校要积极举办具有特色的课外武术活动，开展民间体育、体育节活动，提高学生的参与兴趣。

课外体育活动是武术课程教学实施的重要辅助途径，除了要利用好这一途径外，还需开发其他有效的辅助途径，如社区途径、家庭途径等，充分发挥相关方面的优势与作用。

(三)对传统武术课程教学实施环境进行改善

当前，传统武术课程教学的实施环境不容乐观，不管是硬环境还是软环境，都存在着明显的问题，这对武术教学实施效果造成了严重的制约。为了减轻实施环境因素对教学效果产生的不良影响，需要同时加强教学实施软环境与硬环境的改善。

1.硬件环境的改善

(1)按标准拨付体育经费，专款专用，同时加大对武术设施建设的投入力度。

(2)有关部门制定相应的政策，对武术器材设施的配备做出规定，并对相应的监督与保障措施加以制定。

(3)加强对武术教材的科学创编,对良好的知识素材环境进行创造,从而促进武术课程的顺利实施。

(4)将学校力量充分发挥出来,发扬自力更生的精神,以学校现有的条件为依据对武术快乐园地进行创建,将现有资源充分利用起来。

2.软件环境的改善

(1)建立与完善武术课程实施的相关制度,促进有关政策、法规以及教学文件配备制度和学习制度的完善。

(2)加大理论建设力度,在课程理论、教学理论方面促进武术教师素质的提高。

(3)对优秀的武术教师队伍进行建设,加强对教师的行为规范教育,促进武术教师形象的提升。

(4)加强校园武术文化建设,促进学生对武术运动兴趣的提高。通过多种方式(学校宣传窗、校园网、体育艺术节、校报等)宣传武术文化,从而促进学生武术知识的不断丰富。

第三节　传统武术精品课程的建设

作为我国优秀的民族传统文化,武术的教育受到了各级学校尤其是高校的重视。武术最初进入学校的时间是1916年,至今武术教育的官学历史已有一百年左右了。当前,我国很多省市的学校都在教育计划中列入了武术这一项内容,开设相关系科的高校达30多所。在高校体育教育中,武术课程的设置形式主要有三种,即专业必修课、专业普修课和选修课,通过设置武术课程,高校对体育教育、民族传统体育等方面的专业人才进行了大量的培养。高校不仅要设置一般武术课程,还要设置精品武术课程,精品课程的建设有助于高校“质量工程”的完善,有助于武术教学质量的提高。

从21世纪初开始,教育部陆续颁发了有关精品课程建设的文件,如《教育部关于启动高等学校教学质量与教学改革工程精品课程建设工作的通知》《教育部关于加强高等学校本科教学工作提高教学质量的若干意见》《国家精品课程建设工作实施办法》等。这些文件的颁发使得高校开始着手于精品课程工程的建设,而且不久后精品课程的建设就成为我国高校的一股热潮。高校启动体育精品课程建设,自然也会涉及传统武术这一重要的体育教学内容。通过对国家精品课程资源网的相关信息进行查阅后了解到,我国传统武术的“国家—省市—高校”三级精品课程建设体系已初步形成,从已评审出的数量来看，有2门国家级武术精品课程，10门省级武术精品课程，17门校级武术精品课程。

下面主要以我国传统武术精品课程为研究对象，对现阶段我国传统武术精品课程建设的基础知识、实践探索、取得的成效、出现的问题以及发展的对策进行分析与研究。对这些内容的研究有利于促进传统武术优质教育资源的开发、普及和共享，有助于武术高等教育质量的提高，也有利于高校武术教育中对终身学习理念的贯彻，进而有助于进一步弘扬民族传统体育文化。

一、我国传统武术精品课程的基础知识

（一）课程级别

从国家精品课程资源网中的信息来看，我国已经评审出了29门武术精品课，分为三个等级。其中国家级武术精品课程有两项，即上海体育学院的武术（由邱丕相负责）和福建警察学院的散打格斗（由林荫生负责），另外省级武术精品课程有10项，校级武术精品课程有17项（表4-1）。

表4-1　传统武术精品课程级别

课程级别	数量
国家级武术精品课程	2项
省级武术精品课程	10项
校级武术精品课程	17项

（二）教育层次

武术精品课程的教育层次分两类，即本科教育和高职高专教育。其中，有25门武术精品课面向本科教育，有4门校级武术精品课面向高职高专教育。

（三）课程名称与结构

1.课程名称

在武术精品课中，课名为“武术”的有16门，课名为“太极拳”的有4门，

其课程名称还有武术教学、武术课、武术散打、武术普修、武术套路、散打格斗、武当武术等。

2. 课程结构

武术精品课程结构主要有武术教学大纲、教学进度、教学计划、教案、试卷与答案等内容。武术精品课程内容作为重要的武术教学资源在网上开放,武术教师和学生可以对这一优质教育资源免费享用,这有利于终身学习服务体系的构建与完善。

(四)课程来源

我国师范院校、体育院校、高职高专学校、综合大学等是武术精品课的主要来源,详见表 4-2。

表 4-2 中国武术精品课程情况①

课程名称	单位	级别
武术	上海体育学院	国家级
散打格斗	福建警察学院	国家级
武术	天津体育学院	省级
武术	成都体育学院	省级
太极拳	北京体育大学	省级
武术散打	西安体育学院	省级
武术教学	浙江大学	省级
武术	湖北大学	省级
武术	沈阳体育学院	省级
武术	河南大学	省级
武术	天水师范学院	省级
河北民间武术	河北体育学院	省级
武术	中南民族大学	校级
武术	华中师范大学	校级

① 李蕾,王海鸥. 中国武术精品课程建设存在问题与对策的研究[J]. 搏击(武术科学),2012(09).

续表

课程名称	单位	级别
武术	连云港师范高等专科学校	校级
武术	成都学院	校级
武术	扬州大学	校级
武术(太极拳)	黄河科技学院	校级
武术	洛阳师范学院	校级
武术	广州体育学院	校级
武术套路	广州体育学院	校级
武术套路	河北体育学院	校级
武术	咸宁学院	校级
武术	四川理工学院	校级
武术普修	湖南师范大学	校级
武术课	福建中医学院	校级
武当武术	郧阳师范高等专科学校	校级
太极拳	邯郸学院	校级
太极拳	柳州职业技术学院	校级

二、我国传统武术精品课程建设的实践探索——以武术套路精品课程建设为例

(一)科学构建课程体系,优化教学内容

在我国民族传统体育中,武术套路最具代表,在民族传统体育专业教学中,武术套路的教学至关重要。因此,我国各体育院校对武术套路课程的教学与发展十分重视,一些体育院校已经将武术套路课程打造成了本校的体育特色课程或体育品牌课程,可见体育院校高度重视对武术套路课程的建设。

在武术套路精品课程建设中,课程设置和教学内容是至关重要的中心内容,其中教学内容是呈现武术套路精品课程的关键载体。如何促进教学

质量的提高，将武术套路课程的特色凸显出来，使课程体系合理完善，并能够将武术套路教学的多样化、开放性和可选择性等特点表现出来是武术套路精品课程建设中需要考虑的关键环节。

由于传统武术套路内容丰富，所以在教学中很难都涉及，高校大学生在本科 4 年间只能够学到有限的武术知识，因此在武术套路教学中我们重点要对学生的学习欲望进行激发，培养其钻研精神，对其自我求知的兴趣和自学能力、相互交流能力等进行培养，使其积聚无限的力量，从而在今后得到更好的发展。对此，我国部分高校在设置武术套路教学内容时，立足学生的实际情况，以培养方案和社会需求为依据，精选并优化武术套路教学内容，注重从“三基”角度培养学生，提高学生的实践能力，教学中也不仅仅只强调知识传授，而是全面致力于传授知识技能、培养能力和提高素质，而且对教学重点给予了高度的重视，并以学生的兴趣爱好为依据对多种形式的教学活动进行了开展，从而使得学生的学习积极性和主动性得到了充分的提高。

（二）在创新基础上改革教学方法和手段

高校的招生规模在不断扩大，班组人数也在相应增加，面对不断增多的学生，如何合理选择科学有效的教学方法来进行武术套路教学，是武术授课教师面临的一个重要问题。促进武术套路教学质量的提高，离不开对武术教学方法的改革与创新。在对武术套路课程内容体系进行优化的同时，还需及时对教育理念进行更新，对传统的教学模式进行改革，从而对“乐学、活学、会学”的良好课堂氛围进行营造，促进学生学习兴趣、实践能力以及创新能力的提高。

武术套路教学不仅是要将一些武术套路和拳技系统地传授给学生，而且要使学生受到武术文化的熏陶，传承武术文化。武术套路教学也是师生之间的教育过程，在这一过程中，学生的人本价值与社会价值得到统一。所以说，武术套路教学不仅要传授知识和技能，更要传承民族传统文化，提高武术课堂教学效果。高校传承武术文化的关键在于研究与探索多元的教学方法和手段，使更多的学生能够对优质教学资源加以享受。为此，我国一些高校在武术套路教学实践中做了以下几方面的努力。

(1)教师注重以自己的人格魅力来感染学生，在武术套路教学过程中注重创造，关心学生的个性化和全面发展，尽量使学生对不同的武术套路风格进行感知与体验。

(2)提倡教师与学生的交流互动，对学生的积极性进行充分的调动。对“主导”和“主体”的关系进行了正确的处理，注重学生的主体地位，为学生学习武术套路营造了宽松愉快的环境，并取得了良好的教学效果。

(3)重视培养学生的实践能力，注重学生各方面素质的全面发展。督促教师要与学生实时交流，通过课堂提问、组织学生听课、课外辅导、组织教学比赛等形式来对学生的主观性和综合能力进行培养，有机地将素质教育、能力培养融合在了一起。

(4)以武术套路教学的特点和学生的实际情况为立足点，对丰富多样的考核方式进行了采用，注重对学生基本技术、理论知识、课后作业、学习态度、实践能力、创新能力等的考核，使得考试的激励功效得到了有效的发挥。

(5)对多媒体教学手段和武术套路精品课程的网络资源进行了充分的利用。通过采用多媒体技术来增强理论课教学的生动性，学生在观看视频的过程中对套路技术动作有了更直观的了解。高校同时对互联网进行了利用，在网站上公开发布传统武术套路精品课程的教学大纲、教学计划、电子教案、习题以及相关视频与参考资料，并定期对这些信息资源进行更新，学生查阅和学习起来极为方便，而且学生的学习积极性得到了增强，武术套路课程的教学质量也有了提高。

(三)重视师资培养，建设高素质教师队伍

教师是武术套路精品课程建设的主体，对高质量武术套路精品课程的建设离不开高素质的教师队伍。多年来，我国高校积极开展师资培养和建设的工作，并全面支持教师的工作，对教师的培训、进修和攻读学位给予了高度的重视，使得教师的学历层次有了改善，并促进了爱岗敬业、发展态势良好的高素质教学队伍的形成。具体来说，我国高校在武术师资培养方面做了如下几方面的探索与努力。

1.注重武术教师职称结构的合理性

我国高校在建设武术师资队伍时，尽可能保持教师职称结构的合理性，争取按照一定的比例对教授、副教授、讲师、助教等不同职称的教师进行配备。

2.促进中青年教师学历和学位层次的提高

高校在武术套路精品课程建设中，注重对教师知识结构的改善，尤其注重培养中青年教师，对师资培养计划进行明确指定，采取相应的措施落实计划，并取得了良好的师资培养效果。近年来，一些高校的武术教师中，具有硕士以上学位的教师比例在不断增加，可见高校重视对高学历教师的招聘。

3. 对中青年教师的进修和专业培养给予了重视

(1)高校为了鼓励中青年武术教师自觉提升自己的教学素养，对良好的科研氛围进行营造，对教师参加各种学术活动给予了积极的鼓励与支持，并对其加入科研活动的热情进行激发，不断促进其科研水平的提高。

(2)高校实施“走出去”和“引进来”的战略，加强对外交流，选派骨干教师出国学习、参加相关活动，并吸引留学生和其他国家的武术队来本校进修与学习，而且与许多武术团体建立了关系，促进本校影响力和知名度的提升。

(3)高校对本校教师担任全国各类武术竞赛活动的裁判工作给予了支持，并鼓励教师参加裁判考试，从而使本校武术教师在全国武术界有了较高的知名度。

4. 注重开展教研活动，培养教师的教学与科研能力

高校坚持教学研讨活动的制度化，对研讨、讲座、公开课、听课观摩等多种形式的科研与教学活动积极开展，取得了显著的教学效果。

(四)建立规章制度，教学管理逐渐规范

在高校武术课程教学中，作为一个基层单位，教研室是武术教学活动的直接参与者和课程建设的基础。因此，要想促进武术套路教学质量的提高，就需要加大对教研室的建设力度，对必要的教学管理制度及各项规章制度进行制定与完善，这对激励广大教师积极参加精品课程建设具有积极的影响。近几年来，我国一些高校的武术课程组为促进武术教学管理的规范化发展，做了如下努力。

1. 建立健全制度，严格按制度办事

武术套路精品课程的建设与发展是一个动态的过程，基本发展趋向是院级优质课程→院级精品课程→省级精品课程→国家级精品课程。高校在建设武术套路课程的过程中，以精品课程的相关要求及目标为依据，与武术套路课程的特点相结合，积极将全体武术授课教师组织起来开展专题讨论活动，促进了武术教学管理制度的进一步完善。同时高校以教学计划为依据，对武术专修和普修教学大纲、教师培养制度、教师教学规范等相关规章制度进行了修订，并在教师的年终考核中加入了制度执行情况这一指标，使每位教师积极参与到武术教学改革和武术套路精品课程的建设工作中，从而使武术套路教学秩序的规范和教学质量的提高得到了保证。

2.加强基础建设与教研室建设

随着高校体育教育的不断深入改革,教研室在武术教学中的作用日益突显。近年来,我国一些高校不仅对教研室管理工作条例进行了制定,而且在教学硬件建设方面加大了投入力度,积极改善武术教学条件,加强对武术室内教学场地的建设,使得武术教学的有序开展得到了基础保障。

同时,高校对教研室的内涵建设也给予了重视,并强调教研室核心作用的发挥,对教研活动的具体内容进行了规定,促进了教师建设武术套路精品课程意识的强化。学校定期举办有关武术套路精品课程教学内容和方法的研讨活动,通过开展多种形式的座谈活动来加强教师之间的沟通与交流。此外,学校还强调了要将每节武术课的教学质量重视起来,这促进了课堂教学效果的整体提高。

3.教学管理规范化,实行动态管理

加强对武术教学的管理,需要评估武术教学过程和教学效果,监控好武术教学质量。一些高校不定期地检查教师执行大纲、教案、教学效果、学生学习效果,并将检查结果告知教师,举办教师座谈会,使教师对教学中的相关问题共同进行探讨,这样教学中的一些问题得到了有效的解决。一些高校由教研室和学校督导室共同负责检查与监控武术套路精品课程建设情况,重点检查教师能否进行规范化与高质量的教学,能否通过教学来全面培养学生的综合素质与能力。

三、我国传统武术精品课程建设取得的成效

(一)提升了高校领导和教师对武术教学的重视程度,提高了传统武术教学质量

高校建设武术精品课程,能够全面促进高校课程建设水平和教学质量的提高。教育部每年发起精品课程项目,各省级教育行政部门以教育部文件为依据,为课程建设投入一定的经费,组织本地区高校开展具体的课程建设工作,并组织地区评选精品课程项目。各高校先进行校内精品课程申报评比,在此基础上再申报地区级精品课程,之后由各省级教育部门向国家上报地区级精品课程,从而对国家精品课程进行评选,国家有关部门会将“国家精品课程”这一荣誉称号授予入选的课程,并给予资金补助,获得荣誉称号的精品课程会被公开发布到中国高教精品课程网站上,高校教师和学生

可以免费享用这些资源。武术精品课程建设，不仅使得高校和教师越来越重视武术教学工作的开展，而且使相关部门从政策与经费上积极支持武术教学，极大地推动了武术教学质量的提高。

（二）初步实现了武术教学资源的共享与应用，为网络教学创造了良好条件

作为典型的示范性课程，精品课程的教师队伍、教材、教学内容、教学方法、教学管理等都是一流的。精品课程面向的服务对象主要是高校教师和学生，同时社会学习者也是其主要的服务对象之一。为贯彻精品课程建设的要求，许多高校对专门的武术精品课程网站进行了建立，教学资源的共享与应用得到了初步实现，教师与学生有了更丰富的渠道来获取教学资源。

四、我国传统武术精品课程建设中存在的问题

（一）武术精品课程教学内容单一

目前，在高校武术专选课或普修课的教学中，通用的教材都是以武术套路为主，该教材是从1985年的全国体育学院通用武术教材修改易稿而来，之后又经历了两次修改，但内容没有很大的变化。高校在建设武术精品课程时，选取的教学内容基本上和全国通用的武术教材内容一致，武术发展、武术教学、武术竞赛规则等是主要的理论教学内容。武术操、少年拳、初级拳、青年拳、长拳、查拳、太极拳等，刀、枪、棍、剑等器械套路以及散打技术等是主要的实践教学内容。从这些内容来看，我国武术精品课程的教学内容还比较单一，而且所选取的内容也没有将武术地域性和民族特点很好地体现出来。

（二）武术精品课程制作方式与技术的限制

因为精品课程的申报需要经历一个自下而上的过程，因此从2003年开始，我国各高校的教务处每年都要组织教师参与精品课程的申报活动。授课教师、学校相关部门共同制作申报材料，其中授课教师是主要的制作者，相关部门只是起到协助的作用。因此，授课教师需要掌握基本的课程制作方式与技术。当前，无论是哪一学科的精品课程，都是以“技术平台＋内容资源”的形式呈现出来的。事实上，并不是所有的学校都具备这样一个平台来统一存放课程。由于部分学校缺少平台与技术，所以对武术教学工作者

申报武术精品课程的热情造成了限制，因而也制约了武术精品课程价值的实现。

武术精品课程一般包括三个模块，即课程概况、课程内容和互动交流。现阶段，按照精品课程申报条件要求，我国武术精品课程网站中各个模块的内容主要有主持人介绍、课程描述、教学大纲、授课教案、习题、教学队伍、教学指导、文献资料以及现场教学录像等。由于武术课程性质不同，因此武术课程教学的实质内容也有差异。从表 4-3 的统计结果来看，各高校精品课程的共有资源中，所占比最大的是数字化的文本，PPT 动画教学课件的比例排在第二位，教学录像与视频所占的比例最少。由于教师掌握的相关技术较少，所以难以深入研究与开发课程教学内容资源，也难以使“文字教材搬家”的现象得到改善，因此，武术授课教师需要掌握基本的网站研发、程序与软件设计等技能。

表 4-3 我国部分武术精品课程共有资源一览表①

课程名称和单位	doc、文本或图片类型的电子教案和试卷等	PPT 动画教学课件	教学录像与视频	共有资源(个)
武术普修(湖南师范大学)	6	0	0	6
武术(上海体育学院)	42	8	0	50
河北民间武术(河北体育学院)	28	0	0	28
武术(沈阳体育学院)	9	19	0	28
武术(太极拳)(黄河科技学院)	18	0	0	18
太极拳(柳州职业技术学院)	16	1	0	17
太极拳(北京体育大学)	6	1	0	7
太极拳(邯郸学院)	20	1	10	31
武术套路(广州体育学院)	44	7	0	51
武术(扬州大学)	13	0	0	13
武术(华中师范大学)	5	6	6	17
武术(天水师范学院)	15	5	0	20

① 李蕾，王海鸥．中国武术精品课程建设存在问题与对策的研究[J]．搏击(武术科学)，2012(09)．

续表

课程名称和单位	doc、文本或图片类型的电子教案和试卷等	PPT动画教学课件	教学录像与视频	共有资源(个)
武术(广州体育学院)	11	14	1	26
武术(咸宁学院)	33	1	0	34
武术套路(河北体育学院)	31	1	0	32
武术课(福建中医学院)	19	1	0	20
武术(成都体育学院)	50	8	17	75
武术(天津体育学院)	27	8	1	36
散打格斗(福建警察学院)	2	11	45	58
武术(河南大学)	20	4	0	24
武术(洛阳师范学院)	11	1	0	12
武术(湖北大学)	21	15	0	36
武术(中南民族大学)	8	0	0	8
武术散打(西安体育学院)	12	11	0	23
武术教学(浙江大学)	3	12	46	61
武术(四川理工学院)	13	1	0	14

(三)武术精品课程的互动交流较少

通过调查武术精品课程网站建设的基本情况后发现,大多数网站都对交互平台如BBS或留言板等进行了设立。但因为受各种因素的影响,这些平台的利用率较低,很少有网站阅览者利用该平台进行互动交流。在这一平台上交流的问题也很少,有的武术精品课程甚至无人问津。例如,华中师范大学的武术精品课虽然建立了在线交流模块,但无法成功打开,形同虚设;河南大学武术精品课程的交互平台中,只有一个互动交流问题,主要是问太极拳的分类,而且回复也比较片面;有些高校的武术精品课程网站中甚至没有对交流模块进行设置,如郧阳师范高等专科学校的武当武术课程、西安体育学院的武术散打课程等。

五、推动传统武术精品课程科学建设的建议

（一）加强对传统武术精品课程的宣传

教育部对国家精品开放课程建设工作给予了高度的重视与积极的支持，以对现代信息技术手段进行充分利用，促进优质教育资源的不断开发，实现资源的普及共享，促进高等教育质量的进一步提高。但是，建设精品课程只是课程教学系统的第一步，是基础工作。只有有相关需求的人访问课程网站，并满足了其需求，才能使课程的价值真正得以实现。调查发现，课程网站的访问量较低是精品课程建设中一直存在的问题，如一年中大多数国家精品课程网站的访问量还不足10万，白白浪费了网络教育资源。

当前，推动武术精品课程建设，必须改变网站关注人少、点击率低、交流缺乏等现状。而改变这些现状的主要途径就是进一步宣传武术精品课程。教育部、武术运动管理中心、高校以及参与课程建设的武术工作人员等都是重要的武术精品课程宣传主体，这些主体可以通过借助媒体渠道、开展相关活动来宣传武术精品课程，使武术精品课程这一优质资源能够广为人知，并被更多的人利用，从而使精品课程“服务于社会，服务于终身学习”的价值真正得以实现。

（二）重视武术授课教师对现代教育技术和本学科知识的掌握

武术精品课程建设中，教师是关键的参与者，只有有高素质的优秀课程建设师资梯队做保障，才能建设出高质量的精品课程。

为了使武术授课教师全面掌握现代教育技术，高校及有关部门需针对武术教师对现代教育技术培训进行开展，促进教师对现代教育技术的掌握与积极使用。只有让教师掌握了现代教育技术，才能使武术精品课程建设中“文字教材搬家”的现状得到改善，也才能进一步转化、拓展与延伸武术教学重点、难点内容，并使学生更易接受。此外，教师掌握现代教育技术可以减少对教材的依赖，从而更好地发挥自己的主观能动性和创造力。

武术授课教师除了要掌握现代教育技术外，还需掌握本学科知识。中国传统武术内容繁多，流派纷呈，技术体系庞杂，教师只有系统掌握这些知识，才能更好地致力于精品课程建设。

武术精品课程的建设并不是完全统一的，各校在统一教学大纲的要求下，可以以本校的师资情况、课程性质情况等为依据来创造性地建设独具特色的武术精品课程。另外，高校还可以以武术运动发展的情况为依据对武

术教材进行及时的更新，这样才能促进武术精品课程教材体系与内容建设的完善，也才能使学生对最新的武术课程教学理论知识与实践知识加以掌握。在武术精品课程的建设中，还需要将教学的深度、广度以及难度把握好，从而将武术教师先进的教学理念和创新的教学方法充分展示出来，并进一步展现传统武术精品课程的共性和个性。

（三）学校和武术运动管理部门进一步科学引导武术精品课建设

学校可加大对高校教师、学生以及社会公众的引导和培训力度，促进教师信息技术应用能力的提高，鼓励学生在对信息技术手段加以利用的基础上积极主动地投入到学习中，引导社会公众对国家精品开放课程进行关注、使用，并做出评价。有关部门还可以对相关政策和措施进行制定，鼓励教师与学生利用精品课程网站进行教与学，从而促进精品课程服务体系的完善。

武术运动管理部门有自己的官方网站，如武术运动管理中心官网、健身气功协会官网、中国武术段位制标准化官网等，因此可以将这些网站的优势充分利用起来，对武术精品课程的建设进行积极的引导。武术运动管理部门可以在这些官网上对传统武术的最新动态进行及时的更新，与此同时，还可进一步宣传武术教学、科研方面的信息。我国在传统武术运动发展战略中提出了“让一亿人习武”的目标，通过建设传统武术精品课程可以促进这一目标的实现。

第五章　传统武术基本功与动作教学

在传统武术教学中，基本功、基本动作、组合动作是重点内容，对提高传统武术运动技能具有基础性作用。本章就对武术的基本功教学、基本动作教学以及组合动作教学进行详细阐析，进而为学生参与传统武术运动提供指导以及进一步推动传统武术的可持续发展。

第一节　传统武术基本功教学

一、手型基本功

（一）拳

就传统武术运动来说，合拢四个手指并且卷握在一起，拇指和食指第二指节紧紧扣在一起，就是拳（表 5-1、图 5-1）。平拳与立拳是拳的两种类型，拳心朝上或朝下是平拳，拳眼朝上或朝下是立拳。

表 5-1　拳的构成

构成要素	术语解析
拳面	食指、中指、无名指和小指第一节指骨相并形成的平面
拳背	手背的一面
拳心	手心的一面
拳眼	拇指根部与食指相叠而成的螺旋形圆窝
拳轮	小指一侧的螺旋圆窝

教学要点：拳面要维持在水平状态，手腕要伸直。

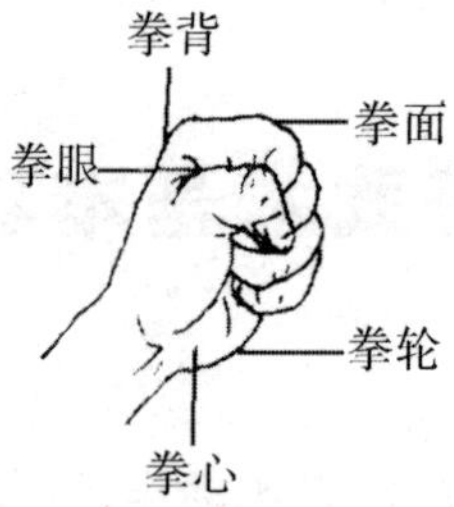

图 5-1

（二）掌

就传统武术运动来说，掌就是五个手指处于伸直状态（表 5-2、图 5-2）。在传统武术运动的众多手型中，掌占有重要地位。

表 5-2　掌的分类

构成要素	术语解析
掌背	手背的一面
掌心	手心的一面
掌指	主要指食指、中指、无名指和小指的手指前端
掌外缘	小指的一侧
掌根	手掌小鱼际的下侧

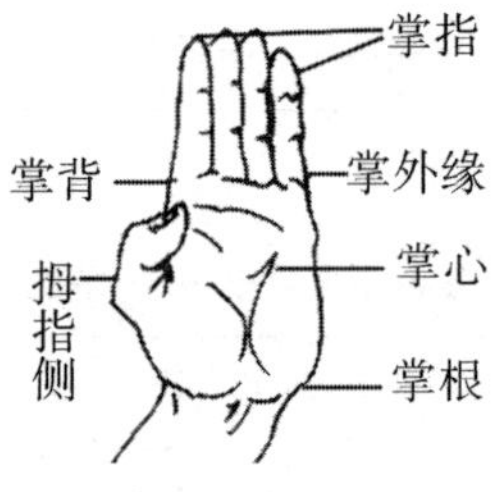

图 5-2

掌可以划分成八字掌、仰掌、俯掌、侧掌、侧立掌、柳叶掌以及直立掌。八字掌是指四个手指合拢在一起，同时努力伸直，拇指向外伸展；仰掌是指四个手指合拢在一起，同时努力伸直，手心朝上直掌；俯掌是指四个手指合拢在一起，同时努力伸直，手心向下直掌；侧掌是指手掌立于胸前，或手掌立于腋前；侧立掌是指掌心朝着不一样的方向，或者倒立在两个侧面的腰间，同时掌心朝向前方;柳叶掌是指拇指侧在上方,拇指和虎口紧紧扣在一起,小指一侧位于下方,小臂和手掌处于某个直线上;直立掌是指拇指朝着掌心的一边弯曲内扣,剩下四个手指合拢在一起,并且向后张开。

教学要点:充分伸展掌心,让指头呈竖直状。

(三)勾

在传统武术运动中,五个手指紧紧聚在一起,并且弯曲腕关节,就是勾,又叫勾手(表5-3、图5-3)。反勾手是指勾尖朝上,下勾手是指勾尖朝下。

表5-3　勾的分类

构成要素	术语解析
勾尖	五指尖捏拢后,五指所撮在一起的端头
勾顶	腕关节弯曲凸起处

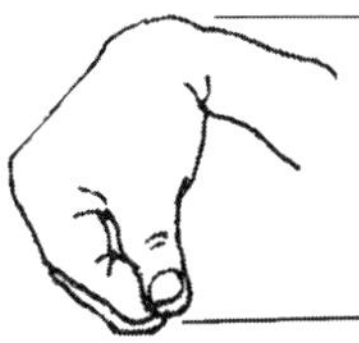

图5-3

教学要点:努力让手腕弯曲。

(四)爪

在传统武术当中,爪是指五个指头处于分开状态或者合拢状态,手指内扣弯曲。爪是练习武术的人在模仿飞禽走兽的基础上,逐步形成的。

教学要点:手掌和手指应当弯曲,并且紧紧地扣在一起。

二、步型基本功

(一)弓步

抱拳,并步同时处在直立状态,左侧脚朝前方迈出大概是其实际脚长的4～5倍,脚尖稍稍弯曲且内扣,左边腿弯曲膝盖呈半蹲姿势,半蹲程度是和大腿相近,膝盖和脚尖处于垂直关系。右腿伸直膝盖且呈笔直状态,脚尖内扣且朝向斜前方向,脚完全着地。上部分肢体朝向正前方,两只手在腰间位置做抱拳动作，两眼看前方的水平方向区域(图 5-4)。右弓步就是弓右腿，左弓步就是弓左腿。

教学要点：前腿弓，后腿绷；挺胸、塌腰、沉髋；前脚和后脚处在一条直线上。

(二)马步

抱拳，并步且呈直立状态，两只脚在平行位置开立，实际脚长的 3 倍是两脚之间的距离，将身体重心置于两腿中间，脚尖完全朝向前方，弯曲膝盖呈半蹲姿势，半蹲程度是接近大腿。膝盖不可以越过脚尖，脚掌完全着地，两手在腰间位置抱拳，两眼水平看向前方(图 5-5)。

教学要点：挺胸、塌腰、展髋、脚跟外蹬。

图 5-4

图 5-5

(三)虚步

抱拳，并步呈直立状态，两脚一前一后开立，右脚向外展开 45°，弯曲膝盖呈半蹲姿势，左脚脚跟离开地面，绷紧脚面使其呈水平状态，脚尖微向内扣，轻轻点击地面，膝盖稍稍弯曲，将身体重心置于后腿上。两只手叉在腰上，两眼水平看向前方(图 5-6)。虚步包括左虚步和右虚步，左虚步是指左脚在前面，右虚步是指右脚在前面。

教学要点：挺胸、塌腰、虚实分明。

(四)仆步

抱拳，并步呈直立状态，两脚一左一右开立，右腿弯曲膝盖完全下蹲，大腿和小腿紧紧靠在一起，臀部靠近小腿，右脚完全着地，脚尖与膝关节向外伸展，左腿挺直平仆，脚尖里扣，全脚着地。两手在腰间位置做抱拳动作，两眼以水平高度看左方(图 5-7)。左仆步是指仆左腿，右仆步是指仆右腿。

教学要点：挺胸、塌腰、沉髋。

图 5-6

图 5-7

（五）歇步

抱拳，并步呈直立状态，交叉靠拢两脚呈全蹲状态，左脚完全着地，脚尖向外伸展，右脚的前脚掌着地，膝盖和左腿外部贴紧，臀部坐在右腿靠近脚跟的位置。两手在腰间位置做抱拳动作，两眼以水平高度看左前方（图5-8）。左歇步是指左脚在前面，右歇步是指右脚在前面。

教学要点：挺胸、塌腰、两腿靠拢并紧贴在一起。

图 5-8

（六）丁步

并步呈站立姿势，两腿弯曲膝盖做半蹲动作，右脚掌完全着地，提起左脚脚跟，脚尖向里扣且轻轻点地，将脚面绷直并和右脚脚弓贴紧，将身体重心放在右腿，两手在腰间位置做抱拳动作，两眼以水平高度看向左边。丁步分为左丁步和右丁步，左丁步是指左脚尖点地，右丁步是指右脚尖点地。

教学要点：挺胸、塌腰、两腿靠拢并贴紧。

三、肩功

(一)压肩

压肩方式有三种:第一,呈开步姿势站立,两手将前面的肋木握住,上体向前俯,同时做下振压肩动作;第二,两人面对面站立,扶按彼此的肩部,做体前屈振动压肩;第三,和同伴共同完成搬压肩(图 5-9)。

教学要点:挺胸、塌腰,充分伸直手臂与腿,适当增加振幅,将肩部作为压力集中部位;循序渐进地增加外力作用。

图 5-9

(二)转肩

两脚做开立动作,两手间隔适当距离,在身体前方正握木棍。把肩关节视为轴,两臂从身体前方经过头顶最后绕到背后,然后再从背后经过头顶最后绕到身体前方(图 5-10)。

教学要点:在转肩的全过程中均应保持两臂伸直的状态;尽可能缩减两手握棍的实际距离,可以参照实际状况进行适当调整。

图 5-10

（三）臂绕环

1. 单臂绕环

左弓步，左手按住左大腿，使右臂向上举起，从前往后—下—前绕环一周（后绕环）或者右臂从上往前—下—后绕环一周（前绕环）（图 5-11）。

教学要点：伸直手部、放松肩部、贴紧身体划立圆；用最快速度完成动作。

图 5-11

2. 双臂前后绕环

双脚做开立动作，和肩部宽度相同，两臂垂直放在身体两侧，按照特定顺序做由下向前—上—后绕环或由上向后—下—前绕环（图 5-12）。

教学要点：使肩部处于放松状态、探臂，在身体两侧划立圆；用最快速度完成动作。

图 5-12

3. 双臂交叉绕环

两脚完成开立动作，伸直两臂做上举动作，左臂向前—下—后绕环、右臂向后—下—前绕环或左臂向后—下—前绕环、右臂向前—下—后绕环（图5-13）。

教学要点：充分放松上体，在身体两侧划立圆；用最快速度完成动作。

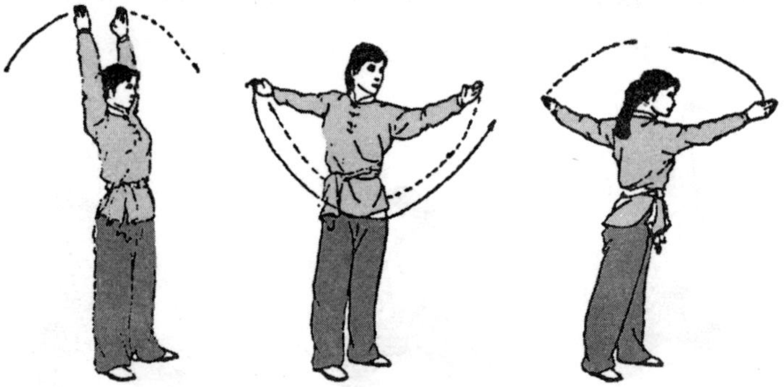

图 5-13

4. 仆步抡拍

两脚做开立动作，身体上半部分向左转形成左弓步，右手掌朝左前下方伸展，左手掌朝里，插在右肘的关节位置。在保持上动不停的基础上，按照先后顺序完成以下动作：身体上半部先往左转，然后准确做出右臂向上—右—下抡至右腿内侧拍地动作，左臂向下—左抡臂停留在身体的左上方位置。在仆步抡拍的全过程中，两眼应当始终看向右手（图 5-14）。

教学要点：充分伸直两臂，使用腰部力量来带动两臂，上抡臂要贴近耳朵，下抡臂要贴近双腿；要保障动作的连贯性。

图 5-14

四、腿功

(一)压腿

1. 正压腿

面朝肋木，呈并步姿势站立。将左腿充分抬起，把脚跟置于肋木上，勾住脚尖使其处于紧绷状态，双手扶按在膝部。伸直双腿，立腰、收髋，身体上半部分向前方弯曲，向前下方做压振动作(图 5-15)。在压振过程中，使前额和鼻尖接触到脚尖，接触到一定次数后逐步过渡到用下颌来接触脚尖，感觉到疼痛之后做耗腿练习(图 5-16)。

教学要点：挺直身体朝下振压，循序渐进地对压腿振幅进行增加。

图 5-15

图 5-16

2. 侧压腿

侧对肋木，以右腿为支撑腿，脚尖朝外侧展开，把左脚跟放置在肋木上，勾住脚尖使其处于紧绷状态，将右臂上举，左手掌在右胸前，身体上半部分朝左边压振(图 5-17)。

教学要点：立腰、展髋，直体侧压；循序渐进地增加压腿振幅。

3. 后压腿

身体背对肋木，左脚的脚背置于肋木上，使脚面处在绷直状态，一双手叉在腰部位置，身体上半部分向后弯曲，同时做振压动作(图 5-18)。

教学要点：挺胸、展髋、腰尽量向后弯曲；循序渐进地增加压腿振幅。

图 5-17

图 5-18

4. 仆步压腿

两脚分别向左右两个方向开立，右腿弯曲膝盖完全下蹲，左腿挺直膝盖充分前伸，脚尖向内侧扣紧。两脚的脚掌完全着地，两手抓握住两脚的外侧（图 5-19）。

教学要点：挺胸、塌腰、沉髋、绑腿，臀部与地面尽可能靠近；循序渐进地增加身体上半部分的下压振幅。

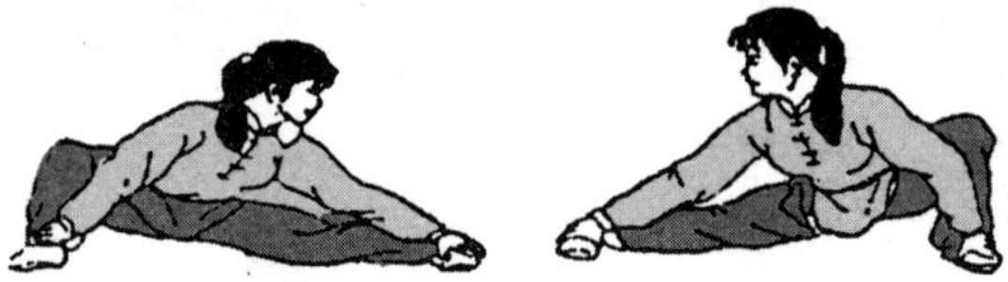

图 5-19

（二）搬腿

1. 正搬腿

将右腿作为支撑腿，弯曲左腿膝盖，将左腿提起，左脚由右手负责托握，膝盖由左手抱住。左腿朝着前上方方向举起，挺直膝盖，勾住脚尖使其处于紧绷状态。也可以让同伴将脚跟托住尽可能往上扳（图 5-20）。

教学要点：挺胸、立腰、收髋；循序渐进地增加上扳高度。

2. 侧扳腿

弯曲右腿膝盖，提起右腿，右手绕过小腿里侧将脚跟托起，随之把右腿朝着身体的右上方扳起，左臂上举做亮掌动作。此外，也可以依靠同伴的帮助，把脚跟托住往身体的一旁扳腿（图 5-21）。

教学要点：伸腿、挺胸、立腰、开髋；循序渐进地增加上扳高度。

图 5-20

图 5-21

（三）劈腿

1. 竖叉

双手在身体的左边和右边扶地或者使两臂做侧平举动作，将两腿朝着前后方向分开，使两腿在一条直线上，让左腿的后半部分着地，勾起脚尖；右腿靠里的部分着地或者右腿前半部分着地，脚尖紧绷（图 5-22）。

教学要点：挺胸、立腰、沉髋、挺膝。

图 5-22

2. 横叉

双手在身体前方扶地或者使双臂呈侧平举状态，两腿朝着左右方向分开且在一条直线上，使双腿的内侧分别着地（图 5-23）。

教学要点：挺胸、立腰、展髋、挺膝。

图 5-23

（四）控腿

1. 前控腿

右手负责扶牢肋木，在肋木的侧面完成并步站立动作，左手叉在腰部位置。弯曲左腿的膝盖，并使其前提，努力使脚尖处于绷直状态或者勾紧脚尖使其朝着前上方伸出，保持一段时间后还原到之前的位置，随后不断重复伸出和还原动作（图 5-24）。

教学要点：挺胸、直背、挺膝；循序渐进地提升控腿的实际高度。

2. 侧控腿

右手负责将肋木扶稳，左手叉在腰部位置，在侧面完成并步站立动作。使左腿的膝盖弯曲并朝侧面提起，使脚尖处于紧绷状态或者勾紧脚尖的同时朝外侧前上方向伸出，保持一段时间后还原成开始动作，反复做伸出动作与还原动作（图 5-25）。

教学要点：挺胸、直背、开髋、挺膝；循序渐进地提升控腿高度。

3. 后控腿

右手负责扶稳肋木，左手叉在腰部位置，在侧面做并步站立动作。使左腿的膝盖弯曲，同时使左腿在身体前方提起，让脚尖处于紧绷状态同时朝着后上方伸出，保持一段时间后还原到开始动作，随后反复做伸出动作和还原动作（图 5-26）。

教学要点：挺胸、展髋、挺膝、腰后屈；循序渐进地提升控腿高度。

图 5-24

图 5-25

图 5-26

（五）踢腿

1. 正踢腿

右手负责将肋木扶稳，左手叉在腰部位置，并步在侧面站立。以右腿为支撑腿，勾起左脚，挺直膝盖向上方踢出，随之使左腿下落并还原（图 5-27）。

教学要点：挺胸、立腰、收腹、沉髋；踢左腿时，当腿部越过腰之后要适当提高速度。

2. 侧踢腿

双手将肋木牢牢扶稳，站立姿势呈丁字步。以右腿为支撑腿，将左脚勾起，挺直膝盖朝侧面踢起，随之使左腿下落还原到起初状态（图 5-28）。

教学要点：挺胸、立腰、收腹、沉髋；当腿部越过腰之后要适当提高速度。

图 5-27

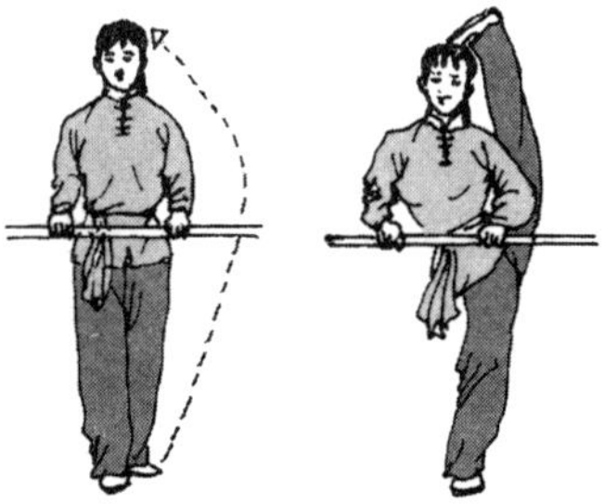

图 5-28

3. 后踢腿

双手将肋木牢牢扶稳，做并步站立动作。以右腿充当支撑腿，使左腿充分伸直,使脚尖处于紧绷状态且朝后上方踢起,或者当大腿踢过腰部位置以后,使脚掌和头部接触(图 5-29)。

教学要点:挺胸、抬头、挺膝、腰向后弯曲。

图 5-29

五、腰功

(一)俯腰

1. 前俯腰

并步站立,将两手手指呈交叉状态,充分伸直手臂朝上举起,掌心向上。身体的上半部分向前俯,使两个手掌尽可能和地面贴合,或者两手依次将两腿的跟腱位置紧紧抱住,尽可能拉近胸部和腿部的距离,保持一段时间后还原成开始动作(图 5-30)。

教学要点:挺胸、塌腰、两腿伸直、挺膝、收髋、前折体。

图 5-30

2. 侧俯腰

并步站立,将两手手指相互交叉,伸直手臂向上举起,使掌心向上。上体左转向左边的下方弯曲,上体右转向右边的下方弯曲,两手的手掌和地面接触，保持片刻后还原到开始状态（图 5-31）。

教学要点：挺胸、塌腰、两腿伸直，挺膝、两脚固定，侧折体。

图 5-31

（二）甩腰

开步站立，两个手臂朝上方举起。身体上半部分将腰、髋关节作为轴，完成前方弯曲动作和后方弯曲动作，两个手臂积极配合身体上半部分的前后摆动动作（图 5-32）。

教学要点：动作速度快、动作连贯性强、动作富有弹性。

图 5-32

（三）涮腰

开步站立，身体朝前方俯身，两臂垂挂于下方并朝左前方伸出，将髋关节作为轴向前—右—后—左绕环一周或向后—左—前—右绕环一周（图 5-33）。

教学要点：牢牢固定住两脚，使两臂处于放松状态，尽可能增加上体绕环幅度。

图 5-33

(四)下腰

图 5-34

两脚完成开立动作,两脚的距离和肩部宽度相同,伸直两臂向上举起。抬头,挺胸,两手朝后支撑成桥的形状(图 5-34)。

教学要点:挺胸、挺髋,顶腰,两脚固定,腰后屈。

六、桩功

(一)马步桩

两脚平行开立,两脚间的距离是一只脚长度的 3 倍,将身体重心置于两腿间,脚尖正对前方,弯曲膝盖做半蹲动作直到和大腿接近,脚掌完全着地。两个手臂稍稍弯曲水平举在胸前,掌心朝下,两眼看前方(图 5-35)。

教学要点:挺胸、直背、塌腰,深呼吸;循序渐进地增加静站时间。

图 5-35

(二)虚步桩

两脚分别朝前方和后方开立,右脚朝外侧伸展 45°,弯曲膝盖做半蹲动作，尽力提起左脚脚跟或右脚脚跟，使脚面充分绷直，脚尖略微朝内侧扣，轻轻点地，膝盖稍稍弯曲，将身体重心置于右腿或者左腿上。两手在腰间位置做抱拳动作，两眼看前方(图 5-36)。

教学要点：挺胸、直背、塌腰，虚实分明；循序渐进地对静站时间进行延长。

图 5-36

(三)浑元桩

1. 升降桩

两脚平行开立，两脚间的宽度和肩部宽度相同，两个膝盖以及两个肘部略微弯曲，两手心朝下，两手举在胸前，随之配合呼气和吸气做升降动作，上升时配合吸气，小腹向外凸出，下降时配合呼气，小腹向内凹进(图 5-37)。

教学要点：头正、颈直，沉肩、垂肘，松腰、敛臀；呼吸深、长、匀、细；循序渐进地增加静站时间。

图 5-37

2. 开合桩

两脚做平行开立动作，两脚的宽度和肩部宽度相同，使两腿膝盖弯曲并且轻轻下蹲。两臂使肘部弯曲，两个手心朝内侧，两手指尖呈相对关系，合抱在身体前方。配合自然呼吸进行开合动作，开时配合吸气，小腹向外凸出，合时配合呼气，小腹向内凹进(图 5-38)。

教学要点：头正、颈直，沉肩、垂肘，松腰、敛臀；呼吸深、长、匀、细；不断增加静站时间。

图 5-38

第二节　传统武术基本动作教学

一、基本拳法动作

(一)冲拳

以右冲拳为例，两脚分别朝左侧和右侧开立，两脚间的宽度和肩部宽度相同，两手在腰间位置做抱拳动作，肘尖朝后，拳心朝上。右拳由腰间位置向前方使劲冲出，转腰、顺肩，当肘关节越过腰部位置之后，右前臂做内旋动作。力量达到拳面位置，手臂尽可能伸直，手臂和肩部高度相同。与此同时，左(右)肘朝后方牵拉(图 5-39)。

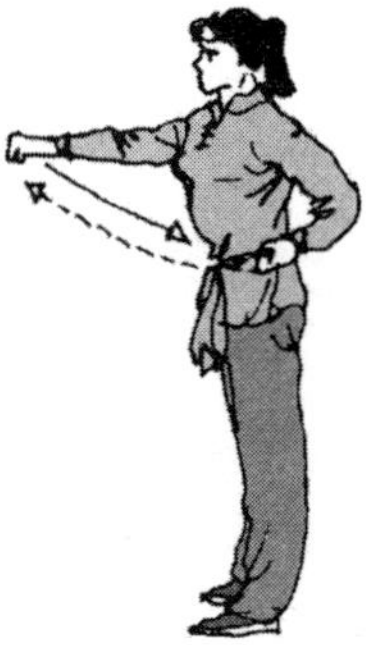

图 5-39

教学要点：挺胸、收腹、拧腰、顺肩；出拳要做到迅猛，且具备一定力度与寸劲。

(二)劈拳

以右劈拳为例，两脚做左右开立动作，两手在腰间位置做抱拳动作，拳心朝上，右拳经过左侧从上到下迅速劈击，双臂充分伸直，力量达到拳轮，两眼看向右拳(图 5-40)。

教学要点：松肩、直臂；抡臂划立圆。

图 5-40

(三)架拳

以右手架拳为例，两脚分别朝左侧和右侧开立，两脚间宽度和肩部宽度相同，两手在腰间位置做抱拳动作，肘尖朝后侧，拳心朝上。右拳向下—右—上，绕过头前朝右上方划弧，同时在右前上方架起，拳眼朝前下方向，两眼看身体上方(图 5-41)。

教学要点：挺胸、收腹、立腰、松肩、肘部稍稍弯曲、前臂向内侧旋转；力量达到前臂的外侧。

图 5-41

(四)亮掌

以右手亮掌为例，两脚呈左右开立姿势，两脚距离和肩部宽度相同，两手在腰间位置做抱拳动作,肘尖朝后方,拳心朝上。右拳转为掌,经过身体侧面朝右方和上方划弧,当经过头部右前上方时,应当抖腕亮掌,臂呈弧形。掌心朝前,虎口朝下,双眼配合右手动作进行转动,双眼看向左方。

教学要点:挺胸、收腹、立腰、抖腕;同步做亮掌动作和转头动作。

(五)推掌

以右手推掌为例,两脚朝左侧和右侧开立,两脚距离和肩部宽度相同,两手在腰间位置做抱拳动作,肘尖朝后,拳心朝上。右拳转为掌,前臂向内侧旋转,同时把掌根作为着力点,朝前方使劲推出。推击动作应当符合转腰、顺肩、两臂伸直、两臂和肩部同高的要求。与此同时,左臂肘部应当朝后侧牵拉(图 5-42)。

教学要点:挺胸、收腹、直腰、顺肩、沉腕、翘掌;出拳要做到迅猛,且具备一定力度与寸劲。

图 5-42

(六)挑掌

以右手挑掌为例,两脚呈并步站立状态,两手在腰部位置做抱拳动作,拳心朝上。右拳转为掌,从腰间位置经右向上弧形摆起,当摆起高度接近水平时,抖腕立掌上挑,掌指向上,掌外沿朝右。双眼看向身体右边。

教学要点:在沉腕方面,应达到迅猛有力、力量直达掌指的要求。

二、基本腿法动作

(一)正踢腿

两脚呈并步站立姿势,两臂做侧平举动作,手掌做立掌动作,两眼看身体前方(图 5-43)。左脚朝前进半步,以左腿为支撑腿,右腿将膝盖挺直,勾住脚尖,用最短时间朝前额位置踢起,两眼看身体前方(图 5-44)。在练习过程中,可以选择交替进行。

教学要点:挺胸、收腹、立腰;当腿摆过腰之后应当加快用力速度,收髋,上体保持正直。

图 5-43

图 5-44

(二)侧踢腿

右脚朝前方进半步,脚尖向外侧伸展;左脚跟略微提起,身体略微转向右侧,左臂向前方伸展,右臂向后侧举起。然后即刻使左腿的膝盖挺直,勾住脚,朝左耳方向踢起。与此同时,右臂向上举起做亮掌动作,使左臂的肘部弯曲,立掌于右肩的前方,两眼看身体前方(图 5-45)。

教学要点:挺胸、立腰、开髋、侧身、猛收腹。

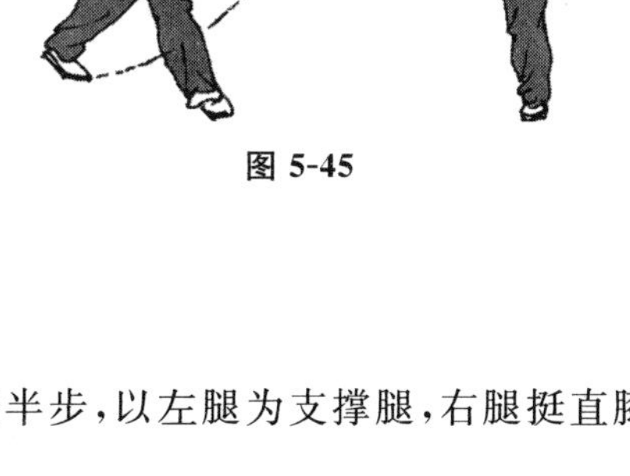

图 5-45

(三)斜踢腿

左脚朝前方前进半步,以左腿为支撑腿,右腿挺直膝盖,勾紧脚踢向另

外一侧的耳朵位置，两眼看前方（图 5-46）。在练习过程中，可以左右腿交替进行。

教学要点：挺胸、收腹、立腰；当腿摆过腰之后应当加快用力速度，收髋，上体保持正直。

图 5-46

（四）弹腿

以右弹腿为例，两腿呈并立姿势站立，两手叉在腰间位置。使右腿膝盖弯曲，并使右腿提起，大腿和腰部保持平行，紧绷右腿且完全伸直。提起膝盖快要水平时，用最短时间尽全力挺直膝盖，朝前方平踢弹击，使力量达到脚尖位置。将右腿充分伸直，腿的位置和腰保持平行，左腿伸直或者稍稍弯曲做支撑。目视前方（图 5-47）。

教学要点：挺胸、立腰、收髋；保障弹踢动作的寸劲。

图 5-47

（五）蹬腿

以右蹬腿为例，两腿呈并立姿势，蹬腿动作和弹腿动作一样，不同之处是将脚尖勾起，让力量达到脚跟位置（图 5-48）。

教学要点：挺胸、立腰、脚尖勾紧；蹬出动作要做到干脆、快速、有力量。

图 5-48

（六）扫腿

以后扫腿为例，两腿呈并立姿势，两臂下垂，置于身体两侧。左脚朝前方开步，左腿弯曲膝盖做半蹲动作，右腿使膝部挺直，形成左弓步动作；两掌由腰部两侧朝前方平直推出，掌指朝上，小指的一侧向前；两眼看掌尖。左脚的脚尖向内侧扣，左腿弯曲膝盖做全蹲动作，形成右仆步，并且上体朝右侧转动后做前俯动作。两掌跟随身体转动，在右腿内侧撑住地面，将左脚前掌为轴，在上体朝后拧转的惯性力量的作用下，右脚紧贴地面朝后侧扫转一周（图 5-49）。

教学要点：转体、俯身、撑地、扫转动作应具备很好的连贯性。

图 5-49

（七）外摆腿

以左腿外摆为例，两腿呈并立姿势，两手做侧平举动作。右脚朝右前方前进半步，勾住左脚尖使其处于紧绷状态，朝右侧上方踢起，经过脸部正前方后，朝左侧上方摆动，将伸直的腿落在右腿旁。两眼平视前方(图 5-50)。

教学要点：挺胸、立腰、展髋；尽可能增加腿的外摆幅度。

图 5-50

（八）里合腿

以右腿做支撑腿为例，两腿做并立动作，左脚朝右前方前进半步，勾紧左脚脚尖做里扣动作并朝左上方踢起，经过脸部正前方，使伸直的腿朝右侧上方摆动，落在右脚的外侧，两眼平视前方(图 5-51)。

教学要点：挺胸、立腰、合髋；尽可能增加腿部里合幅度。

图 5-51

（九）侧踹腿

以左踹腿为例，两脚做并立动作，两手叉在腰间位置。两腿呈左右交叉姿势，右腿在左腿前面，使膝盖微微弯曲。右腿伸直发挥支撑作用，左腿膝盖弯曲并踢起，左脚朝里扣，脚跟使劲朝左侧上方位置踹出，踹出高度应当和肩部保持水平，上体朝右侧倾斜，两眼看左侧。

教学要点：挺膝、展髋；踹腿要脆、快、有力。

（十）单拍脚

两脚站立成并步，两手在腰间位置做抱拳动作。左脚上步，左腿发挥支撑作用；右腿挺直膝盖，脚面保持绷直状态，用最短时间朝前上方踢摆。右拳转成掌，举在头部的右前上方，掌心向上，对右脚面做迎击动作。两眼平视正前方（图 5-52）。

教学要点：收腹、立腰；尽可能提升腿的高度；拍击动作要达到干脆、快速、响亮。

图 5-52

三、基本平衡动作

（一）直立平衡

1. 前提膝平衡

以右腿为支撑腿为例，右腿直立站稳；左腿在身体前方弯曲膝盖，同时将膝盖提高至接近胸部的位置，小腿斜垂做里扣动作，脚面绷平做内收动作（图 5-53）。

教学要点：挺胸、收腹、脚内扣。

2. 侧提膝平衡

以右腿为支撑腿为例，右腿直立站稳，上体保持正直或者侧倾状态；左腿在身体左侧，弯曲并提起左腿膝盖，提起高度超过腰，小腿斜垂内收，绷紧脚面使其平直或者勾紧脚尖(图 5-54)。

教学要点:挺胸、收腹、展髋。

图 5-53

图 5-54

3. 侧控腿平衡

以右腿为支撑腿为例,右腿直立站稳;伸直左腿并高举在身体的侧面,髋关节朝外侧展开,脚的高度超过肩部,脚面保持绷平状态或者将脚尖勾起(图 5-55)。

教学要点:挺胸、收腹、立腰。

4. 朝天蹬

以右腿为支撑腿为例,右腿直立站稳;利用手部力量使左腿经过体侧朝上方托举,勾起脚尖,脚底向上,高度方面要求和头部平行(图 5-56)。

教学要点:挺胸、收腹、直背、立腰、展髋。

图 5-55

图 5-56

(二)屈蹲平衡

1. 扣腿平衡

以右腿为支撑腿为例,使右腿膝盖弯曲做半蹲动作,左腿膝盖弯曲的同时向外侧伸展,绷平脚面或者勾起脚尖,将左腿踝关节紧扣在右腿膝盖后面的腘窝位置(图 5-57)。

教学要点:挺胸、沉肩、塌腰、落髋;支撑腿尽可能向下蹲。

2. 盘腿平衡

以右腿为支撑腿为例,右腿弯曲膝盖做半蹲动作;左腿弯曲膝盖朝外侧展开,小腿收紧并提起,绷平脚面或勾起脚尖,左腿踝关节盘放于支撑腿大腿上(图 5-58)。

教学要点:挺胸、沉肩、塌腰、落髋;使支撑腿尽可能往下蹲。

图 5-57

图 5-58

3. 前举腿低势平衡

以右腿为支撑腿为例,右腿弯曲膝盖并完成全蹲动作;左腿挺膝伸直平举在身体前方。

教学要点:挺胸、展肩;脚面绷直。

4. 后插腿低势平衡

以右腿为支撑腿为例,右腿弯曲做全蹲动作;左腿挺膝伸直,经过右腿后方朝侧前方平举,勾起脚尖。

教学要点：挺胸、收腹，上体稍稍向侧面倾斜。

（三）俯身平衡

1.探海平衡

以右腿为支撑腿为例，右腿直立站稳，上体前俯且前俯程度比水平高度低一点；伸直后举脚且比水平高度高，另外一侧的手臂朝前下方探出；同侧手臂朝后上方举起（图 5-59）。

教学要点：挺胸、抬头；脚面绷平；最大限度地提高后举腿的高度。

2.燕式平衡

以右腿为支撑腿为例，右腿直立站稳，上体前俯且前俯程度比水平高度高一点；伸直后举腿且高度比水平高度高，两臂朝侧面展开（图 5-60）。

教学要点：挺胸、展腹；脚面绷平。

图 5-59

图 5-60

（四）仰身平衡

以右腿为支撑腿为例，右腿伸直站稳或者微微弯曲站稳，上体向后方仰且尽可能接近水平；伸直左腿朝身体正前方举起，两臂向侧面平行展开（图 5-61）。

教学要点：抬头、挺胸、沉肩；脚面绷平。

图 5-61

四、翻滚跳跃动作

（一）翻滚动作

1. 抢背

并步站立，右脚上步且微微弯曲做略蹲动作，紧接着上体向前方倾斜，左脚跟离开地面，并且两手随之朝前下方伸出；右脚蹬地朝前方跃起，左腿朝上方摆起，低头弓身，右侧肩膀、背部、腰部、臀部按照顺序做着地团身前滚动作，最后完成立起动作。

教学要点：滚翻动作呈圆形，且速度要快；立起动作要尽全力缩减所用时间。

2. 仰摔

两腿弯曲膝盖做半蹲动作，身体向前方倾斜；两臂在身体前方做握拳动作。左腿向前上方抬起，屈膝、含胸、弓身、收臂；使脖颈处在紧张状态，挺腹、顶胯、夹肘，身后倒以肩背部着地，并且使左腿挺膝绷脚，进而和上体形成一个笔直的棍子，右脚的脚前掌着地。

教学要点：身体做后倒动作时，应尽可能使身体重心降低到一定高度；着地的一瞬间应做到闭口、屏气、低头。

3. 侧空翻

以后带臂侧空翻为例，两脚呈左前右后错步站立，两臂前斜上举，两眼平视身体前方。左脚上一大步，弯曲膝盖向前弓，让小腿和地面之间大致垂直，两臂朝后方抡起并绕到身体前下方；两臂朝前上方摆起，并且右腿使劲朝后上方摆起，左脚蹬地跳起的同时完成上摆动作，在身体完成腾空翻转动作之后，双脚按顺序落在地面上(图 5-62)。

教学要点：展髋、提腰，翻转迅速，双腿伸直。

①　②　③

图 5-62

4. 鲤鱼打挺

仰卧，身体伸直。两腿伸直向上收拢直到靠近头部，两手弯曲肘部并将其收到耳侧撑在地面上，臀部离开地面，使肩胛与颈部着地发挥支撑作用；两腿使劲朝上方和后方猛打，两手使劲推撑地面进而完成挺身腾起动作，两腿接着朝下做弧形摆动动作；两脚落在地面后挺身立腰，仰起头部做举臂动作。

教学要点：推撑动作与打腿动作应保持统一；要尽可能缩短完成打腿振摆动作的时间。

5. 旋子

两脚开立，两脚间距离和肩部宽度相同；水平举起右臂，向上方举起左臂。左脚做后退动作并使脚前掌着地，膝盖稍稍弯曲，使右腿膝盖弯曲，上体向前俯的同时向右侧微转；左臂落在胸前，右臂拧转身体向右摆动。身体俯平朝左侧甩腰摆动，两臂向左侧摆动，身体重心向左侧移动。右腿向上一左摆旋，左脚蹬地跳起后向上一左摆旋；身体腾空后挺胸抬头，两腿按照顺序摆旋过腰，两臂接着向左侧摆动，整个身体俯着向左平旋 360°。右脚和左脚按照顺序落地。

教学要点：拧腰、摆臂；有效使身体向上腾起的力和向左旋转的力合为一体。

（二）跳跃动作

1.腾空飞脚

并步站立，右脚上步蹬地跃起，左脚朝前上方摆踢，两臂朝头部的上方摆起，用右手背迎击左手掌。绷紧右脚脚面使其处于伸直状态，朝前上方踢摆，用右手迎击右脚面。与此同时，使左腿的膝盖弯曲控于右腿侧。左掌摆到左边转变成勾手，上体稍稍向前方倾倒，两眼看前方(图 5-63)。

教学要点：摆腿必须过腰；拍击动作应具备较强的连贯性和准确性，同时声音要响亮。

图 5-63

2.旋风脚

高虚步亮掌站立，左脚朝左侧上步，同时左侧手掌应向前方推；右脚马上上步，脚尖朝内侧扣，左臂随着上步弯曲肘部并且收在右侧胸前，右臂向前方摆动，上体向左转做前俯动作。右腿弯曲膝盖蹬地跳起，将左腿提起并朝左上方摆动。上体朝左上方翻转，两臂向下—左上方抡摆。身体旋转应大于 270°，右腿里合，左手对右脚掌做迎击动作，左腿向下垂挂(图 5-64)。

教学要点：里合腿摆动形状应当是扇形；抡臂、踏跳、转体、里合腿四者之间应当做到相互统一、相互配合。

图 5-64

3.腾空摆莲

高虚步挑掌站立,左脚朝前方再进一步,脚尖向外侧伸展,使膝盖微微弯曲并稍微下蹲,身体向右侧转动,右臂落在下方,左臂向前摆动;身体重心移动到右腿上,右脚蹬地跳起,左腿里合踢摆,两手上摆到头部上方后击响。上体向右侧转动,身体腾空;右腿上踢外摆,两手按照顺序分别拍击右脚面,左腿伸直分摆控于身体两侧(图 5-65)。

教学要点:上步应当形成弧形;右脚踏跳过程中要高度重视脚尖外展以及膝盖弯曲两个动作。

图 5-65

第三节　传统武术组合动作教学

一、弓步与马步组合动作

（一）动作名称

马步双劈拳—拗弓步冲拳—马步冲拳—顺弓步推掌—并步半蹲砸拳—马步架冲拳—并步抱拳。

（二）准备姿势

并步抱拳。

（三）动作教学

1.马步双劈拳

左脚朝左侧横跨一步，从而形成马步。与此同时，将双拳交叉在身体前面，向上面和侧面划弧形成侧平举，拳眼朝上。两眼看右拳。

2.拗弓步冲拳

右脚蹬地向左侧转动髋部，从而形成左弓步。与此同时，右拳经过腰部位置向前冲出形成平拳，左拳收到腰部做抱拳动作。目视前方。

3.马步冲拳

上体向右侧转动 90°，从而形成马步。与此同时，右拳收抱于腰间，左拳从腰间位置朝左侧冲出形成平拳，拳心朝下。目视左侧。

4.顺弓步推掌

右脚向前上一大步，从而形成右弓步。与此同时，左拳收到腰间位置，右拳转换成掌从腰间位置朝前方推出，掌指朝上，小指侧向前。眼睛朝向右侧。

5. 并步半蹲砸拳

将身体重心向左侧移动，右脚蹬地，随之勾足提起到左腿内侧，然后使劲朝下震踏，完成并步半蹲动作；与此同时，左拳转换为掌摆在腹部前方，掌心朝上。右掌转换为拳，朝上方和下方用拳背击打左掌心。目视前下方。

6. 马步架冲拳

两脚蹬地朝右侧跳转 180°，两脚开落形成马步姿势；与此同时，将右拳转换成掌，使手臂弯曲同时上架在头部的上方位置；左掌转换成拳经过腰间位置朝侧面使劲冲出，并且形成平拳，拳心朝下。目视左侧。

7. 并步抱拳

左脚收回，和右脚合拢形成并步；右掌转化成拳，和左拳同时收抱在腰的两侧。

（四）教学要求

弓步与马步组合动作的教学要求：变换马步和弓步时，避免身体重心在高度上变化过大，提供转动的灵活性，加快成型速度，冲拳过程中要高度重视拧腰和顺肩两个部分。

二、虚步、歇步与仆步组合动作

（一）动作名称

虚步挑掌—歇步亮掌—仆步按掌—弓步撩拳—并步抱拳。

（二）准备姿势

并步抱拳。

（三）动作教学

1. 虚步挑掌

上体向左侧转动，右脚后退一步，从而形成左弓步；同时右拳转化成掌朝前下方插掌，虎口朝上；左拳转换成掌，摆到右腋下。目视右掌。身体重心朝右侧移动，右腿弯曲膝盖做半蹲动作；左脚提起收回，脚尖点地形成左虚步。同时右臂朝上、朝后，形成勾手，勾顶高度和耳朵高度相同；左掌朝下、朝上挑掌，小指一侧朝前，小指和肩部平行。目视左掌。

2.歇步亮掌

右脚朝左脚后面插步，弯曲膝盖且向下蹲，进而形成歇步；同时右勾手转化成掌，掌心朝上，然后右臂向左、向下、向右划弧，划到右侧上方后亮掌；左掌从前朝下、朝上从右臂内侧穿出，并且朝左、朝后划弧，形成反勾手姿势。目视前方。

3.仆步按掌

左脚朝左侧伸展，形成左仆步；右腿弯曲膝盖呈全蹲姿势；同时右拳转化成掌收抱在腰间位置，左勾手从后面经侧向前、向右摆到右肩的前方，形成立掌。目视左方。

4.弓步撩拳

身体重心向左侧转移，右腿蹬地，从而形成左弓步。同时左掌顺左腿平搂；右拳背向前撩出，停在左腿膝盖的前上方位置；左掌拍击右拳背。目视右拳。

5.并步抱拳

右脚收回靠拢，从而形成并步站立姿势。同时右拳转换成掌，两臂向上举起，经过头部上方且依次朝左边和右边分开，弯曲肘部收抱在腰的两侧，目视前方。

（四）教学要求

虚步、歇步与仆步组合动作的教学要求：虚步要达到虚实分明的要求；做仆步动作过程中要经过拧腰和转头；歇步两腿需靠拢在一起，后膝和前小腿外侧要紧密贴合在一起。起伏和转折应当相互配合、相互统一。

三、腿法组合动作

（一）动作名称

抡臂砸拳—单拍脚—侧踹腿—弹腿推掌—并步抱拳。

（二）准备姿势

并步抱拳。

（三）动作教学

1. 抡臂砸拳

上体向右侧转动，右脚朝右侧迈出一步，形成右弓步。与此同时，左拳依次向下方和前方撩出，掌心朝斜上方向。目视右下方。然后上体向右侧转动，以左腿为支撑腿，右腿弯曲膝盖并向前方提起；左手朝上、朝右抡臂到身体左侧做平举动作，掌心向前；右掌转换为拳朝右、朝上抡到头部上方，拳面朝上。目视前方。右脚勾足朝左脚内侧震踏地面，从而形成并步半蹲姿势。同时，左掌朝前摆在腹部前面，掌心朝上；右拳朝下砸左掌心。目视前下方。

2. 单拍脚

起立，右脚向前上一步，同时右拳转换为掌向上、向后摆在身体后面做平举动作；左掌朝前伸向身体前方，两掌虎口朝上。目视左手。左脚向前上一步，同时右掌朝下、朝前、朝上让掌背在脸前击打左掌心。目视前方。以左腿为支撑腿，绷紧右脚脚尖朝前上方踢起。同时右掌迎击右脚面；左掌转化成勾手，摆在身体左侧，从而形成平举姿势。目视前方。

3. 侧踹腿

右脚下落，脚尖向外侧撇，身体向右侧转动形成交叉步。同时两掌内收，在胸前位置进行交叉，右掌和左掌分别在外侧和内侧，目视左前方。以右腿为支撑腿，左腿使膝盖弯曲并勾脚提起，然后朝左侧的上方踹出。同时两掌朝左右两侧横撑。目视左脚。

4. 弹腿推掌

左脚落在右侧，做盖步动作，两掌保持不动，然后左腿发挥支撑作用，右腿弯曲膝盖并做提起动作，朝前方以水平高度踢出，脚绷直，和腰的高度保持平行。同时左掌朝前方推出，形成立掌，掌心朝前；右掌转化成拳收抱在腰间位置。目视前方。

5. 并步抱拳

右脚下落，脚尖内扣；左脚向右脚内侧靠拢成并立步。同时左手握拳收回腰间。眼看前方。

(四)教学要求

腿法组合动作的教学要求:单拍脚击拍的声音要清亮,负责支撑身体的腿要站稳;侧踹腿和弹腿需从弯曲再到伸直,要迅猛有力量,力量达到的位置要准确。

四、平衡组合动作

(一)动作名称

扣腿平衡—抡臂砸拳—燕式平衡—提膝平衡—并步抱拳。

(二)准备姿势

并步抱拳。

(三)动作教学

1.扣腿平衡

身体转向右侧,左脚朝侧面跨出一大步,从而形成右弓步。同时左拳转化为掌,朝前弧形撩出,掌心朝上。目视左掌。左腿弯曲膝盖往回收,让左脚背贴在右腿的腘窝位置。同时右拳从腰间位置朝右侧冲出,形成立拳,具体高度和肩部处在水平线上,拳眼朝上;左掌上架在头部上方,掌心朝上,目视右方。

2.抡臂砸拳

身体稍稍朝右侧转动,左脚朝左侧横跨一大步,进而形成右弓步。同时左手向下、向前伸摆到身体前下方,掌心朝内侧;右掌转化为拳,朝内侧弯曲肘部,收在左腋下,掌心朝外。目视左掌。身体向左侧转动 90°,左腿发挥支撑作用,右腿弯曲膝盖向上提起。同时左掌向上、向左、向下抡摆在身体左侧,然后做平举动作,掌心朝前;右掌转化成拳向右、向上抡摆到头部上方,拳心朝左。目视前方。右腿勾脚朝左脚内侧震踏,做并步半蹲动作。同时左掌摆放在腹部的前方,掌心朝上,右拳朝下并通过拳背对左掌进行砸击,目视前下方。

3.燕式平衡

左腿伸直并充分发挥支撑作用，右腿朝后蹬伸，从而产生燕式平衡。同时上体向前俯，挺胸抬头。右拳转化成掌，两臂朝两侧伸展，完成分开平举动作。目视前方。

4.提膝平衡

右脚下落在后面，充当支撑腿的角色站立，左腿弯曲膝盖并提起。同时右掌向下、向左、向上、向右弧形抡劈至右侧，形成立掌，左掌向左、向上架在头部上方。目视右前方。

5.并步抱拳

左脚在左侧区域内落步，右脚尽可能靠在左脚内侧，从而形成并立步。同时左掌转化为拳，两手收抱在腰间位置。目视前方。

（四）教学要求

平衡组合动作的教学要求：当达到扣腿平衡时，发挥支撑作用的腿应当弯曲膝盖并完成半蹲动作，上体处于正直状态。提起膝盖保持平衡，提起膝盖越过腰部位置，脚做内扣动作。时刻将燕式平衡状态保持住，两条腿伸直到极限，该项动作所有时间应当超过2秒钟。

五、步型组合动作

（一）动作名称

拗弓步冲拳—弹腿冲拳—马步架打—歇步盖打—提膝仆步穿掌—虚步挑掌。

（二）准备姿势

并步抱拳。

（三）动作教学

1.拗弓步冲拳

左腿朝左侧迈出一步，从而形成弓步；并且左手朝左侧平搂，收回左手，在腰间位置完成抱拳动作，右拳朝身体前方，冲拳成平拳。目视前方。

2.弹腿冲拳

身体重心向前方移动，右腿向前方弹踢；同时左拳从腰间位置朝前方冲拳成平拳，右拳收起置于腰间。目视前方。

3.马步架打

右脚落地后，朝左侧转动身体90°，两腿做下蹲动作，进而形成马步。同时左拳转化为掌，使手臂弯曲上架，右拳从腰间位置朝右侧冲拳成平拳。头向右侧转，目视右前方。

4.歇步盖打

左脚在右脚后面插一步，同时右拳转化为掌，经过头部上方朝左下方盖，手掌外沿向前，身体向左侧转动90°，左掌收回到腰间位置做抱拳动作。目视右手。上动不停，两腿弯曲并做下蹲动作，进而形成歇步；同时左拳向前冲出成平拳，右掌转化成拳收至腰间位置。目视左拳。

5.提膝仆步穿掌

两腿起立，身体向左侧转动。然后左拳转化为掌，手心朝下；右拳转化为掌，手心朝上，从左手背上穿出。同时左腿提起膝部，左手随之收回到右腋下。目视右手。左脚落地完成仆步动作，左手掌指向前，沿着左腿内侧穿出。目视左掌。

6.虚步挑掌

左腿弯曲膝部做前弓动作，右脚蹬地朝前方上步，从而形成右虚步。同时左手向上、向后画弧，形成正勾手，高度比肩部稍高；右手从后向下、向前沿着右腿外侧向上方挑掌，掌指向上，高度和肩部保持平行。目视前方。如果继续练习，则具体动作一样，但方向相反。

7.收势

两脚靠拢，并步抱拳。

（四）教学要求

步型组合动作的教学要求：该组合动作是在密切结合五种步型、五种步法以及三种手型的基础上组合而成的，其教学要求与前面的组合动作一致。

第六章　传统武术典型项目课程教学

传统武术经过长期的发展，内容越来越丰富多彩，所包含的项目非常多，其中不乏拳术、器械武术、养生气功、技击术等。这些又可以进一步细分为很多具体的运动项目。本章主要对太极拳、初级剑术、五禽戏、散打及南拳这几个典型的项目教学进行分析和阐述，以此来为传统武术课程教学提供相应的理论支持与实践指导。

第一节　太极拳

一、太极拳课程教学的任务与要求

通常情况下，可以将太极拳的教学大致分为基础阶段、熟练阶段以及自如阶段，每一个阶段的要求都会有所不同，具体如下。

(一)基础阶段的基本要求

在太极拳课程教学的基础阶段，需要做到以下几个方面的要求。

1. 体松心静

所谓的体松心静，就是要做到身体放松，心理安静，精神集中，呼吸自然，学会适当调节自己的身体，消除紧张，从而达到舒松肢体、安静心理的目的。从某种程度上来说，体松和心静是太极拳的基本修养。这一要求对于初学者来说，往往是很难做到的，只有先对其有一个正确的认识，然后逐渐去对其进行深入的了解和体会。

2. 立身中正

所谓的立身中正，就是中正安舒，端正自然。但是，很多人并没有对此引起重视，这就往往会使学练者动作的准确性得不到保证，产生一些不良的习惯，这些都不利于太极拳理想教学与训练效果的取得，因此，这就要求一定要做到立身中正。

3. 型法准确

要想学好太极拳，对学生的型法有着较高的要求，具体来说，就是要做到对每种型法的规格、要领都要清楚，一招一式力求准确。因此，这就要求初学者不要过分追求多和快，而是从一开始就力求准确，宁可学得少一点，努力做得好一点的学习态度，只有这样，才能够最扎实、最有效地学好太极拳。

4. 重心平稳

在太极拳的教学过程中，做到重心平稳也是非常重要的一个要求。在太极拳的学练过程中，腿部支撑力不足，打拳忽坐忽立，时起时伏；或者前进后退像散步一样，以致练了一小时，身体不发热，不出汗等，一些重心不平稳的现象往往都会出现，这些问题往往就会造成教学效果的不理想。因此，通过加强套路的学练，以及有针对性地加强桩功、行步等基本功练习，能够逐渐达到重心平稳的要求。

5. 舒展柔和

太极拳是一个柔和而饱满，具有向外膨胀，支撑八面的张力的运动项目，被称为柔中寓刚的“拥劲”。只有有一定基础的人才，才能够领略到太极拳的这一精髓，初学者在这方面对自身的要求可以相对降低一些，只要做到姿势舒展，动作柔和，柔而不软，展而不硬，刚柔适度即可。在此基础上，可以逐渐转变为更高层次地领悟太极拳的精髓。

（二）熟练阶段及其要求

在太极拳教学的熟练阶段，学生需要做到的要求，总体上为：完整协调、连贯圆活，动作如行云流水，和谐流畅，不发生“断劲”现象。

1. 上下相随

手、眼、身、步协调配合，周身形成一个整体，是太极拳学练者需要达到的最基本的要求。但是，对于初学者来说，由于初学者动作技巧掌握得不够熟练和牢固，往往会顾此失彼，产生“断劲”，很难达到要求。这就要求初学者要通过努力的学习，来建立良好的基础，从而进步，做到更高层次的要求。

2. 运转圆活

圆活和顺、转接自然是太极拳教学中的一个重要要求，做到这一要求能够使直来直往、生硬转换的现象得到有效避免。要在太极拳学练过程中做到运转圆活，就必须重视腰和臂的旋转，以腰为轴带动四肢同时，也要做到以臂为轴牵引两手，使手脚动作和躯干连成一体。从某种程度上来说，运转圆活能够在一定程度上将技术的熟练程度体现出来。

3. 动作连贯

动作之间要前后衔接，绵绵不断，不允许出现明显的停顿和割裂现象，这是在太极拳教学的熟练阶段对动作连贯的具体要求。在太极拳教学过程中，往往会采用分解教学的方法，来为初学者的对照检查提供一定的便利。需要强调的是，动作熟练以后，一定要将割裂痕迹消除掉。

（三）自如阶段及其要求

意念引导和呼吸调整，力求气势流畅，内外相合，形意统一，得心应手，是太极拳教学自如阶段的总的要求，下面对其进行具体的分析。

1. 以意导体，分清虚实

在太极拳的教学过程中，对学生一直具有非常重要的要求，就是思想专一。但是，由于初学者往往将注意力放在手脚的动作、腰腿上、意念引导动作等方面，因此很难做到这一要求。另外，太极拳动作的虚实、劲力的刚柔、拳法的蓄发、身法的开合等都是这一要求的主要体现，因此，只有做到这一要求，才能够更好地领略太极拳的独特魅力。

2. 以气运身，气力相合

呼吸对于太极拳来说也是非常重要的，因此，要提高对呼吸的重视程度。一般来说，对于初学者，在呼吸方面的要求相对低一些，只要自然呼吸，当吸则吸，当呼则呼，通畅自然即可。另外，随着习练者技术水平的逐渐提高，对呼吸的要求也越来越高，就是要逐渐将呼吸与动作配合起来，从而将动作和劲力更好地发挥出来。但是，需要强调的是，太极拳学练中，尽管拳势呼吸非常重要，但是，这并不是圈闭，较好的自然呼吸还是非常重要且必要的。

二、太极拳基本套路教学

关于太极拳的基本套路的教学，这里就以二十四式太极拳为例来对其套路教学进行详细的介绍。

（一）第一组

1.起势

(1)两脚并拢，身体自然直立，头颈正直；两臂自然下垂，两手指尖轻贴大腿侧；眼向前平视。

(2)左脚向左慢慢开步，与肩同宽，脚尖向前。

(3)两臂慢慢向前平举，两手高与肩平，与肩同宽，手心向下。

(4)上体保持正直，两腿屈膝下蹲；同时两掌轻轻下按至腹前，两肘下垂与膝相对；眼平视前方。

2.左右野马分鬃

(1)上体微向右转，身体重心移至右腿上；同时右臂收在胸前平屈，手心向下，左手经体前向右下划弧放在右手下，手心向上，两手心相对成抱球状；左脚随即收到右脚内侧，脚尖点地；眼视右手。

(2)上体微向左转，左脚向左前方迈出，同时左右手随转体慢慢分别向左上、右下错开；眼视左手。

(3)上体继续左转，右脚跟后蹬，右腿自然伸直成左弓步；左右手随转体继续向左上、右下分开，左手高与眼平，手心斜向上，肘微屈；右手落在右胯旁，肘也微屈，手心向下，指尖向前；眼视左手。

(4)上体慢慢后坐，身体重心移至右腿，左脚尖翘起，微向外撇（45°～60°），同时两手准备抱球。

(5)左脚掌慢慢踏实，左腿慢慢前弓，身体左转，身体重心再移至左腿；同时左手翻转向下，左臂收在胸前平屈，右手向左上划弧放在左手下，两手心相对成抱球状；右脚随即收到左脚内侧，脚尖点地；眼视左手。

(6)上体微右转，右腿向右前方迈出，同时左右手随转体慢慢分别向左下、右上错开；眼视右手。

(7)左腿自然伸直成右弓步；同时上体继续右转，左右手继续随转体分别慢慢向左下、右上分开，右手高与眼平，手心斜向上，肘微屈；左手落在左胯旁，肘也微屈，手心向下，指尖向前；眼视右手。

(8)与(4)解同,唯左右相反。

(9)与(5)解同,唯左右相反。

(10)与(6)解同,唯左右相反。

(11)与(7)解同,唯左右相反。

3.白鹤亮翅

(1)上体微向左转,左手翻掌向下,左臂平屈胸前,右手向左上划弧,手心转向上,与左手相对成抱球状;眼视左手。

(2)右脚跟进半步,上体后坐,身体重心移至右腿;上体先向右转,面向右前方,眼视右手;然后左脚稍向前移,脚尖点地,成左虚步;同时上体再微向左转,面向前方,两手随转体慢慢向左下、右上分开,右手上提停于右额前,手心向左后方,左手落于左胯前,手心向下,指尖向前;眼平视前方。

(二)第二组

1.左右搂膝拗步

(1)右手从体前下落,由下向后上方划弧举至右肩外侧,肘微屈,手与耳同高,手心斜向上;左手由左下向上、向右下方划弧至右胸前,手心斜向下;同时上体先微向左再向右转;左脚收至右脚内侧,脚尖点地;眼视右手。

(2)上体左转,左脚向前(偏左)迈出成左弓步;同时右手屈回由耳侧向前推出,高与鼻尖平,左手向下由左膝前搂过落于左胯旁,指尖向前;眼视右手。

(3)右腿慢慢屈膝,上体后坐,重心移至右腿,左脚尖翘起微向外撇,随后脚慢慢踏实,左腿前弓,身体左转,重心移至左腿,右脚收到左脚内侧,脚尖点地;同时左手向外翻掌由左后向上划弧至左肩外侧,肘微屈,手与耳同高,手心斜向上;右手随转体向上向左下划弧落于左胸前,手心斜向下;眼视左手。

(4)与(2)解同,唯左右相反。

(5)与(3)解同,唯左右相反。

(6)与(2)解同。

2.手挥琵琶

(1)右脚跟进半步,上体后坐,重心移至右腿上,上体半面向右转。

(2)左脚略提起稍向前移,变成左虚步,脚跟着地,脚尖翘起,膝部微屈;

同时左手由左下向上挑举，高与鼻尖平，掌心向右，臂微屈；右手收回放在左臂肘部里侧，掌心向左；两手成侧立掌合于体前；眼视左手食指。

3. 左右倒卷肱

(1)上体右转，右手翻掌（手心向上）经腹前由下向后上方划弧平举，臂微屈，左手随即翻掌向上；眼的视线随着向右转体先右视，再转向前方视左手。

(2)右臂屈肘折向前，右手由耳侧向前推出，手心向前，左臂屈肘后撤，手心向上，撤至左肋外侧；同时左腿轻轻提起向后（偏左）退一步，脚掌先着地，然后全脚慢慢踏实，身体重心移到左腿上，成右虚步，右脚随转体以脚掌为轴扭正；眼视右手。

(3)上体微向左转。同时左手随转体向后上方划弧平举，手心向上，右手随即翻掌，掌心向上；眼随转体先左视，再转向前方视右手。

(4)与(2)解同，唯左右相反。

(5)与(3)解同，唯左右相反。

(6)与(2)解同。

(7)与(3)解同。

(8)与(2)解同，唯左右相反。

（三）第三组

1. 左揽雀尾

(1)上体微向左转，同时右手随转体向后上方划弧平举，手心向上，左手放松，手心向下；眼视左手。

(2)身体继续向右转，左手自然下落，逐渐翻掌经腹前划弧至右肋前，手心向上；右臂屈肘，手心转向下，收至右胸前，两手相对成抱球状；同时身体重心落在右腿上，右脚收至右脚内侧，脚尖点地；眼视右手。

(3)上体微向左转，左脚向左前方迈出，上体继续向左转，右腿自然蹬直，左腿屈膝成左弓步，同时左臂向左前方掤出（即左臂平屈成弓形，用前臂外侧和手背向前方推出），高与肩平，手心向后；右手向右下落，放于右胯旁，手心向下，指尖向前；眼视左前臂。

(4)身体微向左转，左手随即前伸翻掌向下，右手翻掌向上，经腹前向上、向前伸至左前臂下方；然后两手下捋，即上体向右转，两手经腹前向右后上方划弧，直至右手心向上，高与肩平，左臂平屈胸前，手心向后；同时身体重心移至右腿；眼视右手。

(5)体微向左转,右臂屈肘折回,右手附于左手腕里侧(相距约5厘米),上体继续向左转,双手同时向前慢慢挤出,左手心向后,右手心向前,左前臂要保持半圆;同时身体重心逐渐前移变成左弓步;眼视左手腕部。

(6)左手翻掌,手心向下,右手经左腕上方向前、向右伸出,高与左手齐,手心向下,两手左右分开,宽与肩同;然后右腿屈膝,上体慢慢后坐,身体重心移至右腿上,左脚尖翘起;同时两手屈肘回收至腹前,手心均向前下方;眼向前平视。

(7)上式不停,身体重心慢慢前移,同时两手向前、向上按出,掌心向前;左腿前弓成左弓步;眼平视前方。

2.右揽雀尾

(1)上体后坐并向右转,身体重心移至右腿,左脚尖里扣;右手向右平行划弧至右侧然后由右下经腹前向左上划弧至左肋前,手心向上;左臂平屈胸前,左手掌向下与右手成抱球状;同时身体重心再移到左腿上,右脚收到左脚内侧,脚尖点地;眼视左手。

(2)同"左揽雀尾"(3)解,唯左右相反。

(3)同"左揽雀尾"(4)解,唯左右相反。

(4)同"左揽雀尾"(5)解,唯左右相反。

(5)同"左揽雀尾"(6)解,唯左右相反。

(6)同"左揽雀尾"(7)解,唯左右相反。

(四)第四组

1.单鞭

(1)上体后坐,重心逐渐移至左腿,右脚尖里扣;同时上体左转,两手(左高右低)向左弧形运转,直至右臂平举,伸于身体左侧,手心向左,右手经腹前运至肋前,手心向后上方;眼视左手。

(2)重心再渐渐移至右腿上,上体右转,左脚向右脚靠拢,脚尖点地;同时右手向右上方划弧(手心由里转向外),至右侧方时变勾手,臂与肩平;左手向下经腹前向右上划弧停于右肩前,手心向里;眼视左手。

(3)上体微向左转,左脚向左前侧方迈出,右脚跟后蹬,成左弓步;在身体重心移向左腿的同时,左掌随上体的左转慢慢翻转向前推出,手心向前,手指与眼齐平,臂微屈;眼视左手。

2.云手

(1)重心移至右腿上,身体渐向右转,左脚尖里扣;左手经腹前向右上划弧至右肩前,手心斜向后,同时右手松勾变掌,手心向右前;眼视左手。

(2)上体慢慢左转,重心随之逐渐左移;左手由脸前向左侧运转,手心渐渐转向左方;右手由右下经腹前向左上划弧,至左肩前,手心斜向后;同时右脚靠近左脚,成小开立步(两脚距离10～20厘米);眼视右手。

(3)上体再向右转,同时左手经腹前向右上划弧至右肩前,手心斜向后;右手向右侧运转,手心翻转向右;随之左腿向左横跨一步;眼视左手。

(4)同(2)解。

(5)同(3)解。

(6)同(2)解。

3.单鞭

(1)上体向右转,右手随之向右运转,至右侧方时变成勾手;左手经腹前向右划弧至右肩前,手心向内;重心落在右腿上,左脚尖点地;眼视右手。

(2)上体微向左转,左脚向左前侧方迈出,右脚跟后蹬,成左弓步;在身体重心移向左腿的同时,上体继续左转,左掌慢慢翻转向前推出,成"单鞭"式。

(五)第五组

1.高探马

(1)右脚跟进半步,身体重心逐渐后移至右腿上;右勾手变成掌,两手心翻转向上,两肘微屈;同时身体微向右转,左脚跟渐渐离地;眼视左前方。

(2)上体微向左转,面向左前方,右掌经右身旁向前推出,手心向前,手指与眼同高;左手收至左侧腰前,手心向上;同时左脚微向前移,脚尖点地,成左虚步;眼视右手。

2.右蹬脚

(1)左手手心向上,前伸至右手腕背面,两手相互交叉,随即向两侧分开并向下划弧,手心斜向下,同时左脚提起向左前侧方进步(脚尖稍外撇);身体重心前移;右腿自然蹬直,成左弓步;眼视前方。

(2)两手由外圈向里圈划弧,两手交叉合抱于胸前,右手在外,手心均向后;同时左脚靠拢,脚尖点地;眼平视右前方。

(3)两手臂左右划弧分开平举,肘部微屈,手心均向外;同时右腿屈膝提起,右脚向右前方慢慢蹬出;眼视右手。

3. 双峰贯耳

(1)右腿收回,屈膝平举;左手由后向上、向前下落至体前,两手心均翻转向上,两手同时向下划弧,分落于右膝盖两侧;眼视前方。

(2)右脚向右前方落下,重心渐渐前移,成右弓步,面向右前方;同时两手下落,慢慢变拳,分别从两侧向上、向前划弧至面部前方,成钳形;两拳相对,高与耳齐,拳眼都斜向内下(两拳中间距离为10～20厘米);眼视右拳。

4. 转身左蹬脚

(1)左腿屈膝后坐,身体重心移至左腿,上体左转,右脚尖里扣;同时两拳变掌,由上向左右划弧分开平举,手心向前;眼视左手。

(2)身体重心再移至右腿,左脚收到右脚内侧,脚尖点地;同时两手由外圈向里圈划弧合抱于胸前,左手在外,手心均向后;眼平视左方。

(3)两手臂左右划弧分开平举,肘部微屈,手心均向外;同时左腿屈膝提起,左脚向左前方慢慢蹬出;眼视左手。

(六)第六组

1. 左下势独立

(1)左腿收回平屈,上体右转;右掌变成勾手,左掌向上、向右划弧下落,立于右肩前,掌心斜向后;眼视右手。

(2)右腿慢慢屈膝下蹲,左腿由内向左侧(偏后)伸出,成左仆步;左手下落(掌心向外)向左下顺左腿内侧向前穿出;眼视左手。

(3)身体重心前移,左脚跟为轴,脚尖尽量向外撇,左腿前弓,右腿后蹬,右脚尖里扣,上体微向左转并向前起身;同时左臂继续向前伸出(立掌),掌心向右,右勾手下落,勾尖向后;眼视左手。

(4)右腿慢慢提起、平屈,成左独立式;同时右勾手变掌,并由后下方顺右腿外侧向前弧形上挑,屈臂立于右腿上方,肘与膝相对,手心向左;左手落于左胯旁,手心向下,指尖向前;眼视右手。

2. 右下势独立

(1)右脚下落于左脚前,脚尖着地,然后以左脚前掌为轴,脚跟转动,身体随之左转,同时左手向后平举变成勾手,右掌随着转体向左侧划弧,立于左肩前，掌心斜向后；眼视左手。

(2)同“左下势独立”(2)解，唯左右相反。

(3)同“左下势独立”(3)解，唯左右相反。

(4)同“左下势独立”(4)解，唯左右相反。

(七)第七组

1.左右穿梭

(1)身体微向左转，左腿向前落地，脚尖外撇，右脚跟离地，两腿屈膝成半坐盘式；同时两手在左胸前成抱球状(左上右下)；然后右脚收到左脚内侧，脚尖点地；眼视左前臂。

(2)身体右转，右脚向右前方迈出，屈膝弓腿成右弓步；右手由脸前向上举并翻掌停架在右额前，手心斜向下；左手向左下，再经体前向前推出，高与鼻尖平，手心向前；眼视左手。

(3)身体重心略向后移，右脚尖稍向外撇，随即身体重心再移到右腿，左脚跟进，停于右脚内侧，脚尖点地；同时两手在胸前成抱球状(右上左下)；眼视右前臂。

(4)同(2)解，唯左右相反。

2.海底针

(1)右脚向前跟进，身体重心移至右腿，右脚稍向前移举步；右手下落经体前向后、向上提抽至肩上耳旁，左手下落至体前侧。

(2)左脚尖点地成左虚点；同时身体稍向右转；右手再随身体左转，由右耳旁斜向前下方插出，掌心向左，指尖斜向下；与此同时，左手向前、向下划弧落于左胯旁，手心向下，指尖向前；眼视前下方。

3.闪通臂

(1)上体稍向右转，左脚微回收举步，同时两手上提；眼视前方。

(2)左脚向前迈出，脚跟着地；左右两手分别向左前、右后分开；左手心向前，右手心向外；眼视前方。

(3)重心前移，左腿屈膝弓成左弓步；同时右手屈臂上举，停于右额前上方，掌心翻转斜向上，拇指朝下；左手由胸前随重心前移慢慢向前推出，高与鼻尖平，手心向前；眼视左手。

（八）第八组

1.转身搬拦捶

（1）上体后坐，身体重心移至右腿上，左脚尖里扣；身体向右后转，然后身体重心再移至左腿上；与此同时，右手随着转体向右、向下（变拳）经腹前划弧至左肋旁，拳心向下；左掌上举于头前，掌心斜向上；眼视前方。

（2）向右转体，右拳经胸前向前翻转撇出，拳心向上；左手落于左胯旁，掌心向下，指尖向前；同时右脚收回后（不要停顿或脚尖点地）即向前迈出，脚尖外撇；眼视右拳。

（3）身体重心移至右腿上，左腿向前迈出一步；左手上起经左侧向前上划弧拦出，掌心向前上方；同时右拳向右划弧收到右腰旁，拳心向上；眼视左手。

（4）左腿前弓成左弓步，同时右拳向前打出，拳眼向上，高与胸平，左手附于右前臂里侧；眼视右拳。

2.如封似闭

（1）左手由右腕下向前伸出，右拳变掌，两手手心逐渐翻转向上并慢慢分开回收；同时身体后坐，左脚尖翘起，身体重心移至右腿；眼视前方。

（2）两手在胸前翻掌，向下经腹前再向上、向前推出；腕部与肩平，手心向前；同时左腿前弓成左弓步；眼视前方。

3.十字手

（1）屈膝后坐，身体重心移向右腿，左脚尖里扣，向右转体；右手随着转体动作向右平摆划弧，与左手成两臂侧平举，掌心向前，肘部微屈；同时右脚尖随着转体稍向外撇，成右侧弓步；眼视右手。

（2）身体重心慢慢移至左腿，右脚尖里扣，随即向左收回，两脚距离与肩同宽，两腿逐渐蹬直，成开立步；同时两手向下经腹前向上划弧交叉合抱于胸前，两臂撑圆，腕高与肩平，右手在外，成十字手，手心均向后；眼视前方。

4.收势

（1）两手向外翻掌，手心向下，两臂慢慢下落，停于腹前；眼视前方。

（2）两腿缓缓蹬直，同时两掌慢慢下落至大腿侧，然后收左脚成并步直立；眼视前方。

三、太极拳课程教学要点

作为一种柔和、缓慢、轻灵的拳术，太极拳有着较为显著的运动特点，主要表现为：动作轻柔圆活，处处带有弧形，运动绵绵不断，势势相承。总的来说，太极拳课程教学的要点主要有以下几个方面。

（一）在教学前要做到心静体松

在太极拳教学开始之前，为了达到心静体松的目的，往往会让学生有意识地放松站立片刻。这是由于，心静往往能够使动作达到匀速和缓慢，从而使忽快忽慢等急躁现象得到有效避免；体松，则可以使身体姿势达到沉肩坠肘、自然舒胸和松腰敛臀等基本要求。因此，心静体松是太极拳教学的重要基础和前提。

（二）从单个动作和基本步法开始着手教学

在进行单个动作的教学时，往往会通过对典型动作进行分解教学的方法进行，这样，对于动作内涵、方法、要求的认识的加深是较为有利的。有时也可以先进行上肢与上体动作的教学，以“云手”为例，可先原地进行手法与身法的配合练习，再与下肢配合起来教学。

步法的教学在太极拳套路教学中也是非常重要的，究其原因，主要是由于太极拳套路练习时的身体重心移动是通过步法的移动而进行的，而且始终是在缓慢而不停顿之中。掌握身体重心平稳和身体重心变化，则是太极拳步法教学练习的主要目的所在。以“进步”为例，两手可以自然下垂体侧或置于背后，当重心位于右脚时，左脚向前迈步，重心由脚跟逐渐过渡到全脚掌；随后重心后坐，左脚外撇，重心过渡到左脚时，右脚慢慢提起前移进步。在进行“进步”的教学时，要做到动作平稳和缓慢，身体正直，不可忽高忽低，否则，所取得的教学效果就会不甚理想。

（三）将静止架势与慢速连贯有机结合起来

以太极拳套路动作的先后顺序为主要依据，其教学也具有一定的次序性，具体来说，就是要先教会每一个动作的静止正确架势，然后教每一动作的路线，最后再将这些动作贯串起来。这种先势后招的教法，能够使掌握静止动作架势的规范程度提高。但是，需要强调的是，在这种教法中，动作的过程和动作与动作间的连贯性，以及完整的讲解和示范教学也都是不容忽视的。教学要将太极拳连绵不断的运动特点突出出来，同时，还要使学生在教学的整个过程中对这一特点都有较为深入的体会。

第二节　初级剑术

一、初级剑术教学的发展概况

（一）教学内容的发展

相较于其他运动项目，初级剑术在学校中的开展情况并不乐观，普及程度也非常低。导致这一状况的一个重要原因，就是初级剑术的教学内容较为单一，且比较枯燥，学生学习的兴趣不高。因此，这就要求学校在初级剑术体育项目上的宣传力度进一步加强，并且使初级剑术的教学内容得到有效的丰富，使学生的学习愿望得到较好的满足，从而达到有效提高学生参与学习初级剑术的情趣和积极性的目的。

（二）教学场地、器材等硬件设施的发展

初级剑术教学对场地的要求并不高，只要是开阔平整的空地、篮球场等场地即可。目前，大部分高校具备了专门的室内剑术教学场馆，这就在一定程度上促进了初级剑术教学内容的丰富和教学质量的提高。另外，在器材方面，大部分学校能够以学生的数量为依据提供比较充足的符合初级剑术教学要求的剑术器材。

（三）师资力量的发展

关于学校中初级剑术教师，其往往具有本科学历，有一部分为硕士研究生学历，他们基本上都是从专业的体育院校的毕业生，而真正是剑术专业毕业的却很少。因此，为了进一步促进初级剑术教学的发展，就需要加强对专业教师综合素质和专业技能的培训。

（四）初级剑术教学中学生的发展

随着初级剑术的不断深入发展，学校中学生对初级剑术还是有或多或少的认识和了解的。因此，在进行基本理论与实践教学的同时，就要求以学生的特点为主要依据，加入一些剑术历史与文化的相关教学内容，使学生对剑术的了解进一步加深，从而激发起他们了解和参与到初级剑术教学的活

动中来。

二、初级剑术课程教学内容

(一)预备姿势

身体正直,并步站立。左手持剑,以拇指为一侧,中指、无名指和小指为另一侧,分握护手盘与剑柄的分界处,掌心贴在护手盘下部,手背朝前,食指贴于剑柄,剑身贴于前臂后侧。右手握成剑指,食指和中指伸直并拢,无名指和小指屈向手心,拇指压在无名指的指甲上,手腕反屈,手背朝上,食、中指内扣指向左下侧。两臂在体侧下垂,两肘微上提,目向左平视。

(二)第一段

1.弓步直刺

右手接剑,左手握成剑指。左脚向前上半步、屈膝;右脚前脚掌碾地,脚跟外展,膝部挺直,成左弓步。同时,上身左转,右手持剑向身前平伸直刺,拇指一侧在上;左手剑指随之伸向身后平举,拇指一侧在上。目视剑尖。

2.回身后劈

左脚不动,右脚向前上一步,膝略屈,上身右转。同时,右手持剑经上向后劈,剑高与肩平,拇指一侧在上;左手剑指随之由下向前上弧形绕环,在头顶上方屈肘侧举,拇指一侧在下。目视剑尖。

3.弓步平抹

左脚向左前方上一步、屈膝;右腿在后,膝部挺直,脚尖里扣,成左弓步。同时,左手剑指由胸前下降,经左下向上弧形绕环,在头顶上方屈肘侧举,拇指一侧在下;右手持剑(手心转向上)随之向前平抹,剑尖稍向右斜。目视前方。

4.弓步左撩

右腿屈膝在身前提起,脚尖下垂,脚背绷直。同时,右手持剑臂外旋使剑由前向上、向后划弧,至后方时,屈肘使手腕、前臂贴靠腹部,手心朝里;左手剑指随之由头顶上方下落,附于右手腕部(手心朝下)。目视剑身;右腿继续向右前方落步、屈膝；左腿在后蹬直，脚尖里扣，成右弓步。同时，右手持剑由后向下、向前反手撩起，小指一侧在上；左手剑指随右手运动，仍附于右手腕处。目视剑尖。

5. 提膝平斩

左脚向前上一步，右手手腕向左上翻转、屈肘，使剑向左平绕至头部前上方，右脚随之由后向身前屈膝提起。右手继续翻转手腕。使剑向右平绕至右方后（手心朝上），再用力向前平斩；左手剑指由下向左、向上弧形绕环，屈肘横举于头部左上方。目视前方。

6. 回身下刺

右脚向前落步，脚尖外撇，膝略屈，上身右转。同时，右手持剑手腕反屈，使剑尖下垂，随之向后下方直刺，剑尖低于膝，拇指一侧在上；左手剑指先向身前的右手靠拢，然后在刺剑的同时，向前上方伸直，拇指一侧在上。目视剑尖。

7. 挂剑直刺

左脚向前上一步，屈膝略蹲，右臂内旋先使拇指一侧朝下成反手，然后翘腕、摆臂，使剑尖向左、向上抄挂，当持剑手抄至左肩时，再屈肘使剑平落于胸前，手心朝里；此时左腿伸直站立，右腿随之在身前屈膝提起，左手剑指屈肘附于右手腕处；接着，以左脚前脚掌碾地，上身右转，右手持剑使剑向下插，左手剑指仍附于右手腕处。目视剑尖；上动不停，仍以左脚前脚掌为轴碾地，右脚向身后跨一大步、屈膝，上身从右向后转；左腿在后蹬直，脚尖里扣，成右弓步。同时，右手持剑向前直刺，剑尖与肩同高，拇指一侧在上；左手剑指随之向后平伸，拇指一侧在上。目视剑尖。

8. 虚步架剑

右手持剑先将剑尖由左向右搅一小圈，臂内旋使持剑手的拇指一侧朝下。同时，以右脚跟和左脚前脚掌为轴碾地，右脚尖外撇，上身从右向后转，左脚向前收拢半步，两膝均略屈成交叉步。在转身的同时，右手持剑反手向后上方屈肘上架；左手剑指屈肘经左肩前附于右手腕处。目向左平视；右腿屈膝不动，左脚向前进一步，膝盖稍屈，前脚掌虚着地面，重心落于右腿，成左虚步。在右手持剑略向后牵引的同时，左手剑指向前平伸指出，手心朝下。目视剑指。

（三）第二段

1. 虚步平劈

左脚脚跟外展，上身右转，重心移于左腿，右脚跟随之离地，成为前脚掌虚着地面的右虚步。在转身的同时，右手持剑向下平劈，拇指一侧在上；左手剑指即向上屈肘，手心向左上方，目视剑尖。

2. 弓步下劈

右脚踏实，身体重心前移，左手剑指伸向右腋下，右手持剑臂内旋使手心朝下。左脚随即向左前方上步、屈膝；右腿在后蹬直，脚尖里扣，成左弓步。在左脚上步的同时，右手持剑屈腕向左平绕，划一小圈后向前下方劈剑，剑尖高与膝平；左手剑指随之由右腋下面向左、向上绕环，在头顶上方屈肘侧举，上身略前俯。目视剑尖。

3. 带剑前点

右脚向左脚靠拢，以前脚掌虚着地面，两腿均屈膝略蹲。右手持剑向上屈腕，使剑向右耳际带回，肘微屈；左手剑指随之由前下落，附于右手腕处。目向右前方平视；上动不停，右脚向右前方跃一步，落地后即屈膝半蹲，全脚着地；左脚随之跟进，向右脚并步屈膝，以脚尖点地，成丁步。同时，右手持剑向前点击，拇指一侧在上；左手剑指即屈肘向头顶上方侧举，手心朝上。目视剑尖。

4. 提膝下截

右腿伸直，左腿退步后屈膝，上身后仰。右臂外旋手心朝上，使剑向右、向后上方弧形绕环；左手剑指不动；上动不停，右臂内旋使手心朝下，继续使剑向左、向前下方划弧下截，同时上身向前探倾，左腿屈膝提起。目视剑尖。

5. 提膝互刺

右腿略屈膝，左脚向前落步，脚尖外撇。右臂外旋使手心朝上，并在左脚落步的同时向上屈肘，将剑柄收抱于胸前，手心朝里。剑尖高与肩平；左手剑指随之下落，屈肘按于剑柄上。此时两腿成为交叉步，目视剑尖；右腿向身前屈膝提起，左腿伸直站立。右手持剑向前平直刺出，拇指一侧在上；同时左手剑指向后平伸指出，手心朝下。目视剑尖。

6. 回身平崩

右脚向前落步，脚尖外撇；左脚前脚掌碾地使脚跟外转，屈膝略蹲，同时上身向右后转，成交叉步。右手持剑臂外旋使手心朝上，屈肘向胸前收回，剑身与右前臂成水平直线；左手剑指随之直臂上举，经左耳侧屈肘前落，附于右手心上面。目视剑尖；上身稍向右转，左腿挺膝伸直，右腿略屈膝。同时，右手持剑使剑的前端用力向右平崩，手心仍朝上；左手剑指屈肘向额部左上方侧举。目视剑尖。

7. 歇步下劈

右脚蹬地起跳，左脚向左跃步横跨一步，落地后，右腿即向左腿后侧插步，继而两腿屈膝全蹲，成歇步。在跃步的同时，右手持剑向上举起，并在形成歇步时向左下劈，拇指一侧在上，剑尖与踝关节同高；左手剑指随着下劈动作，下按于右手腕上面。目视剑身。

8. 提膝下点

右手持剑先使手心朝下成平剑，然后以两脚的前脚掌碾地，上身经右、向后转动，两腿边转边站立起来，右手持剑平绕一周。当剑绕至上身右侧时，上身稍向左后仰，同时剑身继续向外、向上弧形绕环，剑尖接近右耳侧；此时左手剑指离开右手腕向上屈肘侧举。目视前下方；上动不停，右腿伸直站立，左腿屈膝提起，上身向右侧下探俯，同时右手持剑向前下点击，拇指一侧在上。目视剑尖。

（四）第三段

1. 并步直刺

以右脚前脚掌为轴碾地，使上身向左后转。在转身的同时，右臂内旋并向拇指一侧屈腕，使剑尖指向转身后的身前；左手剑指随之由上经右肩前、腹前绕环，向正前方指出，手心朝下。目视剑指；左脚向前落步，右脚随之跟进并步，两腿均屈膝半蹲。同时，右手持剑向前平伸直刺，拇指一侧在上；左手剑指顺势附于右手腕处。目视剑尖。

2. 弓步上挑

右脚上步屈膝，同时左脚脚跟稍内转，左腿挺膝伸直，成右弓步。右手持剑直臂向上挑举，剑尖向上，手心朝左；左手剑指仍向前平伸指出，手心朝下。上身稍微前倾，目视剑指。

3. 歇步下劈

右腿伸直，左脚向前上步，脚尖外撇，随之两腿交叉屈膝全蹲，成歇步。同时，右手持剑向前下劈，拇指一侧在上，剑尖与踝关节同高；左手剑指屈肘附于右手腕里侧。上身稍前俯，目视剑身。

4. 右截腕

两脚以前脚掌碾地，并且两腿稍伸直立起，使上身右转，右腿屈膝半蹲，左腿稍屈膝，左脚前脚掌虚着地面，成左虚步。右臂内旋使拇指一侧朝下，用剑的前端下刃向前上方划弧翻转，随着上身起立成虚步，右手持剑再向右后上方托起，左手剑指仍附于右手腕，两肘均微屈。目视剑的前端。

5. 左截腕

左脚向前上半步，并以前脚掌碾地使上身向左后转，右脚随之向前上一步，前脚掌着地，两腿均屈膝，成左实右虚之右虚步。在右脚进步的同时，右臂外旋，使剑身的前端向左前上方划弧翻转，手心朝上，剑身与地面平行；左手剑指随之离开右手腕，屈肘向上侧举。目视剑的前端。

6. 跃步上挑

左脚经身前向前上一步，右脚随之在身后离地，小腿后弯。同时，右手心朝里，使剑由右向上、向左屈肘划弧，剑至上身左侧时，右手靠近左胯旁，拇指一侧在上并向上屈腕；左手剑指在右手向左下落时附于右手腕上。目视剑尖；左脚蹬地，右脚向右侧跃步，落地后屈膝略蹲，左脚随之离地屈膝从身后伸向右侧方，形成望月式平衡。上身向左侧倾俯。在右脚跃步的同时，右手持剑由左胯旁向下、向右划弧，当剑到达右侧方时，臂外旋并向拇指一侧屈腕，使剑向上挑击；左手剑指即向左上方屈肘横举，拇指一侧在下。目视右侧方。

7. 仆步下压

右手持剑使剑尖从头上经过，继而向身后、向右弧形平绕，当剑绕到右侧时，即屈肘将剑柄收抱于胸部前下方，手心朝上。同时，右膝伸直，上身立起，左腿屈膝提于身前，左手剑指仍横举于左额前上方；上动不停，左手剑指经身前下落，按在右手腕上。左脚随之向左侧落步，屈膝全蹲；右腿在右侧平铺伸直，脚尖里扣，成右仆步。同时，右手持剑用剑身平面向下带压，剑尖斜向右上方。上身前探，目向右平视。

8.提膝直刺

两腿直立站起，左腿屈膝提于身前，右腿挺直站立。同时，右手持剑向身前平伸直刺，拇指一侧在上；左手剑指屈肘在左侧上举，拇指一侧在下，目视剑尖。

（五）第四段

1.弓步平劈

右臂外旋，先使手心朝向背后、剑的下刃转翻向上，继而上身左转，同时左脚向左后侧落一大步、屈膝；右脚以前脚掌为轴碾地，脚跟稍外转，右腿挺膝伸直，成左弓步。左手剑指随着持剑臂的运行而向右、向下、向左、向上圆形绕环，仍屈肘举于头部左侧上方；同时，右手持剑向身前平劈，拇指一侧在上，臂要伸直，剑尖略高于肩。目视剑尖。

2.回身后撩

右脚向前上一步，膝微屈；左脚随之离地，小腿向上弯曲；上身前俯，腰向右拧转。右手持剑随右脚上步而向后反撩，剑尖斜向下方，拇指一侧在下；左手剑指前伸成侧上举，拇指一侧在下。目视剑尖。

3.歇步上崩

右脚蹬地，左脚向前跃步，上身随之向右后转；左脚落地，脚尖稍外撇，右腿摆向身后。在上身转动的同时，右臂外旋，使拇指一侧朝上；左手剑指在身后平伸，手心朝下。目视剑尖；上动不停，右脚在身后落步，两腿均屈膝全蹲，左大腿盖压在右大腿上，臀部坐在右小腿上，成歇步。同时，右手持剑直臂下压，手腕向拇指一侧上屈，使剑尖上崩；左手剑指随之屈肘在头部左上方侧举，拇指一侧在下。目视剑身。

4.弓步斜削

左脚脚尖里扣，上身右转，右脚随之向前上步、屈膝，左腿在身后挺膝伸直，成右弓步。右手持剑臂外旋使手心朝上，在转身的同时，屈肘向左胁前收回；左手剑指随之从身前下落，按在剑柄上。上身向右前倾，目视前方；上动不停，右手持剑由后向前上方斜面弧形上削，手心斜向上方，手腕稍向掌心一侧弯屈；同时，左手剑指伸向后方，拇指一侧在上。目视剑尖。

5.进步左撩

右腿伸直,上身向左转,左腿稍屈膝。同时,右手持剑使手心朝里经脸前边转身边向左划弧,剑至体前时,左手剑指附于右手腕里侧。目视剑尖;以右脚跟为轴碾地,脚尖外撇,上身向右后转;左脚随之向前上步,以前脚掌虚着地面。同时,右手持剑反手向下、向前、向上继续划弧撩起,剑至前上方时,肘部略屈,拇指一侧在下,剑尖高与肩平;左手剑指随右手动作,仍附于右手腕上。目视剑尖。

6.进步右撩

右手持剑直臂向上、向右后方划弧,左手剑指随势收于右肩前,手心朝左。目视剑尖;左脚踏实后以脚跟为轴碾地,脚尖外撇,右脚随之向左脚前上一步,前脚掌虚着地面。同时,右手持剑由右向下、向前划弧抡臂撩起,剑至前方时,肘微屈,手心朝上,剑尖高与头平;左手剑指随之由右肩前向下、向前、向后上方绕环,屈肘侧举于头部左上方。目视剑尖。

7.坐盘反撩

右脚踏实后向前上一小步,随即左脚从右腿后向右侧插一步,两腿屈膝下坐,成坐盘式。在左脚插步的同时,右手持剑向上、向左、向下、再向右上方反手绕环斜上撩,剑尖高过头顶;左手剑指随之经体前向下。向后上方划弧,屈肘横举于左耳侧,拇指一侧在下。上身向左前倾俯,目视剑尖。

8.转身云剑

右脚蹬地,两腿伸直站起,并以两脚的前脚掌碾地,使上身向左后转;转身之后,右腿屈膝略蹲,右脚踏实,左膝微屈,前脚掌虚着地面,身体重心落于右腿。同时,右手持剑随身体转动一周后屈肘使剑平举,拇指一侧在下;此时左手剑指附于右手腕处。目视剑尖;上动不停,上身后仰,右手持剑向左、向后、向右、向前圆形云绕一周,剑至身前时,右手手心朝上、松把,使剑尖下垂;左手剑指放开,拇指一侧朝上,准备接握右手之剑。此时重心前移,左脚踏实,右腿伸直,上身前倾。目视左手。

(六)结束动作

右手将剑柄交于左手后即握成剑指,左手接剑后反握住剑柄向身体左侧下垂。此时右脚向右前方上步,脚尖里扣,屈膝略蹲,上身随之左转;左脚随之向前移步,以前脚掌虚着地面,膝微屈。在上身左转的同时,右手剑指随之由身后向上屈肘侧举于头部右上方，手心朝上。目向左平视；右腿伸直，右脚向左脚靠拢，并步站立。右手剑指下落于身体右侧，手心朝下，恢复成预备式。目向正前方平视。

三、初级剑术课程教学要点

在初级剑术的教学过程中，需要对以下几个方面的教学要点加以注意。

（一）基本动作与方法的学练要进一步加强

基本动作与方法的学练，能够使初级剑术的教学质量得到有效的提高。这里所说的基本动作，是指具有剑形制特点的攻防技术动作，也就是所谓的基本剑法。剑术的基本技术往往是通过一些基本动作来体现的。所以，教学过程中，如果学生能够娴熟地掌握各种剑法的运行路线及使用方法，不仅对学生的记忆和提高学习兴趣起到积极的促进作用，而且还有助于动作规格的掌握、剑法的正确运用以及教学质量的提高。

（二）要对完整示范教学的时机进行准确把握

教师对完整示范教学的时机进行准确把握，是提高教学质量的另一个重要手段。在剑术教学过程中，学生对一个组合动作的基本技术有了基本的掌握之后，就要求教师应及时地进行完整动作的示范，并且要做到在正确表现出剑法的轻巧、敏捷、力点准确及方法的同时，还要向学生完整、直接地展示出动作的劲力、节奏、风格特点起伏转折及神形合一的气势，从而使学生能够在头脑中建立一个完整的动作形象。

（三）进行组合动作的练习

进行组合动作的练习，也能够使初级剑术的教学质量得到有效的提高。将若干剑法根据不同对象并遵循由浅入深和由简到繁的原则，按照一定的劲力规律编排的若干动作组合，就是所谓的剑术组合动作。通过组合动作的练习，能够使各种剑法的技术水平得到进一步的提高，同时，还能够使学生掌握身械协调的能力和劲力顺达以及动作间的衔接要领的速度进一步加快。因此，在初级剑术的教学中进行组合动作的练习，具有非常重要的作用和意义。

（四）要注重形象教学

通过形象教学，能够使套路演练技巧得到有效的提高。因剑势轻灵、剑法变化多端，演练时要求气势贯穿，神形合一。教学过程中，可以采取形象的比喻方法来对剑术进行描述和说明，比如，较为贴切的说法有：像飞凤一样潇洒、像浮云一样飘逸、像脱兔一样敏捷轻灵等。通过形象比喻的教学法，能够使学生的想象能力得到有效的提高。

第三节　五禽戏

一、五禽戏教学的发展概况

当前，很多学校中都已经开设了五禽戏这一课程，但是，课程形式往往都是选修课。学校中开设五禽戏选修课，能够通过对在校学生进行五禽戏运动的技术动作、文化内涵的教育，从而使学生对五禽戏运动的了解和认识进一步增强，同时，也使学生的身体素质得到有效的提高，促进身体健康，进而为终身体育意识的培养奠定坚实的基础。

五禽戏的技术动作原型为五种动物的形态，因此，其有着非常丰富的教学内容，并且健身价值和休闲价值也非常高，这与学生的发展特点和需求是相适应的，因此，对于这一门选修课吸引了许多学生来参与其中。

五禽戏看似简单，但是，要想达到准确、深入把握各技术动作和其文化内涵的程度，并不是一件容易的事情，因此，这就要求必须通过足够的课时数来使学生较好的学习效果得到有力的保障。但是当前的实际情况则是，开展五禽戏选修课的高校中，大多数的课时数是比较少的，这对于学生准确、深入地把握五禽戏的动作要领与文化内涵是非常不利的，要对这方面加以重视和改革。

另外，从相关的研究中可以发现，五禽戏选修课的内容是非常单一的，并且往往只是传授实践内容，理论课的内容非常少，因此，大部分学生希望能够进行关于五禽戏的理论知识传授。这也是亟须解决的一个重要方面。

二、五禽戏课程教学内容

（一）虎戏

（1）自然站式，俯身，两手按地，用力使身躯前耸并配合吸气。当前耸至极后稍停，然后身躯后缩并呼气，如此 3 次。

(2)然后两手先左后右向前挪动,同时两脚向后退移,以极力拉伸腰身。

(3)接着抬头面朝天,再低头向前平视。

(4)最后,再像虎行一般用四肢前爬七步,后退七步。

(二)鹿戏

(1)四肢着地式,吸气,头颈向左转、双目向右侧后视,当左转至极后稍停,呼气、头颈回转,当转至朝地时再吸气,并继续向右转,如前法。如此左转3次,右转两次,最后还原如起式。

(2)然后,抬左腿向后挺伸,稍停后放下左腿,抬右腿如法挺伸。如此左腿后伸3次,右腿两次。

(三)熊戏

(1)仰卧式,两腿屈膝拱起,两脚离床面,两手抱膝下,头颈用力向上,使肩背离开床面,略停,先以左肩侧滚落床面,当左肩一触床面立即复头颈用力向上,肩离床面,略停后再以右肩侧滚落,复起。如此左右交替各7次。

(2)然后起身,两脚着床面成蹲式,两手分按同侧脚旁。

(3)接着如熊行走般,抬左脚和右手掌离床面。当左脚、右手掌回落后即抬起右脚和左手掌。如此左右交替,身躯亦随之左右摆动,片刻停止。

(四)猿戏

(1)选择牢固横竿一根,比自身略高,站立手指可触及高度,如猿攀物般以双手抓握横竿,使两脚悬空,作引体向上7次。

(2)接着先以左脚背勾住横竿放下两手,头身随之向下倒悬,略停后换右脚如法勾竿倒悬,如此左右交替各7次。

(五)鸟戏

(1)自然站式。吸气时跷起左腿,两臂侧平举,扬起眉毛,鼓足气力,如鸟展翅欲飞状。

(2)呼气时,左腿回落地面,两臂回落腿侧。接着跷右腿如法操作。如此左右交替各7次,然后坐下。

(3)屈右腿,两手抱膝下,拉腿膝近胸,稍停后两手换抱左膝下如法操作,如此左右也交替7次。

(4)最后,两臂如鸟理翅般伸缩各7次。

三、五禽戏教学中的注意事项

在五禽戏教学过程中，为了保证教学的顺利进行和理想的教学效果，需要对以下几个方面加以注意。

（一）教学形式要多样化

针对五禽戏本身的特点来对其进行讲解，从而使学生能够对其娱乐性和趣味性有所了解，在组织教学上，要做到轻松、活泼、灵活、多样，并且将以学生为主的思想贯彻好。在教学过程中，由于学生之间存在着一定的差异性，鉴于此，就要求有针对性地采取不同的教学策略来进行五禽戏的课程教学，具体来说，就是在教学内容、教学方法、教学手段等方面都有所差别，侧重点也有所不同。只有这样，才能够使学生都能够学到五禽戏的相关知识，领略到五禽戏的魅力。

另外，还要对实践与文化知识的融合引起重视。在五禽戏的教学过程中，教师要尽可能地使学生对知识、信息的需要得到满足，并且尽可能多地将一些学生感兴趣的内容收集起来，增加教学内容的丰富性和趣味性。为学生树立正确的体育运动观起到积极的帮助作用，从而对实践课的教学起到积极的促进作用。

（二）遵循由浅入深、循序渐进的教学原则

五禽戏有着简单的动作，非常容易就学会了，但是，要练得纯熟，动作精细，也不是一蹴而就的，需要经过一段时间的练习才能够达成。因此，这就要求学生在开始学习五禽戏时，一定要让学生首先对动作的姿势变化和运行的路线有一个基本的掌握，并且将动作的来龙去脉弄清晰，通过先分解、后完整的教学方法来教学生边模仿边练习，初步做到“摇筋骨，动肢节”。然后通过逐势、逐戏的完整练习，来进一步提高动作的规范化程度，从而达到越来越熟练的目的。在熟练掌握五禽戏的技术动作之后，就要对动作和呼吸、意识、神韵的结合引起重视，对动作的内涵和意境进行深入细致的理解，从而真正达到“形神兼备、内外合一”的目的。需要强调的是，切勿在基础没打好的前提下就盲目追求内在体验。换句话说，只有由简到繁，由浅入深，循序渐进，逐步掌握，才能把基础打好，才能够使偏差得到有效避免，也才能够得到更好的内在体验，对五禽戏的养生价值有更加深入的理解和认识。

（三）对考试评价方式进行深入改革

五禽戏成绩考核包含的内容有很多方面，其中，较为主要的有：学生的平时表现、出勤率、技能、机能、基本技术水平、心理表现等，对这些方面进行考核和评价，对学生端正学习态度，培养健康的心理品质和行为习惯会起到积极的促进作用。另外，还要将把体育的人文价值渗透到学生的意识之中，成为学生生活中不可或缺的重要内容作为重要的目标和任务。

第四节 散 打

一、散打课程教学特点

（一）以点带面，触类旁通

散打“以点带面，触类旁通”的教学特点，具体来说，就是要求教师在学生学习散打基本知识和基本技能的初级阶段，对学生进行积极的引导，从而使学生能够做到抓规律、抓基本、抓重点和抓共性，并且能够学会举一反三，达到一通百通的效果。而在教学初期就面面俱到，眉毛胡子一把抓的做法是错误的、不可取的，因为这样往往会导致学生不能对散打运动的核心知识和技术方法有很好的掌握。但是，如果随着散打教学进度的不断深入，学生对散打技战术能够熟练掌握，并能在实战中正确运用时，教师是可以结合学生对散打技战术的具体掌握情况，使攻防技术内容和方法得到进一步的丰富的，这对于使学生逐步达到全面掌握散打中各类技术的运用技巧是有所助益的。

（二）动作规范，注重实用

所谓的“动作规范”，是指学生在学习散打技法时，不仅要严格遵守动作的运行路线，对散打动作的技术要领、发力特点、着力部位等进行认真仔细的学习，并且对错误的动作和方法及时进行纠正，从而使错误的动作定型的形成得到有效避免，严格做到“路线明、方法清、力点准、发力顺”，因为只有这样，才能准确掌握散打技术技能，才能在实战中通过灵活的运用来达到克敌制胜的目的。

“注重实用”主要从两个方面得到体现。一方面，散打有着非常丰富的技法，但每一项功法的功能都是对抗和搏击，因此，这就要求教师在教学过程中必须将散打的对抗性和搏击特点充分表现出来，并且让学生明白其实战价值，使教学内容与实际需求相符；另一方面，散打有着众多的流派，尽管流派之间存在着一定的差异性，但是，竞技性是它们共同的特点，因此，这就要求教师在散打教学过程中，要与当下的散打竞技规则有机结合起来，使学生明确比赛中的禁忌，从而更好地练习和运用散打技术，进而促进散打运动在学校中的发展。

（三）双人配合，贵在和谐

散打教学中，双人配合练习是经常被用到的教学组织方法，其有着多种多样的形式，具体练习内容往往以散打教学课的具体任务和教学目标为主要依据来进行相应的安排。需要注意的是，人们往往将克敌制胜作为散打的根本目标，这一观点是错误的，因此，这就要求教师在教学过程中应使学生对散打运动中的攻防矛盾以及“攻”与“防”二者之间的关系和特点加以明确，使学生能在双人配合学练的过程中，更好地运用散打技战术，同时，也使自己在实战中的应变能力得到有效的提高。

另外，教师在组织学生进行双人配合练习过程中，要将对学生的“为对方服务”的意识和品质的培养作为重点来加以重视，从而使学生在学练实践中能从对方的实际水平出发，对动作速度、动作力度、动作难度等进行有效的控制，从而使其能够很好地保持在一个对方最佳适应性的合理范围之内，进而达到在促进双方散打技术技能的提高的同时，还能够保证攻防双方的安全性的目的。

（四）陶冶情操，重视德育

散打教学，能够使学生的健康得到有效增进，格斗技能得到有效的提升，除此之外，还能够使学生情操得到陶冶，高尚道德品质得到有效的培养。因此，这就要求教师要更加重视自己的言行举止，注重言传身教，将自身的模仿带头作用充分发挥出来，培养学生高尚情操，同时，还要对学生的心理活动进行充分的了解，有针对性地培养学生良好的道德品质。

对于习武者来说，“未曾学艺先学礼，未曾习武先习德”是众所周知的。武德是从事武术活动的人在社会活动中所应具有的道德品质和行为准则，因此，对武德的培养是武术的重要传统，是不能忽视的，作为传统武术的一种，散打的武德培养也要引起重视。

（五）突出文化内涵，强调民族特性

散打不仅是传统武术的重要内容之一，同时，也是我国优秀文化的重要组成部分。当前，民族，甚至是民族传统的各个方面之所以能够较好地传承并发展下来，主要是由于民族精神的存在，对于传统文化、传统武术以及其中的散打运动都是如此。教师作为传承民族文化的重要传承者之一，在散打教学过程中，一定要将散打运动的文化内涵突出出来，并且要对散打运动的民族特性进行重点强调，为弘扬和传承我国优秀武术文化做出一定的贡献。

二、散打课程教学步骤

（一）将概念明确下来

学生接触散打，认识散打最先要做的就是要将散打的概念明确下来。在散打学习初期，学生对散打运动的认识还不够系统，这就要求教师在教学过程中，应该主要采取讲解的教学方法，来让学生对散打运动的基本知识有一个正确的认识，并且将动作的初步概念建立起来；除此之外，还可以采用一定的讲解与示范相结合的教学方法，来让学生对动作的方向路线有一定的认识。

在该阶段的散打教学过程中，教师不要过多地强调动作细节，从而使分散学生对动作完整性的学习、引起学生疲劳的情况得到有效避免，进而使对教学效果的影响降到最低。

（二）对技术动作进行学习和掌握

在将散打的相关概念确定下来之后，就到达了一个重点，就是散打技术动作的学习和掌握。这一阶段主要是使学生对动作的运行路线、发力顺序、空间转换、击打力点等有一个感性认识。

在该阶段的散打教学过程中，为了使破坏学生刚刚建立起来的动作条件反射的情况得到有效避免，教师不要对动作细节进行过多的强调，而是应善于抓住散打动作技术的关键，多运用示范、讲解等教学方法，来为学生体会散打技术动作提供一定的帮助。

（三）进一步强化技巧

在学生熟练掌握散打技术动作和动作方向路线之后，教师就可以对学

生提出更高的要求，就是要准确掌握动作与姿势，并要求学生对各个散打技术动作的用力顺序、击打力点和攻防技巧进行仔细体会。

在散打的教学过程中，教师要加强对学生的技术动作细节的分析和引导的重视，适时给予学生信息强化，为学生消除错误和多余的动作、不断改进动作细节提供一定的帮助，从而使学生的散打技术动作做得更加协调、完整和准确，并通过组织学生反复练习技术动作，使正确的技术动作逐步成型、巩固和提高。

（四）将所掌握的技术动作配合起来加以运用

在学生较好地完成上一阶段的任务之后，教师应抓住机会“趁热打铁”，积极组织学生进行进一步的强化练习，使学生能初步学会各种动作、技法的运用，并对正确、有效的配合加以强化、巩固和提高。

在散打教学过程中，教师要对学习情况相当的学生进行配合练习，并在两人的配合练习过程中提出不同的条件限制，以此来使学生学会对所掌握技术动作的灵活配合和运用，从而为下一阶段的教学奠定良好的基础。需要强调的是，教师在学生的配合练习中所提出的各种练习要求要与练习者的能力和水平相符，并且所提出的条件限制要适当，不可过高或者过低。

（五）进行有条件的实战练习

现代散打与其他运动项目有所差别，主要表现在：散打运动中，即使学会动作，也并不能代表会用动作，因此，实战练习是非常重要且必要的，因为，只有这样才能够使学生反复改进技术并能在实践中灵活运用。通常情况下，在学生理解和掌握散打技术动作后，教师可根据学生的实际情况和练习的目的进行条件实战的学习与训练，这样能够使学生的安全和伤害事故的避免都得到保证。一般的，往往会安排两人进行有条件限制的攻防对抗练习。

教师对学生提出的限制条件不同，有助于学生在不同的技术、战术方面的理解和运用能力的锻炼和提升，同时，对学生时机、空间的感受和把握能力，以及学生在攻防、搏击中的反应和应变能力的培养和提升都是非常有利的，这就为自由实战练习奠定了坚实的基础。

（六）进行自由实战练习

对于散打技术学习来说，自由实战是最高阶段，学生对散打动作、技术、战术的掌握程度和教师的散打教学效果，只有经过实战的检验，才能够将其最终确定下来。教师可以以学生的个人技术特点以及级别为主要依据，来对学生的自由实战进行相应的安排，从而使学生对技术动作的把握程度和运用能力得到有效的锻炼和提升，使其巩固所掌握的动作，形成正确的动力定型和独特的个人风格，最终达到有效提高学生各项技术的综合运用能力的目的。另外，还需要强调的是，在自由实战的练习中，教师要对学生进行积极的引导，从而使其学会自我分析和提高总结，以找出不足，进而使其实战能力得到进一步的提升。

三、散打课程教学内容

（一）准备姿势

（1）脚的基本姿势：以左脚在前为例，即左架。以左架为例，左脚落在右脚前方稍左的位置，也就是在十字两线交点上向左下角引出一条约 40°的斜线，左脚落在斜线上，脚尖内扣约 40°；右脚在后，距左脚约肩宽距离，脚跟微踮起，脚尖指向前方或偏右（约 40°～45°）。两腿微屈，身体侧向前方。

（2）手的基本姿势：两脚的位置站好后，身体很自然地成了被打击面较小的侧向对方的姿势。然后再把两拳握起来。握拳时，是食指、中指、无名指、小指四指并拢卷握，大拇指紧捏在食指、中指的第二骨节上。

（二）基本步法

（1）进步。从准备姿势开始，后脚蹬地，前脚（左脚）先向前进半步，后脚再跟进半步。

（2）退步。从准备姿势开始，前脚蹬地，后脚（右脚）先后退半步，前脚再退回半步。

（3）跨步。从准备姿势开始，左（右）脚向左（右）侧跨半步，右（左）脚略向左（右）脚靠近，两膝弯曲。同时右臂向斜下伸出，左拳回收至腮旁。

（4）撤步。从准备姿势开始，前脚向后撤一步，成右前左后，左脚跟离地，右脚尖外展，重心偏于右腿。

（5）闪步。从准备姿势开始，左（右）脚向左（右）侧闪半步，右（左）脚随之向左（右）侧滑步。同时，向右（左）转体约 90°。此步法也适用于侧闪防守。

（6）垫步。从准备姿势开始，后脚蹬地向前脚内侧并拢，同时前脚屈膝提起。

（7）纵步。单脚纵步：从准备姿势开始，一腿屈膝上提，另一腿连续蹬地向前移动;双脚纵步:从准备姿势开始,两脚同时蹬地,使身体向上或向前、后、左、右跳起,再落地。

(8)跃步。从准备姿势开始,右脚蹬地后向前跨跃一步,左脚继而再向前上一步,还原实战势。

(三)基本拳法

1. 冲拳

(1)左冲拳击头

从准备姿势开始,右脚掌蹬地,使重心快速前移到左脚上,身体右转,右脚跟稍向内转一下,在转体同时,探左肩,左臂迅速向前伸出,力量集中在拳头顶部,在击拳瞬间应该感到肩部有催劲。右手防护下颌,肘部防护身体;左手击打完成后应尽快收回成开始姿势。

(2)右冲拳击头部

从准备姿势开始,以右脚前脚掌支撑蹬地,同时脚跟外转,把蹬地力量传至全身。身体随左后转,旋右臂向前沿直线冲出,在接近目标刹那合肩,将拳握紧。随出拳瞬间,重心移在左脚上,全脚着地。右脚微向左脚踵跟进,右膝靠近左膝。收左手防护头及上体。此拳击打力量大,如能准确地击中对手薄弱点,可使其失去战斗力。

2. 掼拳

(1)左掼拳击上体

从准备姿势开始,重心右移,两膝微屈,重心下降。同时身体及腰部向右突转带动左手臂(左臂微屈)将拳成横向朝对方上体击出。右手保护头部。最好结合闪躲使用,边闪边击或闪后击打。

(2)右掼拳击上体

从准备姿势开始,上体向右转。同时身体微俯,右拳屈臂横向向左击出。边出拳边抬肘,碾脚,蹬地、转体带臂,重心左移。拳触目标时向里推击,防止对方把腹部绷紧。击后迅速成开始姿势。

3. 鞭拳

(1)左鞭拳击头

从准备姿势开始,重心前移,上身前探,左臂旋臂前伸,随之以肘为轴,猛甩腕翻拳,用拳背击打对方头部。可与贯拳相连,左贯拳击打落空可顺势反背逆向鞭击头部。也可用于败势退步时,突然左插步向左后转身 180°鞭击对方。或前手佯攻，朝对手方向倒插步转身鞭击头部。

(2)右鞭拳击头

从准备姿势开始，重心前移，上身前探，右臂旋臂前伸，随之以肘为轴，猛甩腕翻拳，用拳背击打对方头部。可用于败势时，右脚插步，向右后转身用右拳鞭击对方头部，或前手佯攻，朝对手方向插步转身鞭击其头部。也可在右贯拳击头落空时，顺势反背逆向鞭击头部。

4. 抄拳

(1)左抄拳击上体

直接击打对手上体；或在防住对手右腿踢后，用左抄拳击其上体；或先用右手做假动作，使身体重心移至左脚，微屈膝，上体微向左转，重心下降，随之左膝蹬直，用左抄拳击对方上体。

(2)右抄拳击上体

从准备姿势开始，身体重心移至右脚，体位略下沉。右脚猛蹬地，使腰部突然微左转挺展带动手臂将拳由下向上抄起，击打对方腹部，同时重心移至左脚。一般随出拳向前跨一步。

(四)基本腿法

1. 正蹬腿

支撑腿微屈，另一腿蹬地屈膝上抬，脚尖微勾起，展髋向正前方猛蹬冲。同时上体微后倾，髋前送，右脚触及目标瞬间全身肌肉绷紧，力达足跟，再次发力用前脚掌点踏。

2. 鞭腿(侧弹腿)

前脚向前滑动一步，前移约 10～20 厘米，带动后脚前移，支撑身体重量。几乎在落步同时，屈膝向斜前抬大腿，带小腿，随之用力拧腰转髋，猛挺膝，横向由外向内用力踢出，力达足背。

3. 侧踹腿

支撑腿脚尖微外转，腿微屈，侧对对方；另一腿屈膝高抬，脚尖自然勾起，脚外沿朝向对方，腿部猛然伸直，用脚掌沿直线蹬踹目标。发力瞬间转髋，加大旋转劲，以助腿部鞭打效果。踹腿时上体自然向相反方向倒体，踹腿越高倒体越大。

（五）基本快摔法

1. 接腿搂颈摔

己方右脚在前，对方起右脚蹬己方上体时，己方用左臂由外向内抓其小腿，右手搂其颈部并外旋。左手猛力上抬对方右腿，右手继续向右后下方边搂边抓压，形成力偶，同时用右脚截其支撑腿使其倒地。

2. 抓臂按颈别腿摔

对方用右贯拳或右直拳向己方头部击来，己方迅速向左微转体，用左前臂向左上架格挡住，左手下滑抓其腕部，随身体左转上右脚，用右腿别住对方右腿，右臂向左挟拧对方颈部时身体再向左拧转，左手用力向左后拉对方右臂，右臂向左下猛挟拧对方颈部，继续用力使对方倒地。

3. 抱腿压摔

对方用左边腿击己方上体，己方迅速靠近对方，用右手从上抓握其左脚踝，并屈左臂用肘窝夹住其左膝窝。右脚向右后撤一步，上体随之右后转并屈膝降重心。左臂夹紧其膝部，右手先向左后拽拉，后向上扳其小腿。左肩前靠，形成力偶，使对方向后倒地。

4. 闪躲穿裆靠摔

对方左脚在前，用左冲拳或贯拳向己方头部击来。己方迅速屈膝下潜，使对方击打落空。下潜的刹那，上右脚落于对方左脚后。同时用左手抓按对方的左膝，右臂沿对方左腿内侧伸进裆内，别住其右膝窝处，用头顶住对方胸部，上体用力向后猛靠使对方倒地。

5. 抱腿别摔

对方用左边腿击己方上体，己方迅速靠近对方，用右手从上抓其左脚腕，并屈左臂用肘窝夹住其左膝窝。随即躬身用左手由裆下穿，用左手掌扣住其右膝窝，右手往右后扳拉其左脚腕。身体右后转，同时下降重心，右手继续向右后扳拉，形成力偶，迫使对方瞬间失去重心而倒地。

6. 格挡搂推摔

对方左脚在前，用左冲拳或贯拳向己方头部击来。己方用右手臂上架来拳，并屈臂顺势向右后经由对方左臂外侧由上往下滑动，用力卡住其左臂。上左腿，右手下滑至对方左大腿时，向回按扒，同时用左手猛推对方左胸部，使其失去重心倒地。

（六）基本防守法

1. 拍压

左（右）拳变掌，以掌心或掌根为力点，由上向前下拍压。这种防守方法的适用范围是：对方以直线手法或腿法向己方中、下盘进攻时。

2. 挂挡

用左（右）手屈臂向同侧头部挂挡。这种防守方法的适用范围是：对方以横向的手法或腿法向己方中、上盘进攻时。

3. 里抄

左（右）臂微屈并外旋，紧贴腹前，手心朝上。同时右（左）手屈臂紧贴胸前，立掌虎口朝上，掌心朝外。

4. 外挂

外挂是指结合左、右闪步，挂防对方蹬、踹腿或横踹腿攻击己方中盘以下部位。实战势开始，以左手外挂为例。左拳由上向下、向后左斜挂，拳心朝里，肘尖朝后，臂微屈。

5. 提膝闪躲

实战势开始，前腿（左前右后）屈膝提起离地。这种防守方法的适用范围是：对方从正面或横向以腿法攻击己方下盘部位时。

6. 掩肘阻格

以左掩肘为例。左臂弯曲，前臂外旋，在腰微向右转的同时向内、向腹下滚掩，拳心朝里，以前臂尺骨下端（小指侧）为防守力点，含胸、收腹、低头。这种防守方法的适用范围是：对方以由下至上的手法攻击己方中、下盘部位时。

第五节　南　拳

一、南拳课程教学的原则与特点

（一）南拳课程教学的原则

南拳教学的原则基本上遵循一般体育教学原则，同时根据武术教学的一般教学规律，从实际出发，具体有以下五点：

（1）教师的主导作用与学生的主动性相结合。

（2）直观与思维相结合。

（3）系统性与专题性教学相结合。

（4）严格要求与区别对待相结合。

（5）巩固提高与训练相结合。

（二）南拳课程教学的特点

在上述教学原则下，南拳教学中应进一步发挥教师的积极性和灵活性，使南拳教学生动活泼，富有民族特色。还需要注意武术教学的基本特点，概括起来有如下四点：

1.以拳术套路为基础，基本功贯穿于教学的始终

拳术套路是器械套路的基础，学习器械前必须先学习拳术。学习任何套路都需练好基本功，不论学生水平如何，教学中都不能忽视基本功的练习。抓好基本功的练习对套路教学起着重要的作用。

2.重视直观，以演示领做为主

南拳教学涉及的问题很多。首先是动作多，方向多变，又不对称，比较难记；其次是动作之间的衔接变化比较复杂，一个动作所包含的因素也比较多（外形有手、眼、身、步的配合，内有精神、气、意、劲的统一，内外合一）；此外，动作贯串起来后，节奏变化不同，各类套路的技法特点、演练风格各异……以上种种都给学生学习和掌握套路带来了一定的困难。因此，在教学中除采取常规的示范以外，应特别注重直观教学法。直观教学法除教师示范外，还应借助录像、图片、观摩等辅助教学手段。在教学过程中教师的

领做示范使学生有较多的机会模仿、观察动作，是武术教学的主要手段之一。同时还应强化动作名称记忆，使学生尽快学会并掌握动作要领。

3. 强化攻防技击特点，突出劲力

武术套路是由若干个具有攻防技击含义的动作有机连接而成的。要使动作达到规范要求，必须强调对攻防方法的分析。通过攻防技击的示范和分解，使学生较快地理解动作的起止点、运行路线、着力点，从而加速对动作的掌握；同时还必须突出劲力要求，如果仅懂法而无力，其法则虚，表现不出武术的技击特点。因此，在教学中待学生掌握了动作路线和方法后，就应强调招式的速度和力量，经过反复的练习，逐步达到劲足力顺。

4. 强调内外兼修，突出不同拳种的风格

武术“内外合一”的特点，决定了任何武术动作与套路的学习都必须形神兼备，并通过外形动作把内在的精、气、神表现出来，强调内外联系、内行于外，达到筑其内、强其外。

鉴于武术内容丰富，各类拳术器械动作的规范、演绎技巧、劲道运动方式、节奏变化等差异很大，在教学中必须抓住不同拳术和器械的风格，才能使学生掌握各类拳术、器械的演练技巧。

二、南拳教学的阶段和教学步骤

根据人的认识规律、教学原则和武术技术动作的特点，分阶段进行教学，能使学生有顺序地、连贯地、系统地学习掌握知识和技能。

（一）武术阶段的划分

第一阶段：基础教学阶段。进行武术的基本功、基本动作、动作组合和基础套路的教学。基础教学一般以长拳类的拳术为基础，要求学会动作，明确动作的规格，掌握练习方法，发展专项身体素质，提高身体适应能力。

第二阶段：在巩固第一阶段的基础上，学习和掌握刀、枪、剑、棍等器械套路，掌握其动作方法、技法、特点等。

第三阶段：学习不同风格的传统拳术和器械套路，同时还要学会有代表性的对练套路以及散打技术。理论传授同步跟进，以扩大知识面和指导技术的提高。

第四阶段：在全面掌握的基础上，根据学生的个人技术特点，发挥所长，选择项目进行训练提高。

划分阶段是为了便于确定各个阶段所要解决的主要任务。在教学实践中，每个阶段紧密相连，不能截然分开。

（二）南拳技术的教学步骤

南拳由多个动作组成，每个动作都包含着方向路线、架势结构、劲力方法、停歇顿挫、意气、神韵等要素。教学中应根据动作技能形成的生理学规律，使学生有层次地掌握动作的完整性。从初学到熟练掌握动作，一般可分为五个步骤。

第一步：初型概念期。即粗略地掌握动作。主要是通过教师的正确示范和讲解，给学生建立动作的初步概念。在教师缓慢的领做、简练的讲解指导下，使学生弄清动作方向、路线的来龙去脉。这个阶段的特点是：学生未具专项素质，缺乏控制能力，大脑皮层的暂时联系处于泛化阶段，联系中往往顾此失彼，动作紧张、僵硬不协调，并会产生多余的动作。因此，教学中对学生的动作不必苛求，不要过分强调动作路线方向的注意力，转移中枢的控制系统，从而降低兴奋性，影响教学效果。

第二步：基本成型期。学生在弄清了动作方向路线的基础上，进一步要求掌握动作势式，步行要准确、工整。这一步要求教师的示范、领做要由缓慢变为较正常的速度。在练习过程中逐步要求手、眼、身、步变化部位准确，强调动作的细节和静止时架势与步行的工整。通过教师的反复讲解、示范，使学生领会动作要领，体会动作变化的细节，反复练习，克服紧张、僵硬、不协调等反应。但是就定型而论，这个阶段定型的技能是不巩固的，遇到新的刺激就会出现错误，甚至已经建立起来的动作概念也会消失，所以教学中教师应不断强化信息，严格要求，使正确的动作逐步成型巩固。

第三步：连贯定型期。要求学生将已掌握的动作贯串完整。教学中教师的示范不再是呆板地分解动作，而是进行充满生气的连贯完整的动作示范，要求学生连贯、协调、完整，强调动作转换的细节，提高自控能力。

第四步：内外求整期。这一步主要是通过教师对动作的劲力、作用、性质的分析，进一步阐明精神、意气与形体动作怎样结合，在教师指导下使学生体会“形神兼备”“内外合一”的演练技巧，领会武术动作的特点和套路演练的风格，突出武术的特点。

第五步：巩固定型期。经过反复的练习，将前四个步骤所掌握的动作逐步巩固。这个阶段对练习要有明确的要求，抓住主要环节，及时纠正错误，使学生大脑皮层的暂时联系不断得到加强，从而形成正确的动力定型。但在练习中不必面面俱到、要求过高。武术动作技术包含的因素多，要根据学生的接受能力和素质水平侧重要求。

三、南拳课程教学内容

(一)南拳的基本动作

1. 手型

(1)拳

五指卷屈握紧,拳面要平,拇指压于食指和中指的第二指节上,任何指骨都不得凸出拳面。

(2)柳叶掌

拇指弯曲,其余四指伸直并拢。

(3)虎爪

五指用力张开,第二、三节指骨弯曲,第一节指骨尽量向手背的一面伸张,使掌心凸出。

(4)鹰爪

拇指弯曲外展,其余四指并紧,使第二、三节指骨弯曲,但不得并拢。

(5)鹤嘴手

五指捏拢,指尖要平,直腕。

(6)单指

食指伸直,其余四指的第二、三节向内紧屈。

2. 步型

(1)马步

两脚分开,距离约三脚长,脚尖正对前方,屈膝半蹲,膝部与脚尖垂直,上体正直,收腹敛臀,双手握拳置于腰两侧。

在进行马步练习时,要注意膝盖与脚尖要成垂直线,收腹、立腰,脚外缘用劲,使两脚尖正对前方。

(2)弓步

两脚前后分开,距离约三脚长。前脚脚尖里扣,斜向前方,屈膝半蹲,膝部与脚尖垂直;后腿挺膝伸直,脚尖里扣;两脚全脚掌着地。

弓步要保持上体正直,臀部收敛,前脚踩、后脚蹬。

(3)虚步

又名吊马步。以左虚步为例,左腿屈膝前伸,前脚掌虚点地面;右腿屈膝半蹲,脚尖斜向前方;收腹敛臀,重心落于右腿。

虚步要注意虚实要分明，上体要保持正直。

(4)拐步

两腿前后交叉。前腿屈膝下蹲，脚尖外展(约 90°)；后腿屈膝下跪，膝部接近地面，脚跟离地；收腹敛臀。

拐步要保持上体的正直，沉气、坐胯、前脚踩地。

(5)骑龙步

前腿屈膝半蹲，全脚掌着地；后腿屈膝下跪(不得贴地)，前脚掌着地。两脚间相距约三脚长。

骑龙步要保持上体正直，收腹沉胯，重心偏于前腿。

(6)跪步

两腿前后分开，距离约两脚长。前腿屈膝下蹲；后腿屈膝下跪，膝部接近地面(不得触地)，脚跟离地，臀部后坐。

跪步要保持上体正直，重心略偏后腿。

(7)半马步

两脚左右分开，距离约三脚长，屈膝半蹲。左脚脚尖朝左，右脚脚尖朝前，重心偏于右腿(如右脚脚尖朝右，则重心偏于左腿)，收腹敛臀。

半马步时，腰要微向左(右)转，收腹敛臀，上体正直。

(8)独立步

一腿伸直站立支撑体重，另一腿屈膝提起，脚面绷直，脚尖朝下；收腹立腰，站立要稳。

独立步的支撑脚要五趾抓地，挺膝、沉气。

(9)单蝶步

一腿屈膝下蹲，另一腿跪地(小腿内侧贴地)，收腹立腰。

单蝶步的下蹲腿要求全脚掌着地，脚跟与跪地腿的膝盖基本平行。

3.手法

(1)拳法

①左右前冲拳

由马步抱拳开始。右拳向前冲出，拳心朝下成平拳(拳眼朝上为立拳)，高与肩平。目视右拳。右拳收回腰间。同时左拳向前冲出，拳心朝下，高与肩平。目视左拳。反复练习。

在冲拳时，要以腰发力，上臂催前臂，力达拳面，当肘关节将要离开腰部的瞬间，臂内旋，以气催力，拳带钻劲。收拳时主动屈肘后拉，前臂外旋，拳走直线。

②左右侧冲拳

由两脚并步、抱拳开始。右拳从腰间向右侧冲出，拳眼朝上，高与肩平。

目视右拳。右拳收回腰间，左拳向左侧冲出，拳眼朝上，高与肩平。目视左拳。反复练习。

在做左右侧冲拳时，要注意挺胸、立腰、竖项，以肘催手，拳面领先，沉肩垂肘。

③左右撞拳

由并步抱拳开始，左脚向左侧横跨一步，左腿屈膝成左弓步。同时右拳屈肘由下向前、向上勾撞，拳面朝上，拳心朝里，高与肩平。目视右拳。以两脚掌为轴，身体右转180°，右腿屈膝成右弓步。同时左拳屈肘由下向前、向上勾撞，拳面朝上，拳心朝里，高与肩平；右拳收抱于腰间，拳心朝上。目视左拳。反复练习。

撞拳要充分借助扣膝、转腰的力量，发短劲，手腕微向里扣，力达拳面，上臂与前臂的夹角在90°～100°之间。

④左右盖拳

由并步抱拳开始。左脚向左侧迈步，脚尖朝前，屈膝半蹲成左弓步。同时身体左转，左拳向左侧伸出后直臂向下、向体后抡摆至与肩同高，拳心朝下；右拳向右侧伸出后直臂向上、向左弧形抡盖至体前，拳心斜朝里，力达拳心。目视右拳。身体右转180°，左腿挺膝伸直，右腿屈膝半蹲成右弓步。同时右拳由前向上、向下、向体后抡摆至与肩同高，拳心朝下；左拳由后经下向上、向前弧形抡摆至体前，拳心斜朝里，力达拳心。目视左拳，左右反复练习。

在转体时，以腰带臂，臂绕经体侧沿立圆运行，腰背发力，收腹含胸，下盖到终点要制动，发力要明显。

⑤左右抛拳

由并步抱拳开始。身体左转，左脚向左侧迈出一步，屈膝半蹲成左弓步。同时左拳直臂向左后侧摆至与肩同高，拳心朝下；右拳直臂向右斜上方抛起，拳举于头上方，拳眼朝后。目视右前方。身体右转，右腿屈膝半蹲成右弓步。同时右拳直臂由上向下、向右弧形摆至右后方，与肩同高，拳心朝下；左拳向下经体侧向左斜上方抛起，拳举于头上方，拳眼朝后。目视左前方。左右反复练习。

抛拳路线要由下向斜上，紧贴身体，臂外旋，力达拳眼(或前臂桡骨侧)，收腹立腰。

⑥左右挂拳

由马步抱拳开始。左拳向内经上向左侧抄挂，臂微屈，拳心朝上，力达拳背。目视左拳。右拳向内经上向右侧抄挂，臂微屈，拳心朝上，力达拳背。同时左拳收抱于腰间，拳心朝上。目视右拳。左右反复练习。

挂拳时臂先内旋后外旋，经体前立圆运行，眼随手动，以腰带臂，手腕微扣。

⑦左右扫拳

由并步抱拳开始。左脚向左侧横跨一步，左腿屈膝，右腿伸直成左弓步。同时身体左转，右拳内旋侧伸，直臂向前、向左抡扫，屈臂置于胸前，拳心朝里，力达拳面。目视前方。身体右转，左腿伸直，右腿屈膝成右弓步。同时左拳内旋侧伸，直臂向前、向右抡扫，屈臂置于胸前，拳心朝里，力达拳面；右拳随转体收回腰间。目视前方。反复练习。

左右扫拳要以腰带臂，力发于腰。扫拳时以肩关节为轴，臂由直至屈，加快扫拳速度。

⑧左右鞭拳

由并步抱拳开始。左脚向左侧跨一步，微屈膝，脚尖朝前。同时右拳变掌向右侧伸直，拇指侧朝上；左拳平屈于胸前。动作不停，右脚经左腿后向左侧插一步，腿伸直，脚跟离地。同时左拳由体前向左侧鞭甩，拳眼朝上，力达拳背(鞭击的部位有上、中、下之分)；右掌附于左肩前。目视左拳。右脚向右侧跨一步，脚尖朝前，微屈膝。同时左拳变掌，右掌变拳。动作不停，左脚经右腿后向右侧插一步，腿伸直，脚跟离地。同时右拳由体前向右侧鞭甩，拳眼朝上，力达拳背；左掌附于右肩前。目视右拳。左右反复练习。

左右鞭拳中的插步、鞭拳、转头要做到协调一致，鞭拳时以肘关节为轴，臂由屈至伸，发力干脆，甩臂明显。

⑨左右劈拳

由并步抱拳开始。左脚向左侧跨一步，左腿屈膝半蹲，右腿屈膝下跪成左骑龙步。同时右拳由腰间经上向斜下直劈，拳心朝里，力达拳轮；左拳随之上架于头上方。目视右拳。身体右转，右腿屈膝半蹲，左腿屈膝下跪成右骑龙步。同时左拳由上向斜下直劈，拳心朝里，力达拳轮；右拳经脸前向头上架起。目视左拳。反复练习。

在劈拳时臂微内旋，以拳轮为力点，扣膝、切胯、转腰要一致。

(2)掌法

①左右推掌

由马步抱拳开始。左拳变掌用力向前推击，掌指与肩平。目视左掌。右拳变掌用力向前推击，掌与肩平。同时左掌变拳，收抱于腰间，拳心朝上。目视右掌。反复练习。

此动作要注意，臂是由屈至伸的，推掌时臂肌收缩适度，力发于腰，力达掌根或掌的外缘。推掌可分为双推、单推、横手推和蝴蝶推等。

②挑掌

由马步抱拳开始。两拳变掌经内向上、向外弧形挑起，两掌心朝后，掌指略高于肩。目视前方。掌经内向外弧形挑起，以肘关节为轴，以拇指侧为力点，两肘下垂微向里合。

③标掌

由马步抱拳开始。两拳变掌直线向前标出，臂高与肩平，掌心相对，力达指尖。目视两掌。要注意臂是由屈至伸，以掌领先，以肘催手，用力要短、快，臂肌保持一定的紧张度。标掌分直掌前标，俯掌前标，仰掌标，单、双标掌。

④左右盘手双推掌

由两脚开步抱拳开始。两拳变掌，左掌从左向上经脸前向右盘手置于右胸前，掌心朝右，掌指朝上；右掌从右向左、向上经脸前向右盘手置于右腰侧，掌心朝前，掌指朝下。目视左侧。两掌同时向左侧平推，两肘微屈。右掌心朝上，掌指朝右；左掌心朝下，掌指朝右。两小指侧成平行，高与胸平。目视两掌。两掌由前向下、向右经脸前向左盘手，右掌置于左胸前，掌心朝左，掌指朝上；左掌置于左腰侧，掌心朝前，掌指朝下。目视右侧。两掌同时向右侧平推，两肘微屈。左掌心朝上，掌指朝左；右掌心朝下，掌指朝左，两小指侧成平行，高与胸平。目视两掌。左右反复练习。

盘手是以肘关节为轴盘绕的，它高不过头，低不过腹，不可停顿，绕行时两臂要靠近躯干。推掌时两掌小指侧齐平，向左推掌时左臂成半圆，右肘下沉；向右推掌时则右臂成半圆，左肘下沉。

(3)抓法

①左右抓面爪

由并步抱拳开始。左脚向左侧开步，脚尖朝左，两膝弯曲成半马步。同时左拳变虎爪，由腰间经外向里、向下按，手心朝前。目视左爪。身体微左转，左腿屈膝，右腿蹬地挺膝成左弓步。同时右拳变虎爪，由腰间向前抓击，手心朝前，高与面平；左虎爪置于腹前，手心斜朝下。目视右爪。右脚上步，身体左转，两膝弯曲成半马步。同时左虎爪变拳，收回腰间，拳心朝上；右虎爪略经外向里、向下按，手心朝前。目视右爪。身体微右转，右腿屈膝，左腿蹬地挺膝成右弓步。同时左拳变虎爪，由腰间向前抓击，手心朝前，高与面平；右虎爪置于腹前，手心朝下。目视左爪。此动作在行进间反复练习。

在练习时，要注意上步保持平稳，半马步时闭气蓄劲。弓步抓面爪的发劲由下至上，充分借助后腿的蹬劲，躯干微微前倾，做到形(虎形)意合一。

②左右鹤嘴手

由并步抱拳开始。左脚向前上步，身体微向左转，右拳变掌，向右前上方穿出，掌心朝上；左拳变掌，自然后摆，掌心朝下。目视右掌。上动不停，躯干微右转，右掌以腕为轴沿逆时针方向缠绕一周，变鹤嘴手向右上方啄击，指尖朝外。目视右手。上动不停，右脚向前上步成右虚步。躯干微右转，左掌变鹤嘴手，绕经左肩外侧向右前上方啄击，指尖朝右，与太阳穴同高。左臂微屈，肘关节下垂；右鹤嘴手随屈肘拉至右肩侧，指尖朝外。目视左手。

以上动作都要保持连贯，虚步定势时手脚配合要完整，躯干略向右拧转，右臂内旋，左臂外旋。鹤嘴手五指捏拢，直腕。

（4）桥法

①缠桥

由右弓步抱拳开始。以左手缠桥为例，左拳变掌，左臂侧伸，以手腕活动为主，向内或向外画立圆后随即成擒拿手状。

在做缠桥时，上肢一定要保持松、沉，缠手后即变擒拿动作。

②圈桥

由半马步抱拳开始。以左手圈桥为例，左拳变掌，左臂侧伸，以肘关节为轴，前臂向内或向外沿立圆圈绕。

圈桥要注意肩关节保持下沉。

③盈桥

由前后开步抱拳开始。以左手盘桥为例，左拳变掌，左臂侧伸，以肩关节为轴，臂向内立圆圈绕。掌指朝上，掌心朝外。

盈桥需要沉肩垂肘，臂保持适当的弯曲。

④沉桥

由两脚开立步（二字马步）两臂屈肘于胸前（掌心朝后）开始。两臂屈肘内旋，同时下沉，使前臂用力向下压，掌心朝下。

注意在沉桥时要沉肩夹肘，臂肌保持适度紧张。

⑤劈桥

由马步抱拳开始。以左劈桥为例，两拳变掌，以左掌前臂尺骨（小指侧）为力点，经上向斜下劈至体前，掌心朝上。同时右掌附于左肘内侧，掌心朝下。

劈桥要沉肩、转腰，并且腕关节要保持紧张。

⑥攻桥

由马步抱拳开始。两拳变掌，两臂内旋向前撞击，肘微屈，掌心朝下，力达前臂尺骨侧。此势为双攻桥，如单臂向前撞击则为单攻桥。

攻桥要注意旋臂、屈肘，并以腰催手，发力于腰。

⑦膀桥

由左弓步抱拳开始。以右膀桥为例，两拳变掌，右臂内旋，由外向内滚动挫击，臂微屈，掌心朝外，力达前臂内侧（拇指侧）。同时左掌附于右上臂内侧，掌心朝外。

膀桥要把持旋臂和挫击同时进行。

⑧截桥

由左弓步抱拳开始。以左截桥为例，两拳变掌，左臂外旋屈肘，以前臂尺骨侧（小指侧）为力点，由外向内截击，掌心朝内，掌指朝上。同时右掌松握于左上臂内侧，掌心朝内。

截桥时要臂外旋，发力要以腰带臂。

⑨架桥

由弓步抱拳开始。以左手架桥为例，左拳变掌，左臂内旋，以前臂尺骨侧（小指侧）为力点，向头上架起，肘微屈，掌心斜朝上。

架桥时要屈臂内旋，且架桥要略高于头。

⑩穿桥

由左弓步冲拳开始。以左穿桥为例，左拳变掌，沿右臂下面向前、向外弧形穿出，腕外展，指尖朝外。同时上体微右转成半马步，右拳收抱于腰间。目视左手。

穿桥时要展腕、沉肘，穿桥时右臂微用力回拉。

4. 步法

(1)上步

后脚经前脚向前上步。除了接跳跃动作外，一般重心保持较低，全脚掌着地，沉胯、踩脚。

(2)退步

前脚经后脚向后退步。步幅适当要加大，前脚掌着地，重心下沉。

(3)拖步

前脚向前迈一大步，后脚拖地跟一小步。前脚向前迈步时要充分借助后脚的蹬劲，跨步的大小与拖步基本一致。

(4)盖步

一脚经另一脚前横迈一步，全脚掌着地，脚尖外摆，两腿交叉。并且盖步的步幅要大，坐胯、跪膝、重心要下沉。

(5)插步

一脚经另一脚后横迈一步，前脚掌着地，两腿交叉。

插步要注意保持较大步幅，重心要低，胯要下沉。

(6)走三角步

①由并步开始。左脚向右前方上步，脚尖外摆，膝微屈；右腿屈膝下跪，脚跟离地。

②右脚由后经左脚前绕上一步，脚尖里扣，膝微屈；左脚脚跟离地，微屈膝。

③身体左转，左脚弧形后退一步，转身成弓步或马步。

(7)麒麟步

①由并步开始。左脚向右前方上步，脚尖外摆，膝微屈；右脚屈膝下跪，脚跟离地，两腿交叉。

②右脚由后经左脚前向左前方上步，脚尖外摆，膝微屈；左脚屈膝下跪，脚跟离地，两腿交叉。

③左脚由后向左前方上步，脚尖朝左，双腿屈膝成半马步。

麒麟步要保持较低的重心，且步幅较大，步频逐渐加快，注意沉气、坐胯、踩脚、敛臀，上体保持中正。

5.腿法

(1)前蹬腿

腿由屈到伸，脚尖翘起，以脚跟为力点向前猛力蹬出，上体保持正直。目视蹬腿方向。

蹬腿是屈伸性腿法，提膝与蹬腿要连贯，提膝时小腿放松，蹬腿时爆发式用力；支撑脚五趾抓地，收腹、立腰、紧臀。

(2)前钉腿

一腿屈膝提起，由屈到伸，迅速向前下钉踢，脚尖绷直，高不过膝。目视脚尖。

提膝时以大腿带动小腿，踝关节放松。钉腿时挺膝，脚面用力绷直，发劲快、脆。

(3)踩腿

一腿屈膝提起，膝关节外展，由屈到伸，迅速向前下方踩出，脚尖勾紧并翻转朝外，高不过膝。目视脚跟。

踩腿时要边屈膝边外展，脚尖尽量朝外，用劲短促、干脆，力达脚掌内侧。

(4)侧踹腿

由叉步抱拳开始。右脚支撑；左脚屈膝侧抬；由屈到伸，脚掌用力向左上方踹出，脚高于胯，挺膝，脚尖勾紧，脚外缘朝上。目视左脚。

注意屈膝时小腿放松，踹腿时挺膝、开髋、勾脚。支撑腿伸直，脚趾抓地。

(5)横钉腿

两腿右前左后站立。右腿支撑,脚尖略外转;左腿屈膝侧抬,脚由左侧弧形向斜上方猛力横钉,脚尖勾起,高于腰,力达脚前掌。目视脚尖。

注意抬腿时以大腿带小腿;钉腿时腿部屈伸明显,先松后紧,快速用力,勾脚收腹。

(二)南拳的基本套路

1.起势

以下八个动作是南少林五祖拳的独特起势,俗称"八部头"。

(1)预备势

面向场地正前方,两脚并立,身体正直,两臂自然下垂。眼视前方。身体左转90°成立正姿势。

在练习时,要注意身体自然正直,沉肩、含胸、头正、颈直、下颏内收、精神贯注。

(2)四平马步双插掌

左脚向左迈半步,与肩同宽。同时两掌握拳收于两侧胸旁,拳心向上。眼视前方。上动稍停,两腿屈膝略蹲成四平马步。两拳变掌向前下方直臂下插,掌心向内,高与胯齐。眼视前方。

做此动作要注意在两腿屈膝时,膝盖不得超过脚尖,两掌虎口相对。

(3)双坠拳

身体右转约45°,左脚跟外摆,左膝蹬直,右脚不动成右弓步。同时两掌握拳收于两侧胸旁,拳心向上。眼视前方。上动稍停,左脚跟内收,两腿屈膝成四平马步,身体左转向前方。同时两拳向前下方直臂坠击,拳心向内,高与胯平。眼视前方。

此动作劲从足生,发之于腰,以腰带肩,以肩带臂。集腿、腰、肩、臂之力向下坠击,拳面朝前下方。

(4)双擒掌

两拳变掌,交叉于胯前(右前左后),即掌指向上、掌背相贴穿至额前上方,左掌心朝右,右掌心朝左,两掌内旋(掌心向前),分别向两侧下按,高与肩平;两腕关节屈曲,掌心向下,指尖朝外下方,略宽于肩。眼视前方。

在按掌时,要注意两肘内扣,两掌外摆,扣腕、沉肩、坠肘。

(5)双捆手

两掌变拳外旋同时向下内收沉臂,两肘内夹至腹前,拳心向上。眼视两拳。两拳下沉内收，力达前臂。

(6)抱印请拳

身体稍右转，左脚跟外摆，左膝蹬直，右脚不动成右弓步。同时两拳收于两侧胸旁，拳心向上。眼视前方。上动稍停，身体左转向前方；左脚跟内收，两腿屈膝成四平马步。同时左拳成仰掌，与右拳一起向里伸出，至腹前时右拳放于左掌之上。眼视拳掌。

在请拳时要求拧腰，含胸拔背，沉肩坠肘，收小腹夹裆，敛臀提肛。

(7)弓步双吞掌

两腿不变，右拳变成掌，两掌同时向两侧分开，与肩同宽，两臂平行。眼视两掌。身体稍右转，左脚跟外摆，左膝蹬直，右脚不动成右弓步。同时两仰掌收于两侧。眼视前方。

在吞掌时要求拧腰，含胸拔背，沉肩坠肘，收小腹夹裆，敛臀提肛。

(8)四平马步双吐掌

身体左转向前方，左脚跟内收，两腿屈膝成四平马步。同时两掌向前下方推掌至腹前，掌心向前，掌指朝上微外偏。眼视前方。

在推掌时要求两掌内旋并伸腕竖掌，须有沉劲。

2.第一段

(1)弓步双擒拳

身体右转，右脚向后退一步，左膝蹬直成右弓步。两掌向右后擒手成拳，右拳心向外，左拳心向里。眼视前方。

要求在双擒手两拳之间要相距一前臂长的距离。

(2)不丁不八步双冲拳

身体左转，左脚向前活步，右脚跟进半步成不丁不八步。两拳同时向前冲出，与肩同宽，拳心向下，高与肩平，眼视前方。同时发出“嗨”声。

此动作要注意不丁不八步的两脚相距应为一肩之宽，重心落在两脚之间，夹腿、敛臀、收腹。

(3)三七步右挑掌

身体左转，右脚向右前方上步成三七步。两拳变掌在腹前交叉，左臂在外，右臂在内，即以右掌向右前上方挑掌，掌心向上；左掌变拳，收于左腰间，拳心向上。眼视右前方。

在进行挑掌时，右掌是由下经左侧身前向右上方半屈肘(135°左右)外旋弧形挑出，肘内夹，拧腰、转胯。

(4)右弓步切掌

身体右转，左脚挺膝蹬后跟，重心前移成右弓步。右掌变拳收于腰间，拳心向上；左拳变掌向右下方击出，高与腹平，掌心向前。眼视左掌。

在切掌时，需力达掌外沿；拧腰、转胯、蹬左脚跟和切掌要同时完成。

(5)左擒手弓步鞭拳

左脚向左前上步成半马步，左掌内旋半屈肘，经右侧身前向左前方屈腕擒手，掌心向下，高与肩平，肘内夹。眼视左掌。身体左转，右脚挺膝蹬后跟，重心前移成左弓步。左掌变拳收于腰间，拳心向上；右拳由腰间向后、向上举拳至头顶上方，同时拳外旋，拳心向上、向前下方弧形劈下，高与胸平。眼视前方。

要注意在擒手时须扣腕，掌指稍向左，鞭拳力达前臂，鞭拳与弓步必须同时完成。

(6)弹踢缠腕双擒拳

身体左转，右脚稍向前移。两拳变掌在脸前交叉，右掌在里，左掌在外，掌心相对；两腕关节相贴挽一小花成左掌在里，右掌在外。眼视右前方。上动不停，左腿支撑稍屈，右腿提膝，足背绷直向前直腿弹出，高与胸平。两掌变拳向左后擒手，右拳心向里，左拳心向外。眼视右前方。

练习时，要注意挽花不宜太大；擒手时须有劲力，并与弹踢同时完成；弹踢须快而有力，体现寸劲。

(7)退步左虚步双勾掌

右脚向后退一步，屈膝半蹲成左虚步。两拳变掌在身前交叉(左前右后)，并分别经对侧向同侧大腿前方半屈肘、屈腕弧形向外勾掌，掌心向下，掌指朝外下方。眼视前方。

在进行此动作的练习时，要注意勾掌与虚步要同时完成。

(8)半马步撞肘

身体左转，左脚向前活步，右脚随之向前上一大步成半马步。右掌变拳，屈右肘，用肘尖由外向内上方以肩为轴斜向弧形击出，拳心向下，高与肩平；左掌附于右拳面。眼视右前方。

在撞肘时，右脚尽力向前上步，左脚跟半步，两脚向前滑步。

(9)半马步双鞭拳

右脚向前活步，左脚跟进一步成半马步。两手成拳由胸前向左、向上、向右前方弧形劈下，止于右前方，两拳心均朝上，右拳高与肩平，左拳停于右肩前，眼视右拳。同时发出“嗨”声。

在练习时，要注意鞭拳与转腰须配合协调，劲力充足，力达前臂。

(10)单蝶步下切掌

身体右转，左脚蹬地，右腿屈膝抬起向左跨步，两脚同时落地屈膝下蹲成单蝶步。右拳收于腰间，拳心向上；左拳变掌向上、向右、向左下切掌，掌心向下，掌指朝左。眼视左方。

练习时，要注意单蝶步左小腿内侧全部着地，落地时轻而稳，切掌力达掌外沿。

3. 第二段

(1)麒麟步右弓步叠掌

右脚向左脚前上步，脚尖外撇，身体随之右转。左前臂外旋，右前臂内旋，两掌向身体右侧叠掌，左掌在上。眼视左掌。左脚向右脚前上步，脚尖外撇，身体随之左转。左前臂外旋，右前臂内旋，两掌向身体左侧叠掌，右掌在上。眼视右掌。右脚向右前方上步，随即成右弓步。两掌向右前方推出，右掌指尖朝上，左掌指尖朝下。眼视右掌。

在练习时，右脚上步先成半马步，然后即转胯蹬左脚跟成右弓步；叠掌掌根相距约 10 厘米，臂伸直。推掌、转胯、蹬后跟三者须一致。

(2)左弓步双虎爪

左脚向右脚前盖步，两掌变虎爪，右爪经面前向左下方画弧成护面爪，左爪收至腰左侧，眼视右爪。右腿稍抬起，左腿蹬地跳起，两腿屈膝悬空。同时左爪经面前向右下方画弧成护面爪，右爪随跳起自然绕至腰右侧。两脚落地，身体左转成左弓步。同时右爪向前推抓，左爪伏于右肘下。眼视右爪，同时发声“呜”。

在练习时，要注意腾空要高，落地要稳；虎爪五指用力向手背的一面伸张，使掌心凸出。

(3)横钉腿右弓步滚桥

右腿屈膝由后向右、向前横钉，左虎爪变掌向前穿压，右拳摆向身后。眼视右脚。右脚向后落步，右拳前冲成平拳，左掌变拳收于腰左侧。眼视右拳。身体右转成右弓步，左前臂内旋向左前下方滚桥；右臂屈肘，右拳拉至右胸前，两拳拳心朝下。眼视左前方。

横钉腿脚尖勾起，用力从侧方向前由屈到伸猛力横钉，钉出后膝部伸直，脚与胯平，支撑腿屈，站立要稳，左前臂向前下滚转。

(4)右弓步双推单指

两拳变单指手，屈肘收至胸前，随即两肘下沉发力，两手向两侧缓慢推出。眼视左手。

(5)左横裆步右抛拳

身体左转成横裆步，两单指变拳，右拳由后经下向左上方抛起，左拳由前经下向右、向后抡摆。眼视右前方。

在练习时，要注意拳是自下向上呈环形运动，臂微屈，力达拳眼。

(6)右横裆步左抛拳

身体右转成右横裆步,左拳由后经下向右上方抛起,右拳下落向左、向后抡摆。眼视左前方。

在练习时,两腿均须向前活步。

(7)上步挂盖拳

左脚向前上步,左臂内旋,左拳由左向下经右向上、向左抡挂。眼视左拳。身体左转成左弓步,右拳经上向前盖压,左拳摆向身后。眼视前方。

在挂盖拳时,拳是自上向下呈弧形快速扣击,臂微屈,力达拳面,上体稍前倾。

(8)插步鞭拳

右脚向前上步,身体随之左转,左拳变掌与右拳同时摆向左侧。目随左掌。左脚向右脚后插步,右拳向右平抡鞭挞,左掌护于右胸前。眼视右拳。

在练习时,鞭拳力达拳面,上下协调一致。

(9)退步弓步冲拳

右脚向后退步成左弓步,右拳前冲成平拳,左掌向前搂手成拳收于腰左侧,拳心向上。眼视前方。

在练习时,冲拳与退步同时完成,拳高与肩平。

(10)虚步推掌冲拳

右脚向左脚前上步,脚尖外撇,身体右转。左拳变掌,两臂屈肘向右侧环抱,左掌心与右拳面相对。目随左方。左脚向左前上步,脚尖点地成左虚步。右拳前冲,左掌前推,两臂稍宽于肩。眼视前方。

在练习时,冲拳、推掌与虚步同时完成。

4.收势

(1)并步抱拳

左脚向后退步,身体右转。左掌变拳,两拳即屈肘收于胸前,拳面相对,拳心向下。眼视两拳。右脚、左脚相继向后退步成并步站立,两拳经上向前下挂出并顺势收于两腰间。眼视前方。

注意完成动作要干净利落,一气呵成。

(2)立正收势

两拳变掌下垂于身体两侧。眼视前方。身体右转 90°成立正姿势。眼视前方。

第七章　传统武术的竞技化发展研究

随着现代体育事业的不断发展，同其他体育运动一样，传统武术也在向着市场化、竞技化、产业化的方向迈进。传统武术也因此与时代相结合，得到了更为健康的发展。本章主要就传统武术竞技化发展的问题进行研究。

第一节　传统武术竞技化发展现状

一、传统武术竞技化发展的主要表现

（一）套路动作向着标准化、难度化和美观化的方向发展

在传统武术中，套路动作的竞技化主要是指为了成为正式的比赛项目，传统武术套路动作的相关技术动作得到了适当的改造。

1. 套路动作的标准化

在传统武术中，套路动作没有统一、确定的标准，再加上传统武术有着很多种不同的流派，相互之间存在较大差异，这就导致了对于同一门派的同一动作，不同的人所演练出来的标准存在较大差异。以八卦掌为例，其包含了伊式和程式两种，在伊式八卦掌中，主要要求手型为掌型如同牛舌，将四个手指并拢并将手心含空。但是，在程式八卦掌中主要要求手型将五指乍开，掌跟塌腕向前顶，拇指向外展并将食指向上顶，虎口圆撑，中指指天，无名指和小指略向里扣，掌外侧缘里卷，掌也含空，腰背微弓似瓦垅。以上两种都是八卦掌只是风格不同，手型方面具有不同的特点，由于动作存在差异，对其进行衡量也就无法采用统一的标准。

公平、公正是现代体育项目所积极倡导的。这主要是指对于统一的动作要采用统一的标准来进行合理的评价，由此可见，就内容来说，传统武术与现代体育评价的特点是完全不相符合的。这就需要对传统武术的具体动作做出适当的改进使之达成统一，这样才能使传统武术与现代体育倡导的

公平、公正的要求相符合。传统武术动作由手法、眼法、身法、步法组成，因此只有对传统武术的手法、眼法、身法、步法等进行改造使之统一，才能更好地统一传统武术的动作。当前现代武术中出现的关于弓步的标准动作，使前腿大腿平行于地面，将后腿向后蹬直的动作要求便是如此，这样就使得之前的各个不同的动作达成的一致，以有助于比赛中做出准确的判断。

2.套路动作的难度化

在传统武术中，对套路动作进行演练实质上就是模拟实战技击，在具体演练的过程中，要注意体现出演练的劲力以及技击意识，同时凭借单个动作的拆招来进行对抗技击练习。在技击方面要求要有稳固的下盘，这就使得传统武术演练中很少出现跳跃以及转体动作，这主要是因为如果身体一旦跳跃腾空就会失去稳固的重心，同时转体、跳跃也很容易造成落地不稳，从而给敌人造成有利的进攻空档。

表演是现代武术的主要目的，所以现代武术重点强调的是高、难、新、美，这也使得在对动作的要求方面，现代武术与传统武术是完全相反的，它倡导对动作美的追求，要跳得高、转得多。正是由于目的的差异，使得武术的内容也发生了改变，在动作中出现了空中转体360°和转体720°等。就技击而言，以上这些难度都是没有必要、没有意义的，传统武术中就很少出现这些难度动作。但就现代武术来说，如果缺少了跳、转、翻等高难度动作，那么就只剩下了一个空壳。

3.套路动作的美观化

技击、实用是传统武术套路动作的主要目的。传统武术套路中的每一个具体动作都具有其明确的攻防内涵，也都可以拿出来进行单独练习，同时也可以单独作为技击方法来进行使用。举例来说，在少林五拳之一的鹤拳中，有一招动作为华佗接骨，这动作非常实用：在对战的过程中，当敌方近身时，先向前伸右脚，并将左手伸出，握住对手的左手腕，同时用右手由下向上将对手的左手肘托住，此时将左手迅速向下按，将其手臂折断。使用右手迎敌方法同上。这个动作非常简单、实用。但就美观度而言，差了很多。竞技武术套路表演的要求就是美观、潇洒大方，这就使得传统武术套路动作为了更好地迎合人们的审美需求，而将套路动作去技击化，将简单动作复杂化。

（二）传统武术在对抗方面越来越规范化

所谓传统武术对抗竞技化是指将参加现代规则的比赛作为主要目的，而不断地进行形式化、标准化、科学化和规范化的过程。

1.击打部位的规范化

传统武术对抗主要分为个人私斗和公开的擂台。公开的擂台是不对比赛进行规则限制，在进行比试之前，双方要签下生死状，注明打死无怨，所以参赛者为了获得比赛胜利，那些容易致命致残的部位也就成了主要的攻击部位。就拿明代小说《水浒传》中的燕青打擂来说，虽然只是一部小说，但是小说体裁来源于生活，在生活中必定有故事中的原型人物。散打作为现代武术比赛项目，在比赛中对一些身体部位作了禁止击打的严格规定，如裆部、后脑、咽喉等都是禁止击打的部位。

2.技术的实用性

在实用性方面，传统武术技术对抗主要是以摔、踢、拿、打为主要手段。由于传统武术中一些动作对运动员的安全保护造成威胁，如传统武术的擒拿、插眼的标指、打穴位用的凤眼拳、掌等技术拿标指来说，它的使用很容易导致运动员伤残，为了更好地保护运动员安全，在现代武术对抗中主要以打、踢和摔为主。

（三）传统武术规则的统一化

对于传统武术竞技化来说，传统武术套路动作表演和传统武术对抗规则的统一化是其两个重要的标志。对于传统武术来说，套路动作与对抗是融为一体的。但传统武术的竞技化发展使得传统武术分为了散打和武术套路两个方面，同时也制定了与之相对应的比赛规则。

就对抗来说，擂台是古代社会中主要的对抗形式，在擂台比赛中没有制定统一的规则，或者说规则相对比较简单，如认输或者打死。也有一些采用约定的方式来确定输赢。如《清稗类钞》中记载；“常熟西乡有一姓郑的，得少林宗派，善技击，一次与和尚比武，约好相向坦腹背倚墙壁各击三拳无伤者胜”。[①] 以上这些对抗规则，不但与现代体育比赛竞争的要求不相符合，而且要没有达到人们对对抗激烈性的审美要求。此外，对于比武者的安全问题也无法予以保证，一场比赛打完，比武者非死即伤。

此外，在对比赛结果的评判方面也是不正规的，要求无伤者获得胜利，在打擂的过程中，双方你打我，我打你不可能保证无伤，如果两个人都有伤该如何对比赛结果进行评判；另外，在传统的打擂比赛中，对于参赛者的体重没有进行区分，这主要是因为中国人看来体重的差异虽存在不同但没有

---

① 宋建钧.传统武术竞技化困境与传承出路研究[D].南京体育学院，2014.

强弱之分，如在西方人看来，身材矮小者往往是处于弱势的一方，但在中国文化中认为强弱只是相对的概念，不存在绝对的强和弱。身材矮小的人，在移动方面更加灵活，矮小便成为一种优势，而身材高大的人本来处于强势，由于高大意味着过于笨重，也就成为一种弱势。因此，就公平性来说，传统武术与西方竞技体育公平竞争原则是不相符合的，这就要求制定出统一的传统武术对抗比赛规则以更好地体现西方体育公平竞争的原则。如从传统武术发展起来的武术散打，在规则方面对体重、禁用技术、禁止击打的部位等做了明确的规定，这与西方保护运动员的要求和公平竞争的精神是相符合的。

就武术套路的规则来说，传统武术中也有相关的套路表演，但这种表演主要是作为一种娱乐的形式，对于套路演练所达到的水平并没有成文的规则来进行评价。如杜甫所记载的公孙大娘剑舞，也只是为了达到皇宫娱乐的目的而已。到了现代社会发展阶段，为了将传统武术纳入到正式比赛项目中，专门对传统武术的各种手型和步型做了统一，针对套路表演的水平制定了评定规则，武术套路的评定主要分为动作质量、难度和演练水平三个部分，三项得分的总和作为套路表演的总成绩。其中，动作质量主要规定了各个套路动作的步型、手型以及使用的器械；难度方面主要规定了各种翻转、腾空跳跃等；演练水平主要是通过专业的评委根据自身经验和感觉来进行评判。通过制定规则和相关规定，从而使得传统武术能够与西方体育比赛的要求相符合，进而成为现代体育比赛项目。

二、传统武术竞技化发展的具体情况

（一）传统武术习武者的增多

传统武术是我国传统文化的瑰宝，随着近几年对传统文化的保护和我国体育事业的快速发展，传统武术习武者不断增多，成为当前传统武术发展的一个显著特点，这为进一步促进我国传统武术的发展提供了良好的群众基础。

新时期，传统武术习武者的增多主要受以下因素的影响。

1.武术健身养生价值的突显

在我国传统武术中，健身养生是其中一个非常重要的运动特点，这主要归因于传统武术所具有的健身养生价值，这使得武术爱好者们对武术健身有着很高的忠诚度。到了现代社会，由于人的压力不断增大，在健身养生方面的需求也在不断增大，传统武术良好的健身养生价值和效果使得其能成为一个重要的养生项目，因此，越来越多的人开始从事传统武术的练习。

2.武术文化的持续普及和推广

这些年来，对传统文化的保护、发展和传承，我国给予了高度的重视，这也是我国大力发展文化软实力的重要战略决策。正是在这种社会背景之下，传统武术及其文化受到了我国高度的重视，传统武术也越来越备受关注，参与传统武术的人也越来越多。这主要体现在传统武术健身方面，对传统武术竞技领域进行关注和参与的人数也在不断增加，但这部分人口所占的比例仍是非常小的。

根据不完全统计，我国习练武术的人现已超过2亿人，这也是其他体育项目所难以相比的。广泛的群众基础，使得我国传统武术具有了非常旺盛的生命力，这也为我国传统武术竞技化发展过程中对习武人才的挖掘打下了良好的基础。

（二）传统武术竞赛蓬勃开展

良好的社会、经济和文化发展环境为我国传统武术的竞技化发展创造了条件，随着我国传统武术的进一步推广、普及和发展，近几年来，国家和地方政府相关部门也都从传统武术开始大力发展体育，这包括了传统武术竞赛和传统武术表演，从而更好地促进了传统武术的开展。

我国传统武术竞赛表现出了非常不错的发展势头，为了促使其进一步发展和完善，各个地方也都相继将武术比赛作为中心来开展武术文化节庆活动和综合性的武术赛事，如传统武术功力大赛、国际形意拳交流比赛、国际螳螂拳交流比赛、郑州国际少林武术节、焦作国际太极拳年会等。这些比赛既能够很好地促进当地传统武术的发展和普及，同时也为那些有着良好习武传统的地区带来了不错的经济效益，使得传统武术在国内外的影响力得到了极大的提升，这也为进一步扩大传统武术竞赛，走向国际提供了良好的发展经验和竞赛基础。

（三）武术竞技人才培养不完善

从竞技体育的发展规律和特点来看，竞技体育的发展归根结底要落实到竞技体育人才的发展上面去，传统武术的竞技化发展也必须重视武术竞技人才的培养。

当前，我国传统武术的竞技化之路刚刚开始，还处于发展的初级阶段，在人才培养方面还存在许多不足之处。客观来讲，我国传统武术群众基础广泛，但是，在传统武术竞技人才培养方面还有着许多问题。

在我国传统武术竞技化的发展过程中，人才培养不完善是一个不争的事实，也是制约我国传统武术竞技化可持续发展的一个重要因素。我国传统武术竞技人才培养的不完善主要表现在以下几个方面。

(1)没有充分认识传统武术竞技化的发展趋势，从事专业传统武术训练的人才非常缺乏，特别是武术竞技后备人才。

(2)在传统武术训练人才的培养方面，缺乏完善的体系，体校是我国当前传统武术人才主要的培养方式，没有形成一个系统化的管理体系，缺乏相应的经验，同时也缺乏健全的人才培养计划。

(3)在传统武术竞技化训练体系中，缺乏相应的武术竞技训练教材和专业的教练员。

(4)由于缺乏健全的传统武术训练理论体系，这就使得传统武术训练实践中，教法千篇一律，不具备较好的可操作性。

(5)由于没有给予武术竞技化足够的重视，与其他一些奥运会项目不同的是，武术人才不具备竞技训练优势和训练经验，政府投资非常有限，并且缺乏专业的武术训练中心或训练机构。

(6)竞赛完全脱离了普及，纵观全运会、亚运会、大运会等大型赛事中的传统武术比赛项目发现，比赛项目过于单一，主要是竞技武术散打和武术套路，而在社会中很多武术爱好者和民间拳师并不把竞技武术散打和武术套路作为习练内容，造成了竞技武术同一般武术严重脱节，很难挖掘到真正的武术人才。[①]

(四)武术风格和特点的异化

我国传统武术历史悠久，长期以来一直是我国的传统健身养生项目，传统武术的竞技特征并不明显。

在当下，体育运动竞技化发展对各个体育运动项目的发展都形成了一定的冲击。若想在当前社会发展中占据有利地位和获得更好的发展，传统武术必须要与世界体育进行接轨，从而更好地走竞技化发展道路。但是，由于缺少相应的经验以及传统武术所具有的表演和健身的特性，使得传统武术竞技化发展中，以世代传习为特征的传统武术很难找到交流和被认同的机会，不得不舍弃原有的传统，而效仿竞技。传统武术竞技化发展使得传统武术所具有的属性被改变，从而造成了新的武术套路与传统武术套路

---

① 杨建营.竞技武术比赛存在的问题及解决思路探析[J].西安体育学院学报，2016(33).

在风格方面产生了不同的效果，导致传统武术失去了原有的一些特色和内容。

整体来看，在传统武术的竞技化发展过程中，传统武术自身的风格特色逐渐被弱化，传统武术的文化内涵正在丧失，传统武术风格和特点及其文化内涵的异化在一定程度上违背了传统武术的健康发展规律，如何在促进传统武术竞技化发展的道路上保留传统武术的原始文化内涵和风格，是一个重要的社会课题。

（五）武术竞赛规则不统一、可操作性差

1. 武术竞赛规则的不统一

传统武术的竞技化发展历程中，武术技术和套路随着武术竞赛规则的改革与发展而不断发生着改变。目前，在武术竞技化发展中，武术竞赛规则与竞赛内容方面都存在许多不一致的地方，严重制约和影响了武术的国际化发展。具体分析如下。

（1）就比赛规则来说，在武术套路比赛中，国内外并没有达成统一，国内外武术比赛各自采用不同的比赛规则，在武术比赛的技术动作、套路动作、难度动作等方面也并没有达成一致，这对传统武术竞赛的扩大化发展是非常不利的。

（2）就比赛内容来说，国际武术比赛在项目内容设置方面为男女 20 个，并且都是规定套路；而在我国国内武术比赛中，就全国武术大赛来说，男女套路动作比赛项目为 22 项，大都是自选项目。

总之，传统武术竞技化发展在一定程度上受到了国内外传统武术竞赛内容不统一的限制。也就是说，国内外传统武术比赛不统一，对传统武术国际化发展是不利的，这也对武术项目列入奥运会正式比赛项目产生不利的影响。

2. 武术套路竞赛规则可操作性差

就传统武术竞技化发展过程来看，传统武术竞赛规则经历了从无到有、从表演到竞技的发展过程，这使得我国传统武术得到了非常快速的发展，在当前现代体育竞技化发展趋势中也显示出，具有丰富文化内涵的传统武术具有良好的适应力。

需要注意的是，随着武术竞赛评价体系和竞赛规则的不断完善，可操作性变得越来越小。很多武术教练和教师没有充分认识武术竞赛规则，就拿从事专业训练的武术裁判员来说，也需要通过参与专业的培训才能胜任工

作，才能获得参与比赛评定的基本资格。但是在具体的传统武术比赛过程中，对于参与选手的动作难度、扫转度数等，需要通过裁判员的瞬间观察来进行评定，这就要求裁判员必须具备扎实的武术技术理论知识和文化素养。此外对于武术的理解，不同的裁判有着不同的理解和认知，这就造成了在评判中容易出现偏差。[①] 可操作性差对武术竞赛的发展产生了严重的影响，对传统武术竞赛规则的完善尚有一段很长的路要走。

（六）武术竞赛宣传不足、经营不善

1.武术竞赛社会影响力小

随着社会进入到了知识经济和市场经济时代，市场化也就成为传统武术赛事发展的必然，传播媒体通过与体育产业紧密合作，使得传统武术竞赛的开展必然需要现代新媒体和传统媒体的共同参与，从而实现多元媒体与武术竞赛共同承担风险，实现利益共享。[②]

作为我国体育运动和优秀传统文化的瑰宝，传统武术竞赛与其他体育运动项目相比，在影响力方面非常之小，其影响力也只有在武术界人士中有着足够的作用，也只有传统武术竞赛参与者和运动者清楚传统武术竞赛的开展情况，很多武术人才对各赛事的举办情况甚至不怎么了解，同时社会大众对传统武术赛事的关注程度也非常低。[③]

就我国目前传统武术竞赛开展情况来看，在体育竞赛中大众传媒所发挥的重要作用并没有在传统武术竞赛中得以充分发挥出来。就原因来说，这主要是因为缺乏足够的赛事运作经验以及与媒体之间的联系不够密切。虽然我国有着很多种类的体育运动竞赛，但媒体与赛事之间的联系并不是非常密切，与其他体育赛事相比，媒体对武术赛事没有表现出很高的关注度，并且对武术赛事缺乏足够的宣传，大众对传统武术竞赛缺乏关注度，这大大降低了传统武术比赛的社会影响力。

2.武术竞赛经营不善

缺少了相关媒体的强有力支撑和宣传，这使得传统武术比赛的消息很难快速传播，由于缺乏广泛的群众基础，这对武术竞赛人才的选拔造成了严

---

① 方方.武术套路竞赛规则的回眸与思考[J].成都体育学院学报，2011(37).

② 王晓东.论传播媒介形态变化及对体育传播的影响[J].上海体育学院学报，2003(5).

③ 李君华，宋雪.论传统武术竞赛现状及前景探索[J].中华武术·研究，2015(4).

重的影响，也影响了观众的互动，以及比赛赞助盈利。

在吸引赞助方面，影响力小、关注度低直接造成武术竞赛的举办力不从心，得不到良好经济条件的支撑，这使得传统武术竞赛的发展更加困难，甚至一些赛事在举办了几届之后就难以进行下去。这说明了武术竞赛缺乏良好的市场经济适应能力，传统武术竞赛市场化发展缓慢。

（七）赛事主体单一，政府干预过多

目前，政府成为我国众多武术赛事的主办方，很少有公司进行赞助，这充分体现出了武术赛事的政府特色。由于对武术竞赛过多的干预，会对武术赛事市场化运作和发展带来不利影响。

就科学化发展来说，传统武术不仅仅属于体育，更不仅仅属于竞技体育，尤其不属于行政垄断体制管制下的、以“金牌至上”为理念的竞技体育。传统武术具有其自身的发展规律，如果使用西方竞技体育的方法和目标来推动和辖制它，常常会产生相反的效果。通过借助政府的干预，或许在短期之内武术比赛能够获得一定的发展，但是与武术的基本属性和市场规律相违背的武术比赛是无法得到长远发展的。

第二节　体育全球化背景下武术竞技化发展动因

一、武术竞技化的近代历史发展动因

（一）民国时期武术竞技化的动因

在民国时期，武术竞技化的发展是在当时体育强国思想的推动之下进行的。西方列强在清末民初时期掀起了瓜分中国的狂潮，中国面临着严重的民族危机。孙中山先生在这种背景之下，提出了“强种保国，强民自卫”的思想，认为当下正处于竞争激烈的时代，只有具有强健的体魄才能在竞争中求得生存。同时，也指出要想让国家变得强大，就必须使国民体力得到提高。黄兴也提出：“中国欲立足于世界上，非改良政治，易由致强以图生存？若长此不变，国势愈弱愈下，吾恐二三十年后，有国亡灭种之祸。”[①]

从上可知，孙中山和黄兴都已经意识到在这个弱肉强食的世界里，国家

---

① 宋建钧. 传统武术竞技化困境与传承出路研究[D]. 南京体育学院，2014.

的强盛必须要以国民身体健康作为基础，因此就有了强国必先强民的思想。在强民的过程中，体育便成为其中最为有效的途径。在认识到体育强国、强民的思想之后，他们积极倡导和引导人们进行体育锻炼，也正是在这种形式之下，西方体育课程得以在各个新兴的学校中进行开展。但是，作为被侵略国，要想饥饿着学习强国之道是非常难的，存在相当的抵触情绪。也正在这民族主义思想的指导下，一些人提出了“由此以立战功称名将者，不可胜数，可云武术中兴时代。……窃谓令也欲求强国，非速研究此术不可。”①这也使得之前一直低迷的传统武术一下子活跃起来，同时也有一大批武术组织相继建立起来，如北京武术研究社、中华武术会、中央国术馆、上海精武武术会等。根据相关资料记载，在民国时期，几乎每一个城镇都建立了相应的武术组织。在武术得以开展的同时，随着西方体育文化进入到国内，中国传统武术也将其视为对象进行对比，在对比的过程中，不崇尚竞争作为中国武术的劣根性被充分显露出来，这也使得很多武术界人士开始对武术进行相应的改革。

通过中国体育与西方体育的对比和论战，使得武术竞技化发展的速度得到进一步加快。在民国时期，出现了两次中西文化的论战，第一次是在世界第一次大战之后，第二次是在20世纪20至30年代。在体育领域中，中西体育文化的论战成为中西文化论战的主要表现。中西体育文化论战是指以武术作为主要代表的中国传统民族体育与西方以田径、体操、球类等作为主要内容的现代体育之间进行对比。中西体育文化是两种不同质的文化，两者相遇便将引起各种冲突，但所引起的文化冲突并不是结果，而文化冲突的结果就是文化融合。

国人在中西体育文化的冲突之中吸收到了西方体育文化中有营养的部分，如标准化、规则化、制度化、规范化、科学化等，通过对传统武术进行整理和改造，使得将传统武术作为主要代表的中国民族传统体育文化向着现代化进行转型。例如，在传统武术传播方式方面，马良吸取了西方兵操的练习方式并运用到了武术动作习练之中，从而结束了以往言传身教进行秘密授拳的传播方式，从而使得过去以家庭伦理作为背景的传统武术传播方式转变为公开的由老师带学生的方式进行传播。从武术内容方面，张之江通过将传统武术中打擂的方式结合起来，来对对抗的简单规则进行制定，从而揭开了武术竞技对抗新的篇章。

---

① 宋建钧. 传统武术竞技化困境与传承出路研究[D]. 南京体育学院，2014.

(二)新中国成立之后的竞技化发展动因

在新中国成立之后,为了彻底摘掉西方国家扣在国人头上的"东亚病夫"的帽子,党和政府提出了"增强人民体质"的口号,并与人民一起共同对传统武术进行整理和改造。在新中国成立之初,毛泽东同志就提出了"发展体育运动,增强人民体质",寄希望于体育,希望人民群众能够通过进行体育锻炼来增强体质,从而更好地恢复中华民族大国、强国的身份,体育强民被赋予了新时代意义。武术作为中国民族传统体育的典型代表,便成为全民健身的首选途径,如时任国家体委主任的贺龙同志就将武术视作一座"宝山";筹备委员冯文斌在做报告时指出"要开展武术活动"。武术工作正是在这种思想的指导下展开的,通过采用各种方法,来对武术的推广方法和科学价值进行研究,同时借助于规范化、科学化规则的制定来促使武术登上竞技的舞蹈,通过开展武术比赛,来达到对武术进行宣传和推广的目的,以促使更多的人参与武术锻炼,以达到强民强国的最终目的。

新中国文化发展的方针为武术竞技化的发展指明了方向。在新民主主义革命时期,毛泽东就提出了"古为今用,洋为中用"的文艺方针,这句话的意思就是通过借助于前人所创造出的文化来为现代人服务,通过对西方文化的精华部分进行借鉴和吸收,以为我们的文化提供服务。正是在这种方针的正确指导下,通过取其精华,去其糟粕,百花齐放,推陈出新等原则来更好地改造传统文化。作为传统文化的重要组成部分,武术自然不能例外。例如,在会见国家体委相关负责人时,刘少奇就曾指出,要对武术、气功等传统体育项目加强改革和研究。体育工作者在这一思想下,将西方竞技体育中的有益部分吸收过来对武术进行改造。

在武术竞技化发展过程中,国际化提供了新的模板。通过进行相关研究,张茂于指出,武术国际化就是指超越国界、超出国家界限的各种武术活动在不同国家、不同地区、不同民族、不同宗教信仰、不同文化背景下进行相互交流、交往以及传统推广的过程。1982 年,我国针对武术制定出了明确的目标——让武术走向世界,并寄希望通过使武术成为奥运会正式比赛项目来提高民族的自信心、民族凝聚力和民族自豪感。武术借助奥林匹克这一发展平台来得到更好的传播和推广。国家体委也因此提出了"武术源于中国,属于世界"的口号。不过,现代奥运会所期望和需要的是具有现代体育特点的比赛项目,也就是说,比赛项目是能够采用时间、远度、高度、长度等进行准确测量的体育项目。作为中华民族传统体育的优秀代表,传统武术在很多方面都是不符合奥运会的具体要求的。

1.在标准方面缺乏统一

在伦理方面，传统武术非常重视，有句拳谚："文以观也武以评德"，如果一个人缺少必要的道德，即使拥有高超的功夫，也是很难被社会所接受和认可的。完美是中国文化对体育人的主要要求，既要求具备高超的技术，同时也要具备完美的道德。而道德很难在短时间内来判断出高低，它主要是在人的待人接物、一言一行中表现出来。此外中国武术也非常重视虚，这里所说的虚是指人的精、气、神，这就使得在测量时没有相应的客观标准作为参考，更没有办法进行统一。就拿拳谚："眼无神，拳无魂"这句话来说，在武术中，眼神有着非常重要的作用，但"神"是一种非常虚的东西，只能去体会、去感觉。由于每个人在认识方面标准并不统一，这就使得人们对"神"的评价也出现了很大的差别，通过采用不同的评价标准，得出的评价结果是无法服众的。

2.动作内容缺乏统一

在传统武术中，就拳种而言，其种类非常繁多，并且具有各自不同的风格，在测量时无法采用统一的标准。例如，南拳拥有独特的手法（桥、单指）、腿法（横钉腿）和步法（跪步、碟步、骑光步）；形意拳有三体式；八卦拳有拖泥步，以上这些都是各色拳种所特有的东西，无法去掉。如果强制删除，那么就失去了拳种的特色，同时也无法进行统一。如果组织相关的比赛，习练八卦掌与习练形意拳的人无法进行比较。

3.技击对抗缺乏相应的统一规则

如果没有统一的规则，那么比赛就失去了公平性。擂台是传统武术对抗常采用的形式，又称为"比武"，在传统的擂台比赛中，规则相对较为简单，通过认输、打残、打死等作为判决标准。此外，还有以交流为目的的个人之间的君子之斗，这种比试只比武艺，不赌生死。比试双方都是将武德作为基础，通过按照双方约定来判定输赢，这种比试能够有效避免出现伤亡情况，但这种比试需要以道德作为束缚，并不是每一个人都能做到的。无形组织成为正规的比赛，也不能体现出真实的水平。根据相关资料记载，八卦创始人董海川与太极宗师杨露禅较技，你来我往，斗至酣时，杨露禅突然跳出圈外，作揖后转身扬长而去，人问其故，杨露禅说：他董海川若为阴，我能对付，若为阳我也能对付，但他不阴不阳，我就对付不了。[①] 这在局外人看来，杨露禅并没有被打败，但他自己却认为自己已经败了，从而主动认输，将以往

① 宋建钧.传统武术竞技化困境与传承出路研究[D].南京体育学院，2014.

以命相搏的陋习抛弃，彰显出了杨露禅高尚的武德。但这种比试并不能将两人的真实水平反映出来。就传统武术而言，在套路动作表演方面没有制定统一的标准动作和规则，而在武术对抗方面也与现代体育保护运动员的原则不相符，这就要求我们通过对传统武术进行改造，来使其与以西方体育价值体系作为代表的奥运会的要求相符合。通过进行适当改造，使传统武术的动作能够采用西方体育量化、客观的评价方法来进行评价，也正是在这种思想的指导下，传统武术开始了竞技化发展。

通过传统武术竞赛的商业化运作为传统武术的竞技化发展提供了充足的动力。所谓商业化是指将营利作为目的来对某种产品进行生产的行为。传统武术竞赛的商业化是指将传统武术竞赛作为商品来进行营利的行为。随着我国改革开放政策的实施，市场经济的改革与发展，传统武术也顺利走上了营利的发展道路。如通过举办相关的武术比赛来获得相应的赞助和门票收入等。也正是在商业利益的驱动之下，不断地对武术比赛的规则和内容进行相应的修改，以使武术比赛更具竞争性和观赏性，吸引更多的观众观看比赛，以获得更多的经济收益，这也使得传统武术成为现代获取名利的重要工具。

二、武术竞技化发展的具体动因

（一）军事武艺的衰退

可以说，武艺自古以来都是军事战争中尖锐的刀锋。直到鸦片战争发生后，人们在认识到西方军事优越性的同时，出于对军事武艺的眷旧、民间武术偏爱，以及军事转制的落后，当时清政府在军队训练、武科招考、学校军事教育中仍然十分重视武术。

1901 年，武举制度被清王朝废止，这使得社会中那些想要通过武艺来考取功名的人失去了途径。此后，在当时条件下，由于受到义和团运动的影响，清政府禁止民间存置武器，这就直接造成了武艺退出战争的舞台。而当代战争主要依靠现代科技，武术只能在特殊兵种中才能有所作用。所以，延续数千年的传统武术终究要退出战争舞台。这极大地限制了传统武术运动的发展，传统武术急需要另辟蹊径来获得发展，这也是传统武术竞技化的重要原因之一。

（二）社会方式的转型

在鸦片战争之前，中国仍处于典型的以小农生产方式为主的社会，在

“农耕文明”的主导下，人们过着“日出而作，日落而息”，自给自足的生活。随着中国现代社会的转型，中国由近代进入到了现代，适应于社会化的大生产要求、创造和发展为它服务的新文化，使传统文化产生了危机，并不得不向近代转型。在社会生产生活方式发生转变的过程中，传统武术失去了赖以生存的土壤，这使得传统武术失去了稳定的传承结构，同时也失去了牢固的师徒传承关系。随着现代社会治安状况的改善，人们生活和安全都得到了很好的保障，这大大削弱了武术自卫搏击的功能。这也要求传统武术向着表演欣赏、激发人体潜力的竞技武术转型。

（三）西方现代体育文化传入

现代体育科学规范，易于普及，其传入中国，迅速侵蚀传统武术赖以存在的市场，显示出西方工业化文明的高效率和富有竞争意识的优势。通过借助于最先进的成果来对传统武术进行与体育化相适应的创新、改造和发展，才能更好地促进传统武术的发展，这是传统武术得以快速发展的重要途径。但对传统武术进行现代化体育改造与武术的初始形态是相互矛盾的。改造是否可行，是一个非常难的选择。一方面，作为一种体育运动，就应该对传统武术按照体育的要求进行改造，将体育所不能接受的内容从武术中排除掉；另一方面，如果不将武术纳入现代体育的范畴，武术就会面临被淘汰的命运。在武术体育化的过程中，传统武术也就自然而然成为竞技武术项目内容的重要来源。这主要是因为，在习练传统武术的过程中，包含了大量的身体练习手段和方法等体育因素，针对武术中适合比赛的内容部分通过进行适当的规则限定来作为比赛的一种形式，从而成为运动竞赛项目。另外，由于具有良好的健身锻炼效果，一些武术练习内容能够成为体育健身项目。

（四）现代竞技体育思潮的影响

在现代竞技体育中有着科学的原则和明确的目标。与其他项目相比，竞技项目具有不同的比赛目标，如果没有明确的竞技主体，那么就不符合竞技体育的具体要求。此外，竞技体育还具有周密科学的竞赛规则，并且各个竞技体育项目的比赛规则都是独一无二的，并在性质、内容、要求、判罚尺度方面都力求客观，从而更好地保证了比赛的公平、公正。这些都是传统武术目前所不具备的，这说明在现代竞技体育思潮的影响下，传统武术同样需要科学化，这就使得传统武术竞技化成为发展的必然趋势。

第三节 传统武术与奥林匹克运动

一、奥林匹克运动概述

(一)古代奥林匹克运动会的起源与形成

在古希腊时期,常年存在着很多地域战争,常常出现各个城邦之间相互争夺,甚至并吞的情况。虽然一些城邦在人口方面不占优势,但具有非常强悍的民风,不主动从事生产劳动,而是寄希望于侵略、掠夺等。因此,为了获得生存,满足需要,这些城邦的人们总是过着兵营生活,从事体育和军事训练。为了促使士兵的身体变得更加强壮,体育在合格的士兵培养方面成为重要的手段。这促使人们去从事体育活动,因而体育运动发展得极为昌盛。而当时的古希腊统治阶级尚武,欲让公民养成勇敢好战的精神,以便从中选拔身体健壮、行动敏捷、技能超群的勇士,为其城邦国家效力。由此可见,在古希腊,长期从事顽强训练,掌握能够胜任战事的各项本领是每个公民所崇尚的主要职责之一。这些为古代奥林匹克运动会的形成奠定了基础。

古希腊时期的人们非常崇敬神。人们将诸神栖息之地定在了希腊北部的奥林帕斯山上,将其视为一个神的天国,由 12 个主要的巨神来对天地间的秩序进行维持。世间由神与影响人物共同创造,并且将宙斯视为诸神的最高代表。宙斯具有至高无上的权利,对人间的一切进行主宰,并将雷电霹雳作为武器。在古希腊人心中,神与人具有相同的外形和性别之分。在人们看来,诸神在权能、法术、美丽、智慧等方面远远超过了凡人,但在品格、形象、思想和情感等方面神与凡人是没有区别的。他们也有喜怒、有好恶、有欲望,并且有时互相嫉妒,互相口角,互相爱恋,互相仇恨,甚至互相残杀。诸神平时聚居于奥林帕斯山巅,宴饮作乐,谈笑欢娱;有时则离开他们的宝座,下降尘世,参与人事;有时竟因人事之故,各袒一方,自相争斗。因此,只有和神构建起一个和谐的关系,人们才能获得更好的生存环境,反之就是出现很多灾难,如庄稼欠收、船只失事、瘟疫流行、气候干旱、战争失败等。人们通过祭神的方式来向神表达虔诚之心。人们将宙斯和诸神视为神灵,进行顶礼膜拜,并相信通过向他们进行礼拜、祈祷、祭献等方式,能够得到幸福和庇护,并免除灾难。宗教祭祖节日的活动成为古希腊人心中最为美好的生活,因为那是与神的生活最为接近的生活。在葡萄、橄榄成熟或者农业丰收的时候,人们往往会欢聚到一起开展祭神庆典活动。在祭神活动中,人们通过采用简单的舞蹈动作来向神表达感激和崇敬。这些隆重的礼节，随着不断的发展而演变成为盛大的节日。凡是在重要的农事、季节变化、生死婚嫁、军事活动等中，人们都要举办相应的集会活动。随着这些仪式的不断发展，逐步出现了祭神歌舞、戏剧表演和体育竞技这样隆重的祭祀盛会。古希腊人并不会为了敬神而去苦修、守斋、祷告与忏悔，他们希望与神灵同乐，给诸神看最健美的舞蹈和裸体竞技，用艺术和诗歌创造辉煌的作品，以壮观的喜剧和悲剧场面，表达人类最奔放、最庄严的情感，使人们能暂时与神明共娱，欢度人世间最美的时刻。在古希腊，人们将生活在奥林帕斯山上的诸神视为与战争胜败、生死祸福有着非常密切的联系，通过开展各种激烈的竞技活动来向诸神传达自己的崇敬和忠诚，并渴望诸神能够在战争中提供帮助以获得最后的胜利。通过体育竞技来获得胜利，是对真实战争中实力较量的缩影和预兆。这也使得获得竞技赛会中的胜利，成为古希腊人在战争中获得胜利之心的表达方式。通过向诸神进行祭祀和表达崇敬之心，来获得诸神的庇护，从而在战争中获得胜利。由此，在古希腊的国土之上，祭祀竞技活动得到了非常广泛的开展。

祭祀体育竞技的活动带有宗教色彩，竞技运动日益为人们所喜爱，便逐渐形成了一些地方性的竞技赛会。根据相关记载，在公元前 776 年，祭祀体育竞技赛会就已将出现在了希腊奥林匹亚地区。到了公元前 6 世纪祭祀体育在希腊的普及达到了最顶点。在刚刚举办祭祀盛会之初，单程赛跑是竞技项目中唯一的一个比赛项目。随着后续的不断发展，往返赛跑、角力、拳击、赛马竞技等相继在竞技中出现。此后，一些少年竞赛项目和其他竞技项目也被纳入其中，在举办最兴盛的时期比赛项目曾达到 24 项之多。

（二）现代奥林匹克运动的兴起与发展

“国际体育运动代表大会”于 1894 年 6 月 16—24 日在巴黎索邦神学院举行，这次会议由来自 12 个国家的 49 个体育组织的正式代表参与。在会议举办期间，相继有 21 个国家发来函电以表示祝贺和支持。顾拜旦有关恢复奥运会举办的主张在会议上一致通过，并制定和通过了《复兴奥运会》决议。同年 6 月 23 日，会议决定成立国际奥委会。同时，顾拜旦也在本次会议中倡导举办第 1 届现代奥运会，得到了与会者的一致赞同，会议最终决定在 1896 年举办第 1 届现代奥运会，举办地为希腊雅典，并规定此后每四年举办一次。

国际奥委会的成立是现代奥林匹克运动会得以兴起的重要标志。截至目前，现代奥林匹克运动会已经经历了 100 多年的发展，就其发展历程来看，可以视为四个发展阶段。

1.现代奥林匹克运动发展的初期阶段

1894—1914年,这是现代奥林匹克运动发展的初期阶段。这一阶段中,世界政治经济关系发展着很大的变化,也只有在欧洲的少数国家开展了现代体育运动,很少出现世界范围内的体育竞赛活动。此阶段的奥运会举办根据主办国的意愿安排,随意性大。另外各种设施及比赛规则都不完善,国际奥委会及一些单项体育运动组织机构都比较松散。一直到了1908年伦敦奥运会这一情况才有所改观,这主要从较为规范的运动竞赛来体现出来。该届奥运会为以后奥运会的发展构建出了一个基本的模式。1912年的第5届奥运会是该阶段举办最为成功的一届奥运会,在这一届奥运会中,顾拜旦所倡导的没有事故、没有抗议、没有民族主义仇恨的奥运会首次得以实现。

2.现代奥林匹克运动发展的基本形成阶段

1914—1939年,这是现代奥林匹克运动发展的基本形成阶段。由于世界第一次大战的发生,使得奥林匹克运动被迫中断,直到1920年才得以重新恢复。在这一阶段中,无论是从组织方面还是从规范方面,奥林匹克运动都有了很大的进步。同时,国际各个单项体育联合会相继成立,基本上形成了国际奥委会、国际单项体育联合会和国家奥委会各司其职的局面。这也使得国际奥委会能够从奥运会的具体技术事务中解脱出来,能够在协调、领导、决策等层面上发挥出更高的作用。另外,奥运会的各种制度逐步健全,奥运会的基本框架、运行机制和基本特征在这一时期基本形成,具体表现在比赛项目逐渐合理、比赛设施进一步完善、比赛时间有了限制和先进的技术充分运用到比赛中去等方面。值得注意的是,从1928年开始,在奥运会中纳入了女子田径项目,这更好地推动了奥林匹克运动的普及和发展。此外,从1924年开始举办冬季奥运会。

3.现代奥林匹克运动发展的普及阶段

1946—1980年,这是现代奥林匹克运动发展的普及阶段。在第二次世界大战结束之后,世界格局发生了很大的改变。东西两大集团的“冷战”,对奥林匹克运动的发展产生了非常严重的影响。但在世界经济得以振兴和科技快速发展的影响下,奥林匹克运动也迎来了更好的发展时机。在这一阶段中,苏联和其他一些新兴国家也都积极参与到奥运会之中,通过在各个不同大洲举办奥运会,以及举办各个地区运动会和残疾人运动会,促进了奥运会参赛人数和参加国家数量的不断增多。在奥林匹克运动逐步普及的过程中,竞技水平也得到了很大的提高,非洲地区的体育运动受到了世界人民的关注。

在这一阶段，奥林匹克组织不断发展完善，已不单纯是一个体育机构，与政府以及非政府各部门的关系日益密切。此外，借助奥林匹克运动的舞台，各个不同集团都希望达到自己的目的，在奥运会中政治因素的影响越来越突显，变得更加激烈和复杂。该阶段也出现了很多问题，如奥运会承办国负担过重、使用兴奋剂等，这使得国际奥委会的职责变得更加沉重。这一时期内，国际奥委会、国际单项体育联合会和国家奥委会之间开始出现分裂。直到 1972 年之后，由基拉宁担任奥委会主席时，这些情况才得到了很好的改善。

4. 现代奥林匹克运动快速发展的阶段

1980 年至今，是现代奥林匹克运动快速发展的阶段。进入 20 世纪 80 年代，奥林匹克运动过去的那种政治上不与政府联系的“独立性”原则、做法已不适应新时期的需要。在该阶段，时任奥委会主席萨马兰奇对奥林匹克运动做了更大规模的变革。无论是在科学技术方面还是在文化教育方面都对奥林匹克思想的传播给予了充分的重视，并通过开展一系列的活动来促进奥林匹克运动的宣传。在 1996 年举办的美国亚特兰大奥运会就获得了空前的发展和成功，规模之大前所未有，参赛国家和地区就有 197 个，开展的比赛项目多达 271 项。就组织结构来看，国际奥委会与其他组织机构的联系越来越密切。20 世纪 80 年代以来，国际奥委会成立了专职的总部，从而拥有了一个有着健全功能的和组织结构的首脑机构，以更好地对各个方面进行领导。自 1981 年开始，奥委会拥有了正式的法律地位，在各种重大事务中以法人的身份参与和处理。在经济方面，奥林匹克运动会大胆进行商业性开发、通过各种活动创造财富，为自身发展创造良好的经济基础。正是因为各个国家看到了奥林匹克运动会的举办对社会经济发展所产生的巨大影响，才极大地促进了各个国家申办奥运会的积极性和主动性。

这一时期，奥林匹克组织与各国政府进一步紧密合作，但同时坚决地保持自己的独立性；允许商业介入，但国际奥委会对其施加控制的手段。这样，促进了奥林匹克运动向健康的方向发展。今天，奥林匹克已进入了一个蓬勃发展的时期。

（三）现代奥林匹克运动的精神格言与思想体系

1. 精神格言

（1）奥林匹克精神

奥林匹克精神，从狭义层面理解，是指团结、友谊、相互了解和公平竞争的精神。它主要是对相互了解、团结和友谊进行强调，并将构建和谐的文化氛围，促进国与国之间人民的交流作为主要目的。只有这样人们才能从各自文化所带有的偏见之中摆脱出来，通过不同的文化，来展现出人类文化千姿百态、百花齐放的壮丽图景。各国人民具备了这样的精神境界，才能从各自狭小的民族局限中跳出来，以博大的胸怀来对本民族以外的事物进行认识和理解，学会尊重其他民族，并以客观和公正的态度来对待自己和他人。

奥林匹克运动经过了100多年的发展，其文化内涵得到了不断丰富和完善。从广义的层面来看，奥林匹克精神既包含了团结、友谊、相互理解以及公平竞争的精神，同时在奥林匹克运动中还能够将这些精神在其所一直倡导的格言、宗旨、口号和使用的徽记中集中体现出来，同时也包括了运动员不断超越自我、战胜自我、挑战极限的崇高精神，以及追求人与自然和谐统一、维护世界和平的精神方面。“同一个世界，同一个梦想”作为北京奥运会的主题口号，将奥林匹克的精神实质以及价值观集中体现出来，很好地表达了在奥林匹克精神的感召下，全世界人民携手共建美好未来的共同愿望。

概括起来，广义的奥林匹克精神就是世界各国运动员遵循“和平、友谊、进步”的宗旨和“参与比取胜更重要”的奥林匹克名言积极参加奥运会，在“更快、更高、更强”的口号下，以公正、坦率和友好的态度进行比赛，从而增进各国人民和运动员之间的友谊，并促进运动员技术提高。

(2)奥林匹克格言

奥林匹克格言即是指奥林匹克的口号，也就是“更高、更快、更强”。这将奥林匹克运动所积极倡导的永不满足、积极进取的奋斗精神充分表现出来。这不仅在竞技运动中表现为不惧怕对手、敢于斗争、敢于胜利，同时也鼓励人们能够在日常生活和工作中积极进取、朝气蓬勃、超越自我，不甘于平庸，努力挖掘自身的最大潜能。

2.思想体系

作为一个完整的体系，奥林匹克运动主要由思想体系、组织体系、活动体系等组成。就奥林匹克运动思想体系而言，主要体现在《奥林匹克宪章》之中，包含了奥林匹克主义、奥林匹克精神、奥林匹克理想及其宗旨和格言等，都属于一个统一的范畴。第一部《奥林匹克宪章》是由顾拜旦亲自编写的。《奥林匹克宪章》是促进奥林匹克运动发展过程中，国际奥林匹克委员会所制定的总章程或总规则，国际奥委会所承认的各个国际单项体育组织以及各个国家、地区的奥委会都要遵循。

(1)奥林匹克主义

奥林匹克主义是指导思想，是增强人的体质、意志并使之全面发展的生活哲学。作为健身的一种方法，体育能够将人类理想的健康生活方式很好地反映出来。奥林匹克主义将体育运动与文化、教育进行了很好的融合，并创造出了通过努力来寻求欢乐，发挥良好榜样的教育价值，并对基本公德原则进行尊重的生活方式。奥林匹克运动是从现代奥林匹克主义中产生的，它主要是通过组织与奥林匹克精神相符，不带有任何歧视的体育活动来对人们进行教育，从而为构建出美好、和平的世界做出贡献。

(2)奥林匹克理想

就奥林匹克运动来说，奥林匹克理想是对未来和前景的希望和向往，这也是奥林匹克精神和奥林匹克主义的综合体现。奥林匹克运动希望能够构建一个和平、美好的世界，既提倡促进人的全面发展，同时也提倡人类社会的公正与和谐。在现代奥林匹克运动中，奥林匹克理想是维系其发展的重要的精神力量。

(3)奥林匹克运动宗旨

奥林匹克运动宗旨是通过体育活动的举办来促进青少年的健康发展，增进世界各国人民的相互了解和理解，从而建立一个更加美好、和平的世界。这主要通过以下几个方面体现出来。

①在人类和谐发展中，体育运动提供相关服务，以促进人类尊严的提高。

②通过团结、友谊、公平竞争的比赛精神来促进世界各国青少年的相互了解，从而构建出一个美好、和平的世界。

③通过每 4 年举办一次的奥运会来促使世界各国运动员联欢聚会。

(4)奥林匹克会旗

奥林匹克会旗是国际奥委会于 1913 年根据顾拜旦的构思和建议制作的。会旗白底、无边，中央有五色的奥林匹克标志。奥林匹克的标志由五个奥林匹克环组成，从左到右互相衔接。五环有五种颜色，并且每环都为单一色，上面三环的颜色为蓝、黑、红，下面两环的颜色为黄、绿。

(5)奥林匹克徽记

奥林匹克徽记是由奥林匹克标志加上其他特殊部分组成的图样，在使用奥林匹克徽记之前要获得国际奥委会执委会的批准。常见的奥林匹克徽记主要有国际奥委会全会的会标、各届奥林匹克代表大会的会标、各届奥运会的会标以及各国奥委会的会徽。

(6)奥林匹克会歌

1896 年，希腊著名作曲家萨马拉斯创作了奥林匹克会歌。起初，这首歌只是献给第一届奥运会的赞歌，该歌曲由希腊诗人帕拉马斯填词。国际奥委会在 1958 年决定将这首歌曲确定为奥林匹克会歌。

(7)奥林匹克圣火

在现代奥林匹克运动会成立之初，并没有延续古奥林匹克运动会开始之前高举火炬从赫拉神庙向各个城邦奔跑传递停战神谕和召开奥运会消息的圣火传递仪式。到了1920年第7届安特卫普奥运会上为了对在第一次世界大战中死去的人们进行悼念，主办者在主会场上点燃了象征着和平的火炬，但并没有进行圣火传递仪式，当然火种也并不是取自奥林匹亚。国际奥委会在1934年的奥运会举办期间，规定在主会场的开幕到闭幕期间要燃烧奥林匹克圣火，并要求火种要从奥林匹亚山取，并采用火炬传递的方式一直传递到奥运会主办城市。

二、传统武术与奥林匹克运动的关系

(一)传统武术与奥林匹克运动的比较

1.文化特征方面的比较

传统武术历史悠久，蕴含着丰富的中国传统文化特征。传统武术以儒家思想为正统，以宗法、伦理为核心，把道德修养及实践提到至上的地位。传统武术在对人的主体意识予以高扬的同时，也对自然科学的研究和探索形成了一种阻碍。重道轻器是传统武术的基本特征，它对主体道德的修养非常重视，但往往忽视了对课题的改造和探求，将个体的道德修养放在首位，讲求一切顺应自然，反对人为。此外，传统武术对传统思想非常崇尚，对古文化进行了客观保留。这样发扬和继承传统的同时，也对创造性进行了扼杀，对思维的发展形成了阻滞。经过千年的传承，传统武术文化已具有极强的稳定性，具有巨大的社会裹挟力和惯性。因此，传统武术具有非常强的民族特征，但在武术文化国际化进程中传统武术所具有的内部潜在的消极因素是不容忽视的隐患。

奥林匹克运动文化与中国传统武术存在很大不同。经过了启蒙运动、文艺复兴和宗教改革，“理性”“科学”思想得以孕育，将这两种思想作为特征的现代化对欧洲社会生活的各方面产生了影响。同样，奥林匹克运动也受到了相应的影响。在社会文化方面，追求现世幸福是世俗文化和宗教文化所提倡的，这形成了人文精神和理性主义，为人从精神上超越自我奠定了基础，也避免了精神沉沦。个体本位价值文化方面，理性是个体理性，崇尚个性。这种价值观具体体现出来的就是私有制、平等、民主、自由、进取以及人道主义。在对社会关系造成冲突和紧张的同时，也使个体保持了创造性和独立性，从而为社会的发展提供了基本动力。而从理性倾向方面来看，奥林匹克运动以知识为中心，更加注重科学，并在改造自然和取得的物质利益方面非常重视。这就从伦理中将人解放出来，进一步促进了社会生产力的发展，也为现代社会创造出了更好的物质基础。

2.根基与发展方面的比较

竞技化是传统武术的基本发展方向之一。而西方现代体育文化对传统武术竞技化发展产生了非常大的影响。竞技武术根植于传统武术之中，这是无法改变的事实。这些年来，我国竞技体育在西方体育文化的影响和推动下，获得了非常快速的发展。传统武术也在我国政府的大力支持下，向着竞技武术的方向发展。但经过千年的传承，传统武术文化已不再是简单的游戏或技艺，它包含了多种传统文化的精髓。此外，就传统武术本身来说，其诸多不同风格的拳种是武术技击动作的技术本质、构成、风格的源泉。传统武术也形成了自身独特的礼仪标准，在器械的选择、器械的使用方法以及功力评判意识方面，都有着自身独特的特点，具有丰富性和多样性。这也都是与国际化和奥利匹克运动的标准有区别的。

现代社会经济的发展和自然科学技术的革新都是奥林匹克运动得以发展的基础。奥林匹克运动产生的19世纪，欧洲工业社会进入昌盛时期，生产技术的根本变革推动了生产力水平的极大提高，大工业生产极大地丰富了社会物质文明。同时，自然科学的发展中所获得的成就也得到了世界的关注。这些都为体育的发展奠定了良好的科学基础和经济基础。奥林匹克运动也因此走上了规律、科学、高效，具有明确目标和严明规则的单一的发展道路。

3.技术演变与更新的比较

传统武术套路动作由一些技击性、表现性动作，以及一些趣味性动作按一定的规格和艺术方法组成，是一种程式化的练习。为了提高公正性、观赏性和竞争性，竞技武术在相关规则的指导下增加了动作的难度和艺术性的编排方式，这大大提高了对体能和身体机能的要求。但在武术套路方面，依旧是程式化的练习，就本质而言，同传统武术相同，都对整体进行强调。

细节分析是西方文化结构所擅长的，这与中国文化结构以整体性见长的特点存在鲜明的对比。在奥林匹克运动中，西方经常采用科学的方法进行研究，并促使体育活动向着严格的专门性、针对性的方向发展。无论是在完善运动规则，还是在更新技术动作方面，都对肌体生理机能水平进行激发，促使其得以充分发挥和超越。任何一种运动规则的制定都预示着技术的可能性发展，而所产生的每一个新的技术动作，都能够促使机体生理水平更加接近生理极限，再加上专门性、针对性的方法和手段，从而使其成了现实的可能。这些都是奥林匹克运动具有较高观赏性的原因之所在。

4.评价与衡量标准的比较

我国传统武术评价与衡量标准很多，各不相同，这与其表现方式不同相关。感性评价是传统武术主要的评价方式，由于缺少严格的客观标准，也不受场地、时间、器械等条件的限制，在对一些动作进行评价方面存在一定的模糊性。此外，传统武术大都流传于民间，由于受到自身素质和社会环境的限制，武术被人们视为绝技，常常采用家传、族传或宗传的方式，不对外宣传，这就形成了中国所特有的“门派”之别。这样，传统武术便形成了独有的宗亲评价的评价方式。作为传统武术的重要组成部分，武德在评价中受到关注和重视。传统武术要求“未曾学艺先学礼，未曾习武先习德”，“止戈为武”，这些都体现出“武德”是传统武术中衡量一个习武者的一个重要标准。

不同于中国传统武术，比赛评价是奥林匹克运动的衡量和评价标准，有着非常明确和详细的评分规则，具有很强的可操作性和严格的要求；在客观条件的限制下，追求在同一条件下进行比赛，这体现出了“公正”“公平”，并且将符合规则、对抗优胜作为终极目标，并讲求进行理性的分析和评价。因而奥林匹克运动更多的是直接考评动作表现的“力与美”，对具体动作没有任何特殊含义的要求。

5.武术套路竞艺性与奥林匹克竞技性比较

中国传统文化多恋眷本土，安于里井，长达两千多年的封建制度一直没被干扰中断。在这种封闭、延续不中断的环境中，传统武术得以产生和发展，形成了具有普遍性的求稳怕乱，不提倡冒险、竞争和开拓的民族心态。在传统文化大环境的影响下，传统哲学往往会对练武者形成一种约束和规范，这迫使武术从固有的外向竞争的精神转变为内向的，将竞艺性的特征充分表现出来，从而形成了与西方奥林匹克运动“更快、更高、更强”的竞技精神的巨大反差。与东方历史背景和生态环境不同的是，古希腊人有着非常强烈的竞争精神。由于希腊地处亚、欧、非三大洲的交界之处，土地非常贫瘠，三面临海，非常适合扬帆航海。因此，在古希腊社会中，对外交流和海上商业贸易具有非常重要的地位。这就对古希腊人竞争冒险的性格进行了很好的培养，对古希腊人的竞争精神进行了直接强化。而奥林匹克运动是古希腊的文化产物，竞争精神尽显无疑。

虽然传统武术套路所具有的竞艺性与奥林匹克竞技性存在非常明显的

不同，但传统武术精神与奥林匹克精神并不是相悖的，竞艺性也是竞争的一种表现形式。现代奥林匹克运动不断发展，竞艺性的体育项目也有一些，比如花样游泳、花样滑冰、艺术体操。在进行竞艺的同时，武术套路也在进行竞技，将艺术与体能完美结合起来已成为这些项目的竞争焦点和共同的难点。这种双重的竞赛较量形式也对奥林匹克运动所具有的精神内涵进行了充实。因此，通过创新传统武术，能够更好地使之与奥林匹克运动相融合。

（二）传统武术与奥林匹克运动的交流

1.异质性和同质性

要使东西方体育文化的交流得以实现，两种文化体系的异质性和同质性是必不可少的前提。

（1）异质性

文化体系的异质性是指文化体系间的互补性。只有存在两种不同的文化体系，才会存在文化交流的可能。所谓文化交流，就是互通有无，从对方那里获得自身所缺乏且需要的东西。这种“有无”在文化上主要体现在两个方面：一是文化要素方面的“有无”，也就是说一种文化体系所具有的文化精神或文化现象是另一种文化体系所缺少的。如在这种异质文化本质中，奥林匹克运动中就有中华文明所需要学习和借鉴的地方；二是在文化表现形式方面的差异，如英式足球与中国古代“蹴鞠”两者之间存在的差异，正是存在这种差异才能有文化上的交流。中国体育文化与西方体育文化之间的异质点主要表现如下。

①“以人为本”是西方体育文化所强调的。西方竞技体育强调要对人的本质和力量进行展示，高扬人的主体精神，对人的尊严予以维护和尊重。

②“更快、更高、更强”的超越精神也是西方体育文化所提倡的。中国文化中的中庸之道与这种积极进取的文化精神存在着差异。这就使得奥林匹克运动能够更好地对传统武术进行引导，使之积极进取。同时传统武术也能够对奥林匹克运动因对超越的过分追求而与和谐相脱离的片面性进行弥补。

③奥林匹克精神强调通过自我锻炼、自我参与，从而使人们拥有健康的体魄、乐观的精神和对美好生活的热爱与积极追求。

（2）同质性

同质性是文化之间的对话、交流和融合得以实现的基础。虽然异质性的文化体系为两种文化提供了交流的条件，但如果缺少了交流、对话、融合的基础，那么就很难达成目标。即使两种文化体系之间有着非常明显的异质性特征,但人类社会生活必然存在共同性,文化体系之间也必然存在同质性特征。中西方体育文化的同质性特征主要表现在以下几个方面。

①均具有“人本精神”。在中国传统文化中,对人是万物的灵长同样进行了强调,并提出了“天人合一”“天地之性人为类”,同时也认为“人定胜天”。

②在奥林匹克运动中,进取是着重强调的精神部分,而在中国传统文化中也同样崇尚自强不息的精神。中国哲学《周易》首为乾,其曰:“天行健,君子以自强不息。”这在一定程度上与奥林匹克精神是同质的。此外,中国文化不但对自强进行了强调,同时也强调了要厚德载物,中庸和谐,表现在体育运动方面,儒、道互补,进取有为和逍遥无为相辅相成,这样就造就了中国人积极进取又豁达乐观的生活哲学。

③促使生活变得更加美好是最终目的。真、善、美是中国传统文化的重要审美特点,通过人体运动,奥林匹克文化也同样向世界展示“运动之美”“自然之美”,在实现美好理想方面,两者都在激励人们要进行不断的自我更新,对人生的审美追求进行自我完善。

2.传统武术文化与奥林匹克文化的碰撞

作为中国传统文化的重要组成部分,传统武术文化一脉相承,发展以来,凝聚很多精华的同时,也存在一些糟粕。传统武术文化具有两面性,一方面是传统的、过去的;另一方面是保守的、惰性的力量,这与现代化发展是相互对立的,并在当今对传统武术的发展造成了一定程度的阻碍。但是中国传统武术文化是现代武术发展的因,武术要发展,必须立根在传统武术文化之中,因而又是同一的。

对于我们来说,传统武术文化既是历史留给我们的巨大财富,同时也是包袱。对传统武术的传统过于注重,就会使我们形成一种非常保守的心态和思想,对武术技术的发展造成一定的影响。这样,在奥林匹克文化的冲击下,传统武术文化的发展抉择艰难,必定与奥林匹克文化发生碰撞。随着现代社会的不断发展演变,传统武术也得到了不断丰富和变化,它是发展的、可塑的。发展至今,传统武术不再是固定的文物,而是一种鲜活的、变化的文化遗产。现在的武术传统也与过去历史中的任何一个时期的武术存在不同。因而,在传统武术文化与奥林匹克文化的碰撞中,要有所取舍,这样才能不断地发展传统武术,让其走向兴盛。

3.传统武术与奥林匹克文化的交融

在人类世界全球化的基础上,奥林匹克运动全球化得以不断发展、壮大。目前,武术文化现已成为全球性的文化内容之一,其中重点之一就是传统武术文化本就具有广泛的影响力和通用性。它能够服务于不同肤色的人群。只有使武术文化得到不断交流,进行充分的融合,才能为特定地域的体育文化提供活力和动力,也才能使这种特定地域的武术文化被全世界认同和接受。奥运会拥有着崇高的追求和广泛的影响,与奥林匹克运动交融,这是各个国家所具有的传统体育项目代表自身的传统文化走向世界的重要标志,也是各个国家传统文化与世界文化相融合的象征。由此可见,通过将我国传统武术文化与奥林匹克运动进行融合,能够获得更大的发展平台。

中国拥有世界五分之一的人口,武术运动在中国影响最大、参与人数最广,并且深受世界不同语言和不同文化背景的人们欢迎。所以,奥林匹克运动只有吸纳具有广泛参与性的武术,才更具世界性和代表性,才能将其宪章宗旨充分地体现出来。中国武术文化可以加强竞技体育的精神价值,把男女平等、养生、保健等思想传递给竞技体育,把群众性、普遍性带进奥运会,更会使奥运会成为综合的、典型的、思想的、平等的社会运动和全球运动。随着现代文明多年的发展,奥林匹克运动如果能够融合武术文化,必将丰富和完善人类传统文明。

在促进奥林匹克运动与传统武术相互融合的过程中,我们应该认识到将武术纳入奥运会并非是中国武术发展的唯一追求和目标。中国武术具有非凡的魅力,迷人的风采,受到了世界各国人民的推崇和喜爱。总之,中国传统武术发展是必须的,且与奥林匹克运动融合是大趋势,但是也应该在一定程度上操持自身的发展,最终走向兴盛。

(三)传统武术与奥林匹克共同发展

中国武术所具有的教育价值,能够更好地促进人与人之间和谐发展。在对人的教育方面,传统武术不仅能够锻炼参与者的身体,同时还能培养人中庸含蓄、谦虚礼让的道德观念,促进人在精神、身体和灵魂方面得到全面发展,更好地适应现代社会的各种需求。奥林匹克运动的中心思想也是实现“人的和谐发展”,顾拜旦认为,奥林匹克运动会的理想是将人的身体、精神及灵魂结合在一起,形成一个整体。由此可见,传统武术能够与奥林匹克运动实现共同发展。此外,通过密切结合大众,奥林匹克运动能够向大众体育进行积极的渗透,它的目的是鼓励更多的人,尤其是青少年积极参与到体育活动和体育比赛之中。经过千年传承,中国武术在近几十年得到了非常快速的发展,现已成为大众体育中的重要组成部分。因此,奥林匹克运动与传统武术共同发展存在必要性。

求同存异是中西体育得以共同发展的重要原则,这样才能使中国传统体育中重德、重心、重修身、重内外要素、重协调合作，与西方体育传统重身、重外、重科学性、重系统性和重竞争性有机结合，协调发展。

三、奥林匹克运动给传统武术竞技化带来的启示

（一）传统武术存在的不足

经过漫长的不断发展与演化，我国传统武术曾非常兴盛，形成了非常丰富的文化内涵，具有较高的功能和价值。但时至今日，与现代竞技体育相比，传统武术已经很难占据时代发展的主流。这主要归因于，传统武术在发展中存在着很多不足之处。

1.传统武术虽具较好的健身价值，但缺少相应的理论支撑

作为一种体育运动项目，毫无疑问，传统武术在促进人体健康方面具有非常重要的作用。同时，由于传统武术运动较为平和，并不对身体极限进行挑战，因此能够对身体健康发挥更好的效果。正因如此，对于传统武术所具有的价值，国人往往保持一种非常神秘的倾向，想要通过修炼武功来达到强壮筋骨的目的。特别是中老年人，热衷于参与太极拳锻炼，并将太极拳视为一种神丹妙药。通过研究，对于太极拳所具有的健身价值已经获得人们的认可，但太极拳有着一定的人群限制，只是适合中老年人练习。对于青少年而言，武术在挖掘其潜在的健康价值中却寥寥无几。在传统武术丰富的内容之中，竟然找不到像太极拳适合老年人一样适合青少年健身的拳种。因此，无论是在学校的业余锻炼，还是在社区的晨练中，青少年习武的现象已非常少见。而作为传统武术传承者的武术学校，对传统武术的发展也没有起到应有的作用。在武术健身理论方面，很多武术学者和专业很少对武术所蕴含的丰富的健身机理进行深入挖掘，与武术有关的图书也大都是针对武术技术或武术技击理论的相关阐述，很少有从健康的角度进行分析的。正是因为缺乏相应的武术理论支撑，使得武术在人们心中总是保持一种神秘性。

2.传统武术虽具较好的娱乐价值，但缺乏观众欣赏

作为武术的早期形式，古代先民的战舞不仅是武术击刺的演练，也有通过武艺表演而达到宣扬武威的作用。随着人类文明的不断发展进步，人们对传统武术套路所具有的娱乐价值越来越重视。现代人对于传统武术有着越来越高的娱乐要求，并对武术套路提出了内容的意蕴美和感官的形式美

的要求。在强烈的视觉冲击之下，人们在对武术所特有的体现技击性的意蕴美进行感悟的同时，也达到了欣赏和娱乐的目的，现代人的需求在大型武术套路娱乐表演中也得到了相应的满足。但由于超出了体育范畴，业内人士往往会忽视武术套路所具有的娱乐价值，并将其排除在武术范围之外。随着传统武术竞技化的不断发展，比赛而非娱乐，成为武术最为直接的目的。伴随着数字化时代的到来，传统武术发展并没有与时代发展保持同步，在武术套路表演方面并没有出现太多的变化，这就造成了武术比赛缺少观众。即使这样，武术比赛也只是为了分出胜负而进行比赛，从难度动作中，为武术寻求发展出路，而在观众看来，武术套路依据是“断裂”的，难度动作非常生硬，这样下去，不仅解决不了存在的问题，甚至会导致运动员产生生硬、乏味、“断裂”之感。在武术套路竞技赛场中，独放异彩，博得众多观众欣赏与喜爱的“武打式”的对练项目并没有成为主流项目，观众的缺乏严重制约了传统武术的进一步发展。

3.传统武术虽有技击价值，但缺乏实际运用

在人们的印象中，传统武术总是有着很多神秘变幻的绝技，但这些都是道听途说的，没有人亲眼所见。但在现实之中，真实的武术与人们内心中想象的武术存在很大的出入，这就造成了人们产生心理落差。人们对格斗技击有着一定的心理需求，但在散打比赛中，我们所看到的恰是与其他各民族别无两样的，人类共有的格斗技能对抗，中国传统武术拳法并没有真正派上用场，很难满足人们在这一方面的需求，这就使得人们往往会强烈质疑当今武术的“能力”。在实用性方面，柔道所具有的实用性被引入到了警务大比武之中，但相比之下，传统武术所具有的实用价值就很值得人们反思。

（二）传统武术的发展启示

1.注重发展人文精神和技击性

传统武术的兴盛如同人类的基本发展规律，必然是从低级转为高级，从粗糙转为细腻，从外到内。在武术之中蕴含着技击性的本质，但这并不针对实用技击术。在人们看来，实用的技击术才是武术的重点，往往将武术套路视为花拳绣腿，具有华丽的架子，但不实用。实用性，既强调了武术所应具有的积极性，同时也体现出了武术所具有的人文精神，主要是体现在“儒、道、释”思想影响下的一种向往天人合一的境界。武术所具有的战争式的搏斗厮杀，应对其自身的形式进行转变，将这种搏斗厮杀进行“艺术化”包装，

在使武术能够满足人类“格斗”的野性需求的同时，也更好地展现出武术文明所具有的文化艺术价值。在市场经济条件下，要大力发展武术的艺术性，使武术的艺术特性通过其技击性体现出东方文化的艺术魅力，将武术打造成富有健身益寿、娱乐欣赏、攻防技击价值的文化精品。

2.合理完善竞赛制度

传统武术是竞技武术的根基和基础，随着竞技武术的快速发展，传统武术的发展也必将得以带动，同时也为传统武术的发展提供了更多的参考。我们应该将竞技武术套路推进世界体育之林，与奥林匹克运动舞台相结合，将中华武术文明财富与全世界人们共同分享。但由于武术具有很多个不同流派，各具特色，各具风格，并且在训练目标和功能上具有多样性，再加上竞赛制度非常不完善，这对武术的进一步推广带来了非常大的困难。所以，应该借鉴奥林匹克运动的经验，完善武术竞赛制度，武术运动才能有更长远的发展。

3.重视武术的教育

继承与发展是任何一种文化得以存在和存活的重要条件，而教育是文化得以继承和发展的重要途径。传统武术蕴含了中国非常丰富的传统文化，正是在这种文化特性的影响下，才使得传统武术得以千古流传不衰。要想促进传统武术的发展，就必须保持这种文化特性的传承，所以在正规教育体系中加入武术的内容是非常有必要的。我国虽已从20世纪60年代开始就把武术列入中、小学体育教学大纲，但实践并不成功，武术教育很难健全，甚至落空。究其原因，主要是武术在学校体育的地位很低，武术师资严重不足。为了对这种落后的状态进行扭转，就必须将武术所具有的地位明确确定下来，将武术视为促进教育者德、智、体得以全面发展的重要组成部分。此外，还要为武术教育树立一个长远的目标。

(1)促使武术成为国家体育文化体系的一部分，将武术纳入到已经发展完善的正规的教育体系之中，同时要将武术作为各大中小学校和军事训练中重要的体育训练内容，要确保每一个受教育者都了解和理解武术的基本技能和基本知识。

(2)促使武术逐步成为世界体育文化体系的一部分，对武术进行大力推广，促使武术走向世界，成为正式的奥运会比赛项目。在武术教育方面要采取各种有效的措施进行加强。如通过办学形式的多样化来对武术师资进行培训；对武术教学的时数和教学内容改革进行适当的增加，创办高等的武术院系，并对学校武术研究方面进行加强等。

4.做好各项基础工作

做好国内武术工作是促使武术能够成功走向世界的基础。国家体委下发了《关于加强武术工作的决定》，要认真贯彻，努力做到“武术技术要规范化、武术理论要科学化、武术活动要社会化”。在现代化发展中，要充分考虑传统武术科学化、规范化和社会化的要求，这也是奥林匹克运动所具有的三大基本特征。

5.套路与技击运动并举

作为中华民族文化遗产，传统武术的两种运动形式，即武术套路演练和格斗技击理性得到继承和发展。我国传统武术要想得到更好的发展，就必须将套路与技击两种形式同时并举的方针坚持下去。在促进武术套路形式得以积极发展的同时，也要对积极格斗加强研究，不能偏废、忽略某一方面，并以之更快地走上国内普及、国际推广的道路。在我国武术散打、推手等对抗性项目中，很多的武术格斗的技击方法还缺乏深入系统的研究，这是实际情况，这就要求在以后的研究中，要不断完善武术技术的传统化、规则的合理化、器材服装民族化等方面。在今后的发展过程中，武术套路形式要力求做到理论科学化、动作套路规范化、竞赛制度化、训练系统化，从而使武术套路更好地走向规范化和科学化。

6.全方位地推广武术

武术运动源于中国，时至今日，它已成为世界文化的一部分。可以说，武术既是中国的，也是世界的。但就目前来看，与其他现代运动项目相比来说，武术走向世界的程度还不够，需要得到更好的推广。这就要求，在今后要利用多种形式、多种渠道、多种方位、多种层次，大力推广中国武术。如可以举办各种武术节、比赛、武术培训班，还可以派遣优秀运动队到国内外巡回表演，让优秀教练员外出讲学、指导，还可以利用报刊、图书、广播、影视、声像等传播媒介宣传、推广武术，以让武术运动进一步与世界融合，让武术发展长久兴盛。[①]

① 郭玉成.武术传播引论[M].北京：北京体育大学出版社，2006.

第四节　传统武术竞技化发展策略

一、转变观念，改造自身

（一）转变观念

所谓转变观念，就是通过改造竞技武术中的软性产品，使其成为能够得到全世界人们普遍认可的产品。这就要求在进行竞技武术运作的过程中要紧紧围绕消费者的需求这一核心，在产品设计、产品生产和产品包装方面，都要充分体现出以消费者为中心这一思想理念，同时在整个的营销过程中也要始终贯彻这一理念。

在促进武术竞技化发展的过程中，要使武术竞赛适应竞技市场竞争，并在竞技体育市场化的过程中抢占更多的国际市场份额，从而促使我国传统武术竞技化快速发展。针对竞技武术“既是民族的，又是世界的”来进行推广，使我国的传统武术文化得到积极的弘扬，从而使其能够适应世界各国人民的各种需要，进一步扩大传统武术的群众基础，从而为我国传统武术的可持续发展以及武术竞技化的发展营造出良好的国内和国际环境。

（二）改造自身

对传统武术进行改造使其符合竞技体育的特征，才能促进其竞技化的科学发展，具体来说应从以下两个方面入手。

1. 改造竞技武术的形式和内容

在对传统武术的基本特点予以保留的基础上，来进一步改造传统武术套路、内容和结构，使武术既能够包含各个民族项目的具体要求，又能够将世界各国各组人民的同类内容和素材纳入其中。这样做既能够很好地改变原有竞技武术套路过于模式化的类同现象，同时也能够在使得传统武术套路的形式和内容得以丰富之后，更好地将西方竞技体育的特点体现出来，进一步提高竞技武术的观赏性和娱乐性，从而为武术走向世界，成为奥运会正式比赛项目打下良好的基础。

2. 使竞技武术规则更加操作化、简化

如前所述，由于传统武术在竞赛规则方面缺乏统一性和可操作性，这对传统武术竞技化发展造成了非常严重的影响。缺乏明确、统一的评判标准，使得不同的裁判在比赛过程中评判参赛者的武术套路、动作技术表演时会出现很大的偏差。通过使比赛规则达成统一，能够使武术竞赛规则更加具有实用性。在现阶段，为了更好地保证传统武术竞赛更加公正、公平，就必须要对武术竞赛规则进行简化。从裁判员的角度来讲，目前，在武术套路比赛中，技术动作的规则判定十分复杂，对裁判员的武术专业素养和裁判能力要求较高，而现在的武术比赛裁判员多为兼职，对武术技术动作研究有限、对操作性不强的武术竞赛规则的理解也有限。[①] 由此可见，对武术竞赛规则进行简化是目前阶段更好地保证武术比赛得以公正、公平、客观开展的有效手段，对武术竞赛规则进行简化，使其更具可操作性，有助于裁判员进行评判，这也是促进竞技武术规范化、国际化和现代化发展的重要途径。

二、借鉴成功的竞技体育发展经验

在西方竞技体育发展过程中，出现了很多成功的案例。可以通过借鉴这些成功案例的经验，使传统武术获得全球化的市场战略以及本土化运作管理的具体模式来更好地进行推广。国际上 NBA（职业篮球赛）、NFL（职业橄榄球赛）的推广、营销经验表明，在制定战略计划方面，要将国内举办的重大的赛事活动定位在全球化产品方面，从而更好地实施全球化市场发展战略，并且具有更为明确的方针指导具体实践过程。也就是说，通过依托于国内，来进行谨慎扩张政策的实施，同时以国内市场为基础，来对国际市场进行开发，从而实现这一目标，要精心设计和运作相应的组织机构。

就目前世界竞技体育发展来说，传统武术竞技化发展应做好以下几点要求。

（1）建立对武术进行国际化推广的机构以及世界各国分支机构，通过组织专门的文化传媒来进行有计划的宣传、包装。

（2）通过对传媒进行组织来对武术进行专门的包装宣传，组建“明星竞技武术队”、专家讲学团等。进行全球性的表演、巡回赛、演讲，同时也借助于现代媒体对武术经进行大力推销和宣传。

（3）实行竞技武术协会企业制的管理模式，对竞技武术俱乐部、各专业

---

① 张志辉.竞技武术套路竞赛规则嬗变的研究[D].北京体育大学，2015.

队的准奥运赛制进行不断完善，同时对体育管理体制的改革加快转变，以形成国家与社会共同举办的市场化格局。

(4)加强高水平综合基地的建设(含国外基地)，培养一大批武术竞技人才，并促进人才合理流动，实现竞技武术资源全球性的优化配置。

(5)通过借助现代的科技手段，对竞技武术的产品研发机构进行构建，并构建出世界性的竞技武术硬性产品连锁市场，进一步加大竞技武术硬性产品产业化规模，提高其效益。

(6)建立和拓展传统武术竞技化发展的资金渠道。为竞技武术的发展积累基金，确保重点，缩短战线，重视国际或国内武术博览会、武术旅游节、学术论坛会、展销会等活动的举办，在武术竞技活动和各种武术文化宣传活动中加大经费的投入，从而进一步促使竞技武术的群众基础得到扩大。

第八章　传统武术的产业化发展研究

传统武术产业化发展是在市场经济背景下形成并发展起来的。在知识经济时代下，传统武术及其文化的科学发展必须依托当前已经变化了的社会、经济、文化等发展背景，寻求新的发展模式与发展途径。传统武术产业化发展是新时期大环境对传统武术发展的客观要求，也是传统武术自身持续发展的必然结果。本章在对我国传统武术产业化发展现状和产业结构与组织进行详细分析的基础上，就我国传统武术产业化科学发展战略进行探索与思考，这对我国传统武术产业化的进一步科学发展具有重要的指导意义。

第一节　传统武术产业化发展现状

一、传统武术产业体系构成

传统武术产业正式形成之前，就已经具有了传统武术市场行为，这些与传统武术相关的市场行为参与并促进了传统武术产业的发展。

产业一般是指市场上同类产品的生产企业集合，从更广泛的角度来讲，产业是指具有某种同类属性的经济活动的集合或系统。[①]

结合产业的概念，武术产业是指以武术为支撑，从事武术产品生产或提供武术服务的一切经济活动的组织、部门和企业的总称。我国传统武术产业体系主要是由传统武术健身娱乐业、传统武术竞赛表演业、传统武术用品业、传统武术培训业等构成的。

二、传统武术产业发展现状

结合我国传统武术产业体系构成，分别对我国传统武术各产业的发展

① 苏东水.产业经济学[M].北京:高等教育出版社,2000.

现状分析如下。

(一)传统武术健身娱乐业发展现状

1.传统武术健身娱乐业的发展环境

(1)传统武术健身娱乐业发展的社会环境

随着现代社会的不断发展,现代健康新观念使得人们注重健康休闲、健康消费。人们对健康生活的追求和体育健身观念的转变,各种各样的健康投资新型消费观不断兴起,使得体育健身消费成为当下的一种流行和时尚。我国健身娱乐业有了长足发展的需要。体育健身休闲和娱乐业的快速发展具备了良好的、不断扩大的市场需求。

更值得关注的是,随着社会的发展,人们对高质量的生活要求越来越高的同时,也越来越关注文化和精神文明的发展,传统武术是我国优秀民族文化的瑰宝,具有丰富的文化内涵和多元健身价值,自然成为人们健身娱乐的首选项目。

(2)传统武术健身娱乐业发展的政策环境

随着我国对传统文化的重视和对非物质文化遗产的保护,国家在积极探索传统武术的现代发展之路。

近年来,我国积极发展体育事业,大力推广与普及全民健身计划、奥运争光计划,这不仅有助于我国国民素质的提升,同时也是增强我国综合国力的一种重要体现。两个计划的贯彻与实施,极大地推动我国体育事业的持续、快速、健康发展。人们对于身体健康以及生活质量有了更高的追求与关注。

我国一直在致力于新时期武术的传承与发展,并为武术项目进入奥运会努力,因此鼓励人们参与武术健身和进行武术娱乐,这为我国传统武术健身娱乐业的发展提供了良好的政策环境。

(3)传统武术健身娱乐业发展的经济环境

改革开放以后,我国经济发展迅速,进入21世纪,我国经济更是逐年稳中有增。良好的经济环境下,包括传统武术在内的体育健身休闲娱乐在满足人们的体育消费需求上不断进行开拓和创新,均获得了不同程度的发展。一方面,我国传统武术具有强身健体、修身养性、娱乐审美等功能,很好地迎合了现代人对健康的生理与心理发展的需求,也正因此传统武术具有良好的市场发展机遇。另一方面,传统武术在市场经济发展下逐渐走上了产业化发展的道路,并收到了良好的发展效果。

2.传统武术健身娱乐业的发展优势

传统武术健身娱乐业目前正呈现出良好的发展态势，这与传统武术的多元价值在现代社会被人们所重新认知具有密切的关系。从武术的产生一直到现代社会，人们对于武术的功能要求逐渐发生着改变。武术所具备的功能随着社会的不断发展，人们的观念不断发生改变而重新被人们认识，正所谓有需求就会有市场，这是促进传统武术健身娱乐业迅速发展的根本原因。

从传统武术的发展历程来看，在武术运动诞生和发展之初，人民群众主要追求的是武术所具备的技击功能。在传统武术的发展过程中，传统武术主要是依靠武术套路和散打技法两种形式传承与发展的。现代社会，政治稳定、法制健全、国泰民安，人身的基本安全已经基本不是问题，对良好的精神生活以及娱乐健身的追求成为现代人的生活的主题。人们已经将传统武术所具备的价值与功能总结归纳为攻防技击、休闲娱乐与健身养生三方面的内容，社会文明的进步使得人们对武术所具备的这三种核心价值提出了更为严格的要求。与古代社会相比，武术之前不被人们所重视的健身与娱乐欣赏价值在现代社会逐渐突显出来。传统武术的强身健体、修身养性、娱乐审美等功能能很好地满足现代社会中人们对健康生活的需求。因此，越来越多的人开始选择和参与到武术健身休闲娱乐中来。

传统武术健身娱乐业发展适应了现代社会和市场经济发展需求，近年来，我国各地正重新掀起健身和休闲娱乐的热潮，民众积极参与其中，众多的武术爱好者在散打健身俱乐部、普通健身房等练习散打、武术基本功等，通过练习武术的方式来增强自己的身体素质。当前，我国武术健身娱乐的活动也呈明显增长的趋势，参与人数逐渐增多。全国各地的健身娱乐场所都能够看到人们进行武术健身的身影，传统武术健身娱乐业发展方兴未艾。

3.传统武术健身娱乐业发展中存在的问题

(1)娱乐内容单一，并且进行武术健身娱乐活动的大都是中老年人群，适合其他群体进行健身娱乐的武术项目非常有限；武术在全国学校中的开展程度与效果不好，其发展体制也不够健全完善。

(2)健身理论知识认识不足。武术产业的市场化可持续发展必须拥有广泛的消费人群，即武术产业消费产品的人群一定要实现大众化。健身益寿是武术的重要功能之一，但武术的健身功能理论普及力度小，武术有助于身心健康总是充满着神秘色彩，尤其是中老年群体，对于太极拳运动的健身养生价值笃信推崇但不得其解。而传统武术产业市场中，传统武术相关图书、电子、音像产品多数是对于武术技术或者技击理论的简单的描述，却很少从深层次的健康视角来剖析传统武术。传统武术科学健身理论的普及程度远远不能满足广大人民群众参与传统武术健身实践的理论指导需求。

(3)参与人群年龄分化。当前，参与传统武术健身娱乐的主要集中于中老年人，作为武术文化传承重要人群基础的青少年群体则很少参与。调查发现，青少年对传统武术的参与主要集中于竞技方面，如有很多青年学生都在业余时间参加武术馆校的培训，更多地关注的是传统武术的技击价值，而不是将其作为一项重要的健身运动来参与。

综上所述，传统武术健身娱乐功能的开发有限，还需要进一步开拓市场，吸引更多的人参与到武术健身娱乐中来。

(二)传统武术竞赛表演业发展现状

1.传统武术竞赛表演业的发展环境

(1)传统武术竞赛表演业发展的社会环境

随着我国体育强国战略的实施和体育强国梦的提出，我国在体育发展中倾注了大量的人力、物力与财力，我国体育事业发展迅速。

发展传统武术，将武术纳入奥运体系一直以来都是我国体育工作者一个梦想，近年来这种呼声也越来越高，这不仅是我国推广和传承武术的一个重要发展策略，也是对传统武术文化的一种保护和推广。各地拳王争霸赛的举办也吸引了很多人关注，武术竞技表演业正在探索中逐渐发展。

(2)传统武术竞赛表演业发展的政策环境

近年来，为了发展和壮大我国体育事业，国家先后采取了大量的手段和措施，大力支持体育竞赛表演业的发展。由于缺乏市场经验，我国政府积极参与指导，通过加强各种体育赛事的管理与运营，借鉴国外高水平体育赛事成功运营经验，不断推进我国体育赛事的产业化、社会化、法制化发展。近年来，我国各地积极开展各种类型的武术竞赛，并在赛制和竞赛招标方面不断完善，同时积极学习国外搏击类赛事的成功举办经验，结合我国传统武术的发展，探索传统武术的竞技表演发展之路，打造具有影响和特色的武术赛事和表演活动。

(3)传统武术竞赛表演业发展的经济环境

良好的经济环境是我国传统武术竞赛表演业发展的重要前提和基础。我国的武术竞赛表演市场是随着社会主义市场经济的发展而逐渐产生、发展起来的。在传统武术发展的过程中，武术竞赛表演出现之前，已经先后出现了单项协会的实体化改革，很多地方都成立了武术竞赛的表演团队，各种形式的传统武术商业演出活动层出不穷，各种形式的武术表演活动也频繁开展起来，一些传统武术竞赛和表演获得了良好的社会效益与经济效益。传统武术活动的商业化运作促进了传统武术竞赛表演市场的最终形成。

社会主义市场经济条件下，传统武术竞赛表演业不仅是武术产业的一项核心产业，同时它也是促进传统武术产业市场化运作与发展的关键，传统武术竞赛表演集文化、娱乐、竞技、休闲等为一体，其进入体育市场具有良好的发展前景和市场竞争力。

2.传统武术竞技表演业的发展优势

传统武术是我国非物质文化遗产，这是全人类的珍贵财富，具有丰富的文化内涵和浓郁的中国特色，这是传统武术竞赛表演业在我国体育产业，乃至体育全球化发展背景下的重要发展优势。

以我国散打比赛发展为例，在保留传统武术文化特色和传统武术竞技表演模式的基础之上，我国散打比赛充分借鉴了国外同类搏击类项目赛事的成功运营方式与经验，在武术散打赛事中充分利用现代科技（灯光、音响、舞美等），集音乐、美术、表演等为一体，强调散打文化的多元发展，将武术散打比赛的竞技性和观赏性有机结合，为观众呈现出极具冲击效果的视听盛宴，使得武术散打赛事特色鲜明、极具吸引力。

散打赛事的商业化操作为我国传统武术竞技表演业的发展提供了充足的经验，我国的传统武术竞赛表演业初具规模，并在不断的发展壮大中。

3.传统武术竞技表演业发展中存在的问题

（1）发展模式落后。由于缺乏经验，管理调控手段非常单薄，套路比赛形式千篇一律。

（2）市场规模较小，进入市场时间短、经验少，市场主体的发展力度不够，和其他体育赛事相比，竞争力小。

（3）推广宣传不到位，武术赛事和大型表演活动的经营管理者往往缺乏开发意识，不重视活动宣传或宣传投入较少。

（4）赛事经济效益低。和其他体育竞技表演活动相比，武术比赛融资渠道非常单一，赞助商投入同样的资本后，所获得的经济效益并不高，因此，许多商家和企业都选择去赞助其他体育赛事。

（5）市场发展不平衡。就全国范围来看，各地区存在着较大的差距，武术市场的开发主要集中于大城市，而具有丰富武术资源但经济发展落后的地区，无力开发武术竞技和表演市场。

（6）专业人才匮乏。武术竞赛表演市场缺乏竞技人才、表演人才以及赛事活动经营管理人才。

(三)传统武术用品业发展现状

1.传统武术用品业的发展环境

(1)传统武术用品业发展的社会与政策环境

近年来,随着国家对体育发展的重视和对武术运动发展的推广,我国传统武术产业发展氛围浓厚,我国鼓励传统武术产业发展,全社会武术学练的文化氛围较好,而且政府鼓励群众积极参与传统武术健身,客观上增加了传统武术用品需求量。

(2)传统武术健身娱乐业发展的经济环境

目前,我国参与传统武术运动的人口持续增多,对武术服装、健身器械、图书电子制品的需求大,具有广泛的市场需求。

此外,传统武术用品业的发展是伴随着传统武术健身娱乐业、武术竞赛表演业的发展而逐渐发展起来的,上述两个产业的发展直接扩大了武术市场发展对武术用品需求的增加。

2.传统武术用品业的发展优势

从传统武术用品市场需求来看,随着我国传统武术产业的发展,越来越多的人有了习练武术的需求,我国传统武术用品业的市场需求不断扩大,市场发展前景广阔。

从传统武术用品市场回报来看,在市场经济条件下,市场利润是吸引投资者进行市场投资的一个直接性的重要因素。当前,传统武术用品业经济效益客观,市场主体入市积极,武术图书、音像、器材以及服装等大量涌入市场当中,武术器材生产厂家也如雨后春笋般涌现,一些较大规模的武术用品开发公司开始出现,我国传统武术用品产业的发展已经初具规模,传统武术用品也占有一定的市场份额,发展前景良好。

3.传统武术用品业发展中存在的问题

(1)市场不够规范。目前,我国传统武术用品业基本上还处于无序的发展状态,市场相对混乱,缺乏规范的武术用品市场的规范管理标准和行业标准。

(2)生产方式粗放。现阶段,我国传统武术用品主要是粗放式的生产方式,武术用品缺乏技术含量,质量普遍偏差。

(3)品种门类有限。武术用品市场的发展过程中,各生产商产品类型几种，缺乏创新，产品开发意识不足，不重视市场开发。

(4)市场营销渠道和方式落后。当前各传统武术用品生产、销售商对产品的宣传和推广力度不大，宣传推广效果不理想，武术产品的销售比较被动。

(四)传统武术培训业发展现状

1.传统武术培训业的发展环境

(1)传统武术培训业发展的社会与政策环境

我国发展体育事业，一直以来都很重视人才培养。人才发展是体育事业发展的重要制约和影响因素。

随着我国对传统武术文化的大力宣传，我国传统武术国际化的趋势也越来越强，客观上，武术专业人才需求增加，为我国传统武术培训业的发展提供了良好的发展条件。

为了促进武术运动的发展，各地政府也采取了一些鼓励措施，在武术培训企业经营方面给予一定的优惠政策，传统武术培训业正呈现出良好的发展态势。

(2)传统武术培训业发展的经济环境

传统武术产业的快速发展在客观上促进了对人才发展需求的扩大，随着人们对传统武术的认识不断提高，关注和参与传统武术的人越来越多，传统武术健身人口逐步增多，加上传统武术竞技化和职业化的发展，参与传统武术技术培训的人(包括满足自身健身娱乐需要的人员和从事武术服务指导的人员)越来越多。

2.传统武术培训业的发展优势

传统武术基础坚实、参与人数多、培训需求大是我国传统武术培训业发展的一个重要优势。现阶段，我国传统武术培训业的发展已经初具规模，为当地的经济发展带来了很大的利益。

根据中国武术协会的不完全的统计，我国的武术人口占我国体育人口的约 50%；社会上开设的武术馆、校等有一万多所，常年习武人数则达到 100 多万。武术人口不断增多，武术培训需求也不断增多，因此，传统武术培训业发展迅速。

3.传统武术培训业发展中存在的问题

(1)发展不均衡。我国传统武术培训业发展分散、分布不平衡，主要集中在经济比较发达的大城市，小城镇缺乏培训市场。

(2)入市标准不规范。目前，在武术培训领域，各培训机构的武术教练的教学资格并没有一个统一的标准，讲师学历不等，缺乏完善的资格认证体系，同时缺乏必要的武德教育。

(3)市场竞争混乱。市场环境下，各武术学校的收费标准不统一，肆意定价，知名度高的学校学费会相对较高，反之就相对较低。为吸收学员，一些商家虚假宣传，宣传广告不够真实，宣传的内容与实际情况不吻合，武馆负责人常常打着某个拳种传人的旗号进行招摇撞骗，传统武术培训业市场秩序混乱。

(4)办学条件比较差，总体上来看，市场上的武术学校良莠不齐，很多培训学校都是个体户办学，教学设施落后。

(5)培训效果不理想。现有武术馆校的规划与管理不足，武术人才的培训效果不太理想，多数武术培训机构培训出的武术人才质量并不高。

(6)政府不干预或过度干预。传统武术培训业存在这样的现象，一些地方政府对武术发展认识不足，一些正规的武术培训机构得不到政府的关怀；许多管理部门向武校要钱；还有一些政府对当地的培训乱象视而不见，缺乏监督与管理。

第二节　传统武术产业结构与组织

一、传统武术产业结构

(一)传统武术产业结构内容

根据传统武术产业的特点，可将传统武术产业结构概括为五方面，具体分析如下。

1. 传统武术行业结构

武术行业结构，是指武术产业内部各行业构成，以及它们之间的相互促进、制约关系。

行业结构并非一成不变的，随着经济的发展，各行各业分工逐渐细化，会出现更多的行业部门和市场主体，因此，行业结构就会发生一定的变化。

传统武术行业系统中，系统各产业生产部门、组织、资源等受多方面因素的影响。就一个经济实体来说，在不同的经济发展阶段，产业部门会具有一定的差异性。武术产业及其结构也随着经济的发展发生变化。随着我国传统武术产业的不断发展，一些新的生产和服务部门不断出现，如武术用品、武术培训、武术表演、武术文化展览、武术体验及旅游等。

目前，我国传统武术产业行业结构可大体分为两类，即为产品业和服务业。前者是生产武术产品、实物的行业；后者主要生产非实物产品，如表演、培训、健身娱乐等。

2.传统武术产品结构

要分析产品结构，首先要对“产品”有一个正确的认识，经济学认为，产品并不单指实物，还包括各种信息、服务等。总的来说，产品是向产品消费者提供的各种满足其需求（包括实物性和非实物性）的商品。

就上述分析来看，武术产品也包括实物产品（武术服装、器材、设备等）和非实物性产品（武术竞赛、表演、培训、健身指导等），作为武术市场的基础，武术产品使武术市场区别于其他市场。没有武术产品，则武术市场也就不存在了。

具体来说，武术产品包括以下几大类。

（1）武术赛事：包括比赛本身、运动员和运动场。

（2）武术用品：包括器材、特许商品、收藏品和纪念品。

（3）武术服务：包括提供给人们以满足他们武术活动的健身中心、健康服务、武术指导。

（4）武术信息：包括武术新闻、统计资料、日程以及有关武术的故事、民俗、文化等。

3.传统武术消费结构

武术消费对象和产品复杂，因此，传统武术消费结构也比较复杂，如根据消费形式进行分类，可以将武术消费分为社会武术消费和家庭、个人武术消费两种，家庭、个人的武术消费又属于社会武术消费的一个部分。

这里从消费过程、项目、消费量比重等对武术消费结构进行分析，可以将武术消费结构分为以下几类。

（1）各种武术类型或项目的消费。

（2）社会群体、家庭和个人的武术消费。

（3）不同地域之间的武术消费。

（4）不同职业、年龄、性别的武术消费。

（5）物质型武术消费和劳务型武术消费等。

4.传统武术市场结构

市场是商品交换的场所，在市场经济条件下，武术市场由物质资料市场（生产资料市场）和非物质资料市场（消费品市场）两部分构成。非实物性质的服务是武术市场的主体。

5.传统武术人员结构

在武术产业结构体系中，武术人员结构处于最高层次。传统武术人员涉及多层次的行业从业者，包括武术产品的生产商、教练员、科研人员以及运动者等。

市场经济条件下，诸多人才涌入市场，各行各业的从业人员结构不断发生变化。武术行业也不例外。

从武术市场层面来看，武术行业从业人员包括企业经营管理者、供应商、生产者、销售者、运动员、教练员、技术人员以及相关服务人员等。在经济规律的作用下，人员作为一种重要的资源实现了其在各个部门的配置，人员自身也实现了个人价值。

从行政管理层面来看，我国武术人员形成了一种自上而下的管理结构，从国家武术管理中心到各省的武术市场开发部门，各部门之间、地区之间可实现人员的流动，在整体上保证武术人员结构的整体性。

随着现阶段我国武术产业的迅速发展，武术人员数量不断增多、素质不断提高，流动更加合理，也在很大程度上进一步促进了我国武术产业的发展与完善。

（二）传统武术产业结构特征

1.空间依存特征

传统武术产业结构的空间依存特征主要表现在以下三个方面。

首先，传统武术文化产业的空间依存性。我国传统武术是在丰厚的传统文化背景下逐渐发展起来的，我国幅员辽阔，生活着众多的民族和人群，受多种因素（如地理环境、经济基础、生活生产方式、民俗风情等）的影响，不同地域之间形成了不同内容和形式的文化，不同地域的人群在价值观念方面会有一定的差异性，再加上古代交通不便、信息流通不畅，因此，不同的地域下发展形成不同的独立文化环境，在不同的文化基础上也就形成了不同的武术文化和武术运动项目形式。我国丰富多彩的传统武术项目及其文化，包括各种武术拳种正是在这样的条件下发展起来的，在武术风格特点上也表现出了不同的地域特征。如河南少林、湖北武当、四川峨眉等。随着武术产业的发展,不同地域武术文化市场就促成了传统武术产业具有了现在的空间差异,这正是传统武术文化产业空间依存特征的表现。如果没有这种空间文化差异,则不可能形成多样化的武术文化产业。我国的很多武术产业是依托于相应的武术文化空间地而发展起来的,其空间依存性明显。

其次,传统武术产业经济基础的空间依存性。我国武术产业发展地区差异明显,一般来说,经济发达地区的武术产业发展水平较高,而经济欠发达和落后地区的武术产业发展水平就较低。

最后,传统武术产业经营的空间依存性。就传统武术健身娱乐业与竞赛表演业来讲,武术健身活动需要一定的活动场地与场馆,在进入市场之前要充分考虑周围有没有同类经济主体,要充分考虑健身场馆对周围居民的覆盖范围;另外,武术竞赛与表演往往需要依托当地的武术文化开展,否则很难收到良好的效果。

2.时间消费特征

与其他产业的消费具有一定的不同,武术产业时间消费具有长期性。传统武术产业结构的时间消费特征主要表现在两个方面,具体分析如下。

首先,对于传统武术培训业来讲,专业的武术培训需要习练者投入很长的时间才能有所成就。传统武术博大精深,要熟练掌握一门武术运动技能和领悟其文化内涵、拳法技理并非一朝一夕之事,需要长期坚持,这就使得习武者在学练武术时,需要投入大量的时间。例如,太极拳习练有“十年不出门”的说法。在进行太极拳习练时,运动者必须长期坚持,这样才能取得良好的效果,如若不然,则不能收到良好的锻炼效果。因此,若想练好一个拳种,必须长年累月的坚持,武术产业具有消费的长期性特点。

其次,对于传统武术其他行业来讲,武术消费是一种参与性消费,需要消费者投入一定的消费时间。通过进行武术消费、参与武术实践活动以到达养生、祛病、健身、娱乐等目的。因此,人们多是在余暇时间比较充足的前提下进行的。近年来,随着我国经济的不断发展,节假日逐渐增多,人们的闲暇时间也逐渐增多,可支配的自由时间也较多,这也为人们进行武术消费提供了可能。消费者闲暇时间更加丰富多彩,再加上市场化的传统武术科学运作,使得人们在消费内容上也有更多的选择,也更乐于投入更多的消费时间在武术健身、娱乐和观看竞赛、表演等方面。

3.金钱消费特征

传统武术产业结构的金钱消费特征主要表现在以下三个方面。

首先,就整个武术产业发展过程来讲,相应的武术企业依托于一定的武术资源来开发相应的武术产品,武术资源是武术产业发展的重要基础,武术资源内容丰富,无论武术流派发源地、武术名家故里,还是武术技术、武术文化等,都是重要的武术资源。在武术产业化发展过程中,武术产业的发展必须依赖于一定的社会经济基础,经济基础是武术产业发展获得武术资源、调配武术资源的重要基础,只有具备了一定的物质基础,武术产业才能快速发展。

其次,对于武术产业经营管理组织来讲,从市场经济的角度来看,人们进行相应的资源开发,就是为了满足人们的需求,进而获得相应的利益。在武术产业的发展过程中,需要一定的场地、器材、设备等方面的支撑,需要一定的资金支持。武术产业市场发展过程中,消费者的购买力是影响其发展水平和速度的重要因素,消费者购买力则受国民经济发展水平的影响。

最后,对于武术消费者来讲,通过付出一定的资金消费武术产品来满足相应的需求。消费者进行武术消费,获得身心方面的满足,前提是必须付出一定的费用。只有人们生活水平提高,可支配资金增多,才有充足的费用进行武术消费。

4.服务质量特征

武术服务业是武术产业结构的核心,通过向人们提供各种各样的武术服务来满足人们的消费需求。

根据马斯洛需要层次理论,当人们基本的生理需求得到满足之后,会追求更高层次的需求。武术消费者对武术产品和服务的需求是更高一层次的需求,是为了满足其自身的发展和相应的精神需求。随着人们对生活质量的要求越来越高,对武术产品或服务也会提出更高的要求。

在消费者进行武术产品和服务消费期间,服务质量的好坏将直接影响消费者的消费体验,决定消费者是否进行长期持续的消费,这对武术产业产生重要的影响。因此,为了更好地满足消费者的需求,应全方位地提升服务的质量,如此才能促进企业的发展,并促进武术产业的发展。

(三)我国传统武术产业结构优化

产业结构优化是促进产业可持续发展的一个重要和有效途径。我国武术资源众多,在促进武术产业发展的过程中,应抓住重点,以点带面,全面提升,最终形成规模经济,其在增长的过程中会对邻近地区也具有一定的促进作用。

根据我国经济发展特点,有学者将我国武术产业市场分为四个区域,结合各个区域的具体情况，对各地区传统武术产业结构进行调整和优化，根据区域情况选出主导产业，以促进传统武术产业结构的合理和产业化的科学发展。

1. 京津冀地区武术产业结构优化

京津冀是我国的特殊地区，其集政治、经济和文化为一体，具有重要的资源与区域优势。随着京津冀协同发展上升至国家战略高度，京津冀一体化再度成为人们关注的热点。[①] 从经济角度来看，京津冀地区作为一个密切相关的经济发展区域经济体，在地区和经济发展过程中具有密切相关的关系。其在国内具有广泛而深刻的区域影响力和发展优势。

京津冀地区武术产业优化应重点发展武术竞赛表演业。

首先，京津冀地区具有丰富的传统武术资源和产业发展优势，京津冀地区传统武术具有良好的群众基础，群众具有参与传统武术的良好健身习惯。

其次，京津冀地区各种社会资源丰富，地理位置也较为优越，民众体育消费观念较为开放，对传统武术的忠诚度较高，将武术竞赛表演服务业作为主导产业，则能够促进其快速的发展。

最后，京津冀地区具有很多举办大型赛事的经验，武术相关赛事的举办也具有一定的优势。

2. 冀鲁豫地区武术产业结构优化

冀鲁豫地区是我国传统武术的重要发源地之一，这里具有丰富的传统武术文化，具有丰富的武术非物质文化遗产，因此，发展武术产业应从武术文化入手。

冀鲁豫地区武术产业结构优化应以武术文化旅游业为主导。

首先，冀鲁豫地区武术文化内容丰富多样，文化底蕴深厚，影响力广泛。和其他地区相比，冀鲁豫地区的武术底蕴丰厚，如河南少林功夫、河北永年的太极拳、河北邢台的梅花拳等，都可进行武术文化的深化发展。

其次，冀鲁豫地区武术文化气氛浓厚，该区域传统武术文化至今仍有着广泛的群众基础，一些优秀的传统武术文化内容更是被列入了非物质文化遗产，受到了国家的重点保护和推广，政府鼓励当地年轻人积极参与传统武术活动，武术文化的传承与发展在本地区受到了极大的重视。

最后，在武术产业发展过程中，冀鲁豫地区在武术市场发展方面积累了

① 张丽恒，王黎明，虞冬青，孟力，曲宁，仲成春．京津冀一体化的综述与借鉴[J]．天津经济，2014(4)．

一些成功的经验，现阶段，冀鲁豫地区以文化为依托，武术旅游业已逐渐开展起来。这一地区武术旅游点最为有名的当属河南少林寺，其开展的武术旅游业是全国武术旅游业争相效仿的成功典型，尤其是近几年来，少林寺武术逐渐走出国门，在国外也具有了广泛的影响力。以文化为主导带动其他产业发展，趁热打铁，进而促进该地区整个武术产业结构的优化切实可行。

3. 苏沪浙皖地区武术产业结构优化

苏沪浙皖地区不仅地理位置互相临近，在经济发展和资源、政策方面也具有一定的互补优势。

在传统武术产业发展方面，苏沪浙皖地区应以武术商业赛事和健身娱乐业为双重主导，优先发展这两个产业结构内容。

首先，从大的政策环境来看，苏沪浙皖地区具有良好的政策优势。这就为武术健身休闲产业的发展提供了良好的空间。

其次，从经济发展实力来看，上海是具有国际影响力的大都市，是我国经济最为发达的城市之一。上海具有良好的经济、区位等方面的优势，当地居民生活水平相对较高，用于武术消费的资金也较为充足。武术健身娱乐业和赛事表演业具有广泛的消费人群，市场需求较大。

最后，从武术产业资源数量和质量来看，江浙地区旅游资源丰富，且具有多样化的特点，多元武术文化中，尤以苏州、杭州最为著名，具有丰富的武术资源优势和综合的人文旅游资源优势，武术产业与其他产业可以形成紧密的联系，在组合发展方面具有强大的吸引力，可以形成一定的产业空间。

4. 港粤闽赣湘鄂地区武术产业结构优化

港粤闽赣湘鄂地区经济发展势头良好，能够为武术产业的可持续发展提供相应的物质基础。该地区武术产业结构优化中，应以武术竞赛表演业和健身娱乐业为双重主导。

港粤闽赣湘鄂地区的消费观念比较开放，接受新事物的能力强，乐于追赶潮流，近年来，随着人们健身需求的不断增长，港粤闽赣湘鄂地区可供商业体育赛事的场馆及各类设施将会得到进一步的提升和完善，从事传统武术健身娱乐及竞赛表演消费，兼具文化和娱乐特征，符合该地区人们消费喜好，因此可为发展武术产业提供良好的条件。

二、传统武术产业组织

产业组织重点研究企业、产业和市场组织形式，以及市场组织形式和结构如何影响市场的运行和绩效。在产业组织理论中，市场结构、企业行为和市场绩效是最为重要和最为基础的三个概念。市场经济条件下，各产业行业的市场经营主体相互竞争，并形成了一定的市场结构特征，是市场竞争中，积极采取各种经营措施争取最大化的市场绩效。整个过程始终影响整个产业组织的发展与变化。

根据产业组织理论研究对象和内容，这里重点从市场结构、市场行为、市场绩效三个方面对传统武术产业组织进行具体分析如下。

（一）传统武术市场结构

1. 市场结构的类型

体育产业组织研究是市场经济条件下体育产业内企业与市场之间的相互关系，即产业内的竞争与垄断。结合这一内容，可以将武术市场结构分为以下四类。

(1)完全竞争市场：武术完全竞争市场不存在垄断企业，各企业之间势均力敌，因此市场竞争尤为激烈。该类型的市场特点是市场参与者掌握的市场信息全面；不同企业的产品具有同质性，企业进出市场的自由度大。

(2)完全垄断市场：武术完全垄断市场完全由一家企业控制，在这一市场中不存在竞争。武术企业、武术产品具有唯一性。

(3)垄断竞争市场：武术垄断竞争市场介于竞争和垄断之间，该市场中，武术产品差异性明显，市场经营主体进出市场较为容易，不同企业之间的竞争主要集中在产品差异化和推广宣传上。

(4)寡头垄断市场：武术寡头垄断市场中，由少数几个实力强劲的企业垄断，企业寡头之间相互依赖，并且都对市场具有重要的影响，企业进出市场困难。

2. 市场结构的决定因素

市场结构的决定因素可概括为三方面的内容，市场集中度、产品差异化和进入壁垒。

(1)市场集中度：特定产业的生产经营集中程度，它反映市场的竞争和垄断程度的高低。

(2)产品差异化：同一产业内不同企业生产同类产品或服务时，在质量、规格、性能、款式等方面存在差异性，不同企业的产品不能相互替代。

(3)进入壁垒：某企业进入某一产业时，入市后需要与市场中已经存在的企业激烈竞争，这一市场进入障碍就是进入壁垒。

(二)传统武术市场行为

1.市场竞争行为

(1)定价行为

一般来说,企业都喜欢产品价格高的产品,产品价格越高,生产者提供的产量就会越大。目标不同,体育组织或体育企业采用的定价方式也会不同。当前,武术市场中,企业常见定价策略主要有以下几种。

①成本加利润定价。企业主观定价,适用于竞争不激烈的市场。

②价格领先制定价。由一家企业首先改变价格,其他组织或企业采取相应行动。

③掠夺性定价。某企业为把对手挤出市场或逼退潜在竞争对手而降低价格的策略,这种定价具有暂时性。

④限制性定价。企业把价格定在既能获取利润又不会引起新企业进入的水平上。

⑤价格歧视。企业针对不同的消费者定价。

(2)广告行为

广告行为是企业向消费者提供产品和服务相关信息,以诱导消费者购买的非价格竞争行为。企业的广告行为能促进消费者对产品的差异性认知,增强市场进入壁垒。

武术市场上的广告行为,多为武术赛事推广和武术健身娱乐经营者宣传服务。

(3)兼并行为

兼并指两个或以上企业在自愿基础上依法订立契约,结合成一个新企业的行为,主要有以下三种类型。

①横向兼并,适用于武术产品、服务相同的企业。

②纵向兼并,进行兼并的企业间存在前向或后向的联系,分属生产和流通的不同阶段。如俱乐部对用品零售企业的兼并。

③混合兼并,进行兼并的企业间属不同产业,生产工艺上没有关联,产品完全不同。此类兼并在武术市场中较少出现。

2.市场协调行为

(1)价格协调行为

组织或企业之间就其产品的价格相互协商并采取共同行动,包括两种形式,即价格领先制和卡特尔。所谓卡特尔,具体是指企业为限制竞争、控制市场、谋求最大利益而串谋协调价格。

(2)非价格协调行为

组织或企业之间就产品供给的时间、地点、规则等通过共谋或串谋采取行动。如就武术赛事的举办地、时间、规则等进行协商,并达成一致。

(三)传统武术市场绩效

市场绩效,具体是指市场运行过程中体现出的效率高低的状态。主要由市场结构决定。

评价一个武术产品或服务的企业在经营管理中所获得的市场绩效情况,主要看武术产业内部各企业的利润率、技术以及消费者满意度等方面。

(四)我国传统武术产业组织良性发展

1.完善产业组织结构

就我国体育产业发展现状来看,体育产业以体育用品产业为主导,体育服务性产业占次要地位。体育用品业比重较大,体育服务业发展滞后。我国传统武术产业发展时间不长,同样存在着这样的问题。

对于武术产业的科学发展来讲,武术实物产品对武术产业发展的贡献是非常小的,因此应将发展重点集中在武术健身娱乐与竞赛表演方面,以此来促进我国武术产业组织结构的优化。

2.完善产业人才结构

在传统武术产业中,体育组织是不可或缺的部分,离开"组织"武术产业也将不存在,而组织的生存与发展,关键在组织内部的组织成员,人才在组织发展中发挥着重要作用。

传统武术产业的发展离不开人才发挥的作用,当前,随着我国对传统武术产业发展的重视,传统武术产业获得了良好的发展,并且已经发展成为我国国民经济的一个新的、重要的经济增长点。从本质上来看,传统武术产业的水平、速度和规模等,都受传统武术产业人才的数量和质量的重要影响。

目前,我国在武术人才构成中,既缺少竞技人才,又缺少企业经营管理人才,要促进武术产业的发展,必须重视人才培养和在武术产业结构中的优化配置。

3.加强相关产业互动

在传统武术产业发展中,应通过不断积累和丰富赛事经验,高效利用体育资源，一方面，可以通过重点发展核心产业带动中间和外围产业的发展。如通过武术健身与竞赛表演带动武术产品、旅游、会展等其他产业的发展。另一方面，可以通过发展中间和外围产业，促进核心产业的快速发展。如通过发展武术文化传媒，通过传播方式的创新来吸引更多的人参与武术、进行武术消费。

第三节　传统武术产业化发展策略

一、武术产业发展与社会文明建设相融合

传统武术是我国传统文化的重要内容，能够反映我国人民的思想和哲学。在传统武术的发展过程中，其建立了广泛的群众基础。但是，随着西方体育在我国的不断发展和传播，武术的发展空间逐渐受到了挤压，习练武术的人与从事其他体育运动项目的人相比，人口数量存在较大差距。近些年来，我国为了推动传统武术的发展，开始进行传统武术的竞技化发展，这虽然取得了一定的成绩，但是也面临着传统武术丧失其文化属性的尴尬，反而使我国的传统文化面临着空前的危机，这不得不引起人们的深思。

作为我国文化的重要组成部分，传统武术是我国优秀文化的代表，将其融入现代社会的发展之中，传承与弘扬势在必行。

我国传统文化的传承发展要结合当前的经济发展及精神文明建设的实际。在传承与发展传统文化的过程中，要站在文化资源和文化资本的角度来看待传统文化，在传承与发展武术文化的基础上，有针对性地挖掘其经济价值，以实现武术文化发展对地方特色经济发展的促进作用。

二、重视培育武术市场消费主体

随着国民经济在快速发展，人们的物质生活水平也不断提高，人们追求更健康的生活方式，因此对余暇时间的活动内容提出了更高的要求。武术产业发展具有良好的市场契机。

对于政府来说，应正确引导人们从事武术健身，鼓励武术消费，培育武术消费主体，在满足个人对武术的要求的同时，促进武术产业的发展。例如，可以由中国武协直接牵头，或委托影响较大和水平较高的组织或媒体牵头，组织有影响、有实干精神的武术家定期召开有关武术技术规则发展研讨会，制

定符合实际情况的比赛模式、规则和实施方案，为武术赛事发展提供支持。①

传统武术发展历史悠久，但是就武术产业发展来说，其在我国属于新兴体育运动，走进大众体育视野的时间并不长，很多人不了解或很少参与武术健身娱乐消费，对此，武术健身娱乐经营单位应重视加强武术健身及武术文化宣传与普及、广告推广，开发潜在用户，吸引和刺激更多的对武术感兴趣的人参与到武术消费中来，成为武术产品和服务的消费者。

对于武术市场经营主体来说，要鼓励人们进行武术消费，不仅要拓展市场、开发潜在客户。还要重视对现有的武术消费市场的保护。具体来说，武术内容丰富、项目众多，不同的项目需要不同的技术，经营不同武术产品的企业应以项目特点确定自己的目标市场。要根据武术消费者的不同年龄、不同职业、不同收入、不同兴趣爱好等，开发出不同的武术消费产品。满足武术消费者的多样化消费需求，刺激消费者进行武术消费。

三、挖掘武术的文化内涵和价值

重视文化消费使得武术文化成为其在市场经济中一个重要的竞争因素。人们对生活质量的需求的不断提高使得消费者越来越重视消费过程中的文化体验和精神内涵。生产力的高速发展，使得人们的物质需求得到了很好的满足，人们更加重视心理需求，同时，人们越来越重视消费质量，当前的消费社会已经进入到了一个由文化引领的时代。在人们的消费理念和消费方式方面，文化所起到的控制作用和影响越来越凸显，消费者们也越来越青睐和认可市场经济中的文化商品。在这种物欲横流的社会背景下，人们心理层面的需求只有通过由文化商品的消费来获得丰富的文化体验。

丰富的文化内涵使得武术产业发展能从武术文化入手，赢得更广泛的市场。武术是一种优秀的民族文化，它既是一项体育运动项目，也是一种文化形态。武术具备了体育项目的共性，又具有鲜明的文化特性。它与体育运动项目的共同特点是竞技性和健身性，而武术独有的个性则是突出的民族特色和丰富而深刻的历史文化内涵。当今社会，传统武术的应用价值已不复存在，而其文化艺术价值凸显出来。这就更加要求，在现代消费社会中，要将武术作为一种文化商品来进行推介，即将文化作为核心，将商品作为载体，从而刺激潜在的广大的武术消费者，使更多的人愿意通过武术消费了解武术文化。

全球化的武术文化认同与发展促进了我国消费者从西方竞技体育运动

① 李繁荣.民族传统体育文化及其传承研究[M].济南：山东大学出版社，2014.

项目市场转向武术产业市场。在竞技体育的快速发展过程中，我国传统武术受到了巨大的冲击，而且武术中的传统文化也受到了很大的冲击。改革开放以来，武术在市场经济中并没有在市场中占据优势，而是一步一步向着市场边缘游离。反而印度的瑜伽、美国的NBA、韩国的跆拳道、日本的空手道等国外娱乐项目却给武术消费人群带来了很大的冲击，消费者在对这些休闲体育运动项目给予认可和接受的同时，也对这些休闲体育运动项目产生国的文化进行认同和消费。要想在世界多元文化中寻求武术的发展，必须充分挖掘武术所独有的文化内涵和价值。重新审视武术，要将其作为一种文化商品，充分体现武术的核心价值，这是武术产品与消费区别于其他运动项目产品与消费的最可贵之处。

四、武术表演注入更多文化元素

现阶段，我国各项体育产业都得到了一定程度的发展。在当前消费社会的市场中，文化商品所具有的价值不断提高。但是，反观武术产业发展，并没有将武术文化注入武术产品与服务之中。近年来，受经济等的影响，如太极拳、武术馆、象棋馆等场馆几乎全部闭馆，剩下的也都苟延残喘了，学习者人数也在急剧下降。现在练习太极拳、进行舞龙等表演的人也越来越少，即便是练习者，也对其内在的文化理念与价值观念不甚了解。

在市场经济中，武术表演要想得到消费者的认同，就必须要与消费者的心理需求、价值观和审美观等相符合。现代体育对我国传统体育的冲击已是不争的事实。被西方竞技体育异化的商业化的竞技套路、竞技散手充斥着体育舞台，完全看不到我国传统文化历史的原貌，更谈不上承载传统文化的内涵和基本精神。因此，在适应全球化发展的过程中，要保护并传承传统文化，开发更多文化商品。

对传统武术的开发，不应拘泥于单一的表现形式，要加强武术的多样化表现，如原创大型舞台剧《风中少林》是一部有关舞蹈与武术相结合的优秀作品，充分再现了中原特色文化，还将少林文化的真正内涵呈现出来，在国内外进行了很多场表演，收到了良好的经济效益和社会效益。而近年来以武术题材为主的我国大型武侠片在国际上的热映也是对我国武术文化的宣传，也能吸引更多人关注武术文化，到武术之乡体验民俗、观看表演。

五、加强武术市场的产业化运作

我国传统武术产业化发展的时间并不长，由于经验不足，武术市场的产业化运作过程中还存在许多不足之处。

以武术赛事的承办为例，众所周知，承办大型体育赛事需要可观的前期投入，除此之外还需要做大量的赛事运作工作，如筹集资金、修建体育场馆、运作门票市场、开发赞助商和供应商、赛事组织、购买器材、聘请安保人员等，这些工作比较烦琐，需要综合考虑，任何一个细小的环节考虑不周都有可能影响到整个赛事的成功举办。我国武术赛事也曾举办过不少，但是赛事组织者在处理赛事申办、筹资、建设、举办工作时还是不够专业。武术赛事市场仍需要实力强大的赛事运作实体加入，为武术赛事的科学组织与成功举办进行有效合理的规划和推广。

武术市场的产业化运作是武术产业可持续发展的科学发展途径，在任何一个武术产业构成中均是如此。例如，由于知名度广、运作成功，我国少林武术产业化取得巨大发展成就之时，太极产业也被社会各界所重视，2012年12月河南省文化产业投资有限责任公司拟投资10亿元，开建陈家沟太极文化生态园。① 这是一次非常成功的市场运作。此后，武当、峨眉等与武术有关的风景名胜区也都相继推出了武术产业的相关内容，均获得了不错的发展。

当前，武术的产业化发展已经初现端倪，有些已经具有了一定的发展规模。以武术技术传播的武术拳馆、俱乐部等有些已经初具产业规模。但是，就整个武术的发展来说，武术产业化的程度依然较低，影响力不足。武术产业要顺应全球化的市场经济大潮，在体育全球化发展中立足，必须充分挖掘武术可能为人们所提供的需求，进行产业化运作，发挥特色，赢得市场。

六、选择科学市场营销与传播方式

我国传统武术在民间有着广泛的群众基础，在很长一段时间内，传统武术主要在民间传播和发展，师徒传承是其主要的传承与发展方式，习武者按照伦理关系中尊卑长幼之序，形成了一个富有凝聚力的团队。很多传统依靠这种方式延续至今。

传统武术的师徒传承在现在仍然存在，这种传承方式虽然在武术的发展过程中发挥了重要的作用，但是却具有很大的弱点，很容易造成传统武术的流失。而在现代社会，这种传承范围小、速度慢，很可能造成武术文化的失传。

现代社会，人们的生活环境发生了很大的改变，社会交流日益广泛，

---

① 程梁.十亿元打造太极文化生态园[J].太极拳，2012(4).

这打破了封闭的武术传承环境，另外，传统武术传承形成了一定的模拟血缘关系，与现代社会具有一定的隔阂。因此，武术的传播与发展，必须要在结合时代发展的前提下，改进传播方式，才能更加广泛地进行推广与普及。

武术文化的传播对武术市场的形成、武术产业的发展具有重要的促进作用，利用现代传媒包装武术文化，宣传武术产品与服务，通过“新瓶装原酿”来吸引消费者的眼球，才能不断扩大武术消费市场，推动武术产业化发展进程的加快。

七、武术市场营销应关注休闲市场

在我国古代，武术表演作为民间一种重要的健身休闲娱乐方式，在百姓间广为流传，并深受欢迎，健身休闲一直贯穿于武术习练的过程之中。武术成为人们对意蕴审美进行追求的重要途径。也因此，传统武术具有重要的群众基础，才能流传至今。

现代社会，随着我国社会转型、经济的发展、科技的进步，人们消费观念的转变和对更高生活质量的追求，在现代的消费社会中人们更加注重精神享受。新时期，休闲体育能够充分满足人们的精神消费需求，因此成为人们消费的新宠。而武术具有非常强烈的休闲性和娱乐价值，时至今日，其健身、娱乐、表演的价值依然存在，这就使得武术能够成为人们的一种重要休闲选择。

作为一种生活休闲方式，武术是一种具有中国特色的休闲方式，但当前，武术市场化发展过程中，武术市场经营主体对武术产品与服务的营销过程中，并没有突出武术的休闲因素，没有有效地利用广大人民的武术休闲需求开拓新的市场。

针对我国武术休闲市场需求大，但武术市场营销对休闲特点重视不足的现状和矛盾，要想促进武术产业的可持续发展，就必须充分地挖掘武术中的休闲娱乐元素，这是促进武术休闲健身业发展的一个重要突破口。

八、完善武术市场法律保障机制

在武术产业发展过程中，存在市场竞争自身的缺陷和武术市场主体的自我保护意识不强两方面的问题，这两个问题导致了武术市场秩序的混乱，严重影响了武术产业的科学有效发展。

在市场经济条件下，市场的自发竞争行为会引发市场竞争的混乱，我国武术市场我国民族传统体育文化具有广泛的影响力和深厚的文化内涵，这导致我国武术市场侵权行为多发。少林武术文化闻名全国、享誉世界，据不完全统计，国内有百余家企业在注册使用"少林"这一商标，几乎涉及各个行业；而在国际上，不少国家和地区都在抢注"少林"或"少林寺"商标，利用少林寺的知名度来获取商机和利润。这些行为不但大大地侵占了传统武术资源，同时也侵蚀了中华传统武术的知识产权及名誉权，对我国民族传统体育文化造成了极其恶劣的影响。①

针对我国武术市场的上述现象，应完善市场法规，这就需要政府、企业以及消费者的共同努力。

对政府来讲，政府应通过建立政策和法律法规规范武术市场。目前，我国武术市场相关法律法规主要有联合国教科文组织颁布的《保护非物质文化遗产公约》和国务院颁布的《关于加强我国非物质文化遗产保护工作的意见》，并没有保护非物质文化遗产的专门法律法规。因此，政府应进一步加强立法工作，完善体育文化法律保障机制、建立起一套武术市场法律法规，从体育、文化及知识产权等角度对传统体育文化实施一定的、必要的法律保护政策，规范武术市场，确保武术市场的良好有序发展。

对企业来讲，武术经营企业应加强自我保护。我国对知识产权的保护向来都不重视，在武术推广日益国际化的背景下，必须增强自我产权保护意识，做好武术文化及其产品的注册商标工作，保护武术拳种、武术竞赛中外文名称、武术相关网址域名，切实维护我国武术有形产品和无形产品的知识产权。

对于消费者来讲，随着人们对传统文化遗产认识的逐渐深入，这一使命已经为越来越多的人所重视。在经济浪潮冲击的今天，消费者必须重视我国武术在内的传统文化的保护意识，自觉抵制购买侵权盗版的行为，并积极举报，以保护我国武术文化、保护我国民族传统体育文化事业的发展。

九、重视武术品牌的开发与建立

重视品牌的建立对于提高产品的知名度具有重要意义。当前，我国武术虽然跨出了国门，走向世界。全世界范围内习武者和武术爱好者数以亿计，但是，武术市场化发展的状况仍不能令人满意。在武术市场化发展过程中却没有一个具有全国知名度的品牌，无法满足我国世界范围内对武术文化和相关产品的需求。因此，应高度重视武术用品的品牌的开发和建设，打

---

① 李繁荣.民族传统体育文化及其传承研究[M].济南：山东大学出版社，2014.

响知名度和美誉度。[①]

不具有品牌优势，是当前制约武术市场化发展的一个重要因素，武术品牌内容丰富，如武术工艺品、武术旅游用品、武术邮票书画、太极健身等。现阶段，中国“武术”“功夫”“太极拳”在世界范围内具有广泛影响力，塑造具有广泛影响力的武术品牌具有重要的群众和市场基础。

就目前来看，打造武术文化品牌，应从武术文化产品和武术赛事两个方面入手。例如，将武术与电影的结合(《少林寺》《卧虎藏龙》《叶问》)是良好的武术文化品牌建立的典范。可以以此来提高武术的知名度，在世界范围内吸引更多的人关注武术；在赛事方面，武术赛事商业价值、市场前景巨大。经过近几年我国武术竞赛的开展，“散打王”已具有一定的影响力，但与国际拳王争霸赛大型赛事相比，知名度远远不够，对此要积极吸收国外同类赛事成功经验，打造中国武术品牌赛事，以此推广武术、扩大武术影响，促进武术的市场化运行与产业化发展。

十、加快培养武术产业专业人才

传统武术产业的发展离不开人才，传统武术产业的发展也离不开专业、优质人才的参与。

传统武术与其他类型的休闲活动有很大的差异，传统武术产业是我国近年来的新兴产业，专业人才稀缺是制约传统武术产业发展的重要因素和客观事实。因此，必须围绕传统武术产业发展需求，重视人才培育。

促进武术产业发展，培养武术产业专业人才，应重点重视以下人员的培养。

(1)传统武术企业管理者、营销者。

(2)传统武术竞技运动员、表演人才。

(3)传统武术旅游业导游、解说员、救护员、

(4)传统武术健身娱乐休闲指导员、医务人员及其他服务人员。

十一、重视创新、优化服务、突出特色

要实现体育产业经济管理的科学发展，就必须首先树立科学化发展理念，树立品牌意识、服务意识、创新意识，突出特色。

对于传统武术产业发展来说，创新活动是推动体育产业兴衰的一个重

① 张文元.我国武术无形资产的市场化开发路径研究[D].南京体育学院，2012.

要机制。有了创新活动，体育主导产业部门就可大大超过国民经济总增长率以及部门增长率等，对国民经济其他部门产生广泛的影响。各个国家可根据距离创新起源的远近，将体育产业分为低增长产业、高增长产业和潜在增长产业三类。重点发展高增长产业，以其为主导带动其他产业的发展。

对于传统武术用品与服务企业来讲，创新对武术产品和服务经营企业的兴衰有很大作用，企业的创新包括产品、技术、市场、管理、组织等方面的创新。创新是企业不断发展，在市场竞争中立足的根本。武术产业的产品创新阶段既包括实物产品的创新（如新型器材的生产），同时，也包括服务产品的创新（比如新体验项目的开发）。注重通过创新来节约劳动力（如网络售票）、节约资本（武术表演重复化的人力使用）、提高效率或质量。使武术产品和服务经营企业的经营管理真正适应日益激烈的现代化市场竞争与发展。

就体育产业发展大环境来讲，在体育健身休闲市场中，消费者购买体育用品和休闲服务不仅仅是单纯地谋求健身需求的满足，而是购买体育用品或服务来体现自己的价值。因此，体育用品的企业树立顾客至上的营销理念，在产品设计、生产和提供健身休闲服务的过程中帮助消费者实现其自身的价值追求，才能不断满足顾客的需求，并最终促进企业自身的发展。而对于武术产品和服务经营主体来讲也应如此，必须优化服务、重视服务差异化，充分开发不同的武术消费产品，满足消费者的多样化需要，促进武术产业的长期可持续发展。

第九章 传统武术的可持续发展研究

在世界经济一体化的大趋势下，我国处于由农耕社会向工业现代化社会转型的关键时期，传统武术在这一时期受到了大海退潮般的冷落，发展形势堪忧。在传统武术一步步走向衰落和灭亡的时候，我们必须加强保护与传承工作，对其可持续发展的理论及策略进行研究，并将这些策略转化为现实。本章就重点对传统武术的可持续发展问题展开研究，首先对传统武术可持续发展的概念进行解析；其次分析传统武术在教学领域中的可持续发展；最后对传统武术文化的传承与可持续发展进行研究。

第一节 传统武术可持续发展的概念解析

一、可持续发展的概念

1987 年，联合国国际环境与发展委员发表学术报告——《我们共同的未来》，“可持续的发展”的概念在该报告中首次得到明确的界定，即“既能满足当代人的需要，又不对后代人满足其需要的能力构成危害的发展。”此后，在相关的环境问题研究与发展研究中，“可持续发展”作为一个术语甚至是流行用语得到了广泛的运用。尤其是在联合国对环境与发展大会（1992 年）进行举办之后，可持续发展在一些报纸杂志中频繁出现，而且不仅是作为一种概念出现，同时也是作为一种思想、理论、原则出现。必须承认的是，在当今世界，“可持续发展”问题作为一个重要的学术问题及实践课题已经引起了世界各国的高度重视。但同时，可持续发展的概念经常被歧解，人们对此众说纷纭。下面主要从概念、思想、原则三个角度来对可持续发展的概念进行解析。

（一）作为一个概念的“可持续发展”

作为一个常用的术语，“可持续发展”广泛运用于各领域，但作为一个概念，不同领域对其的理解都有一定的差异。从字面的意思来看，可持续发展与发展的不可持续性是相对立的，最初也主要是针对发展的“不可持续性”而提出可持续发展这一概念的。传统的经济发展模式是粗放型的“三高”模式，即“高消耗、高投入、高污染”，这一模式具有明显的“不可持续性”，因而致使自然资源遭到大量的浪费，生态平衡遭到严重的破坏，虽然一部分地区在逐渐发达，但另一部分地区的贫困和落后程度在不断加深，地区间的贫富差距十分明显。从世界这个大的范围来说，这一模式将导致人类面临生存与发展的困境。但是，从可持续发展这一概念的形成来看，其主要反映的是人类对自身发展及其后果的加深过程。

在经济学理论中，“增加产出”是传统的理论关注的焦点和强调的重点，因此可以说经济发展过程就是不断增加产出的过程。但是在经济发展过程中，“有发展的增长”和“没有发展的增长”是同时存在的，当人们认识到这一客观事实之后，就逐渐开始用“发展”概念来代替“增长”的概念了。不同发展方式所造成的发展结果也是存在明显差异的，而且发展也不仅仅限制在经济领域，政治、文化、社会、人类自身生存的环境等都处于不断的发展变化之中。因而，人们开始从“传统的发展”和“现代的发展”两个方面来分化“发展”的概念。随着时代的变迁和观念的更新，人们开始研究人口、资源、环境之间的关系，而且随着研究的不断深入，“可持续发展”的概念最终形成。这一概念既对经济的发展进行了考虑，又对人口、资源与环境的协调发展进行了考虑；既对现代人的需要给予了重视，又没有忽略未来人的需要，这个概念是着眼于人类长期的发展。

（二）作为一种理论的“可持续发展”

“可持续发展”是一个重要的发展概念，同时也是一种重要的发展思想与理论，“在不牺牲未来几代人需要的情况下，满足我们这代人的需要”是这种思想或理论所追求的目标。可持续发展的概念是在长期的探索中形成与发展的，作为理论的可持续发展同样如此。在传统的发展理论中，人们只考虑如何最大限度地满足当代人的需要，而不考虑下一代人或下几代人的需要是否能够得到满足，这将导致后代人面临艰难的生存困境。然而，在人们深入认识了自身生存的环境之后，尤其是对人口、资源、环境之间关系有了更加深入的认识后，开始关注与重视全球发展和长期发展。例如，在 20 世纪 50 年代，《寂静的春天》（卡逊）、《生存之路》（福格特）等著作提醒人们要关注生存问题及环境问题。在 20 世纪 70 年代初，罗马俱乐部将《增长的极限》这一报告推出后，全球问题与长期发展问题进一步引起了人们的关注。在联合国召开“人类环境大会”之后，全球问题更是家喻户晓。在这一背景下，人们开始广泛地研究与探讨人类生存与发展的问题，“可持续发展”这一重要的战略思想也因此而逐渐形成，人们认为只有实行这一战略，才能使人类自身的生存与发展得到保障。通过联合国的一系列行动，这一思想逐渐被人们所熟知，并得到了广泛的认可。

（三）作为一种原则的“可持续发展”

1992年，在联合国举行的环境与发展大会上，“可持续发展”被赋予的标签主要是一种行动纲领，而非简单的概念与理论，这一纲领要求全球各国携手合作，为了人类长期的生存与发展，走可持续之路。联合国制订的《21世纪议程》中更能够体现出可持续发展是一种原则，一个行动纲领。与全球可持续发展有关的所有领域在《21世纪议程》中都有所涉及，其基本思想是：人类正处在历史的转折关头，如果现行的政策要继续实行，国家间的贫富差距将会越来越大，世界范围内的贫困者、饥饿者、疾病患者和文盲会持续增加，人类赖以生存的环境会不断恶化，如果不希望这些恶劣的事件发生，就要制定新的政策，对所有人的生活水平进行改善，对生态系统进行更好的保护和管理，争取使人类有一个更安全、更繁荣的未来。联合国的这一思想在我国得到了普遍的认可，而且我国率先对《中国21世纪议程》这一国别的行动纲领进行了制定。

二、传统武术可持续发展的概念

为了与新时代的发展相适应，紧随世界潮流，我国对可持续发展的战略目标进行了制定，以科学指导我国各行各业的发展，这对我国的全方位发展具有积极的意义。作为一种科学的发展观念，可持续发展在任何领域中都是适用的，引入这一战略思想的领域都有了新的发展活力与生机。

我国传统武术因为受到世界各国各种新文化的冲击而逐渐被人们忽视，我们可以将可持续发展这一战略思想引入其中，从而更好地传承与保护传统武术，使其适应国家的发展要求，在新时代里被更多的人认可，获得更好的发展。因此，当前我国每个武术工作人员都要面临的一个共同问题是：如何在传统武术领域更好地运用可持续发展的策略，从而使传统武术在新时期获得长足健康的发展。

研究传统武术的可持续发展策略，首先要明确传统武术可持续发展的概念，我们可以对其作如下界定：传统武术的可持续发展是指在当前社会阶段要促进传统武术的发展，同时还要将传统武术的发展放眼于未来，使其在未来同样能够得到更好的发展，从而使传统武术的步入到健康、稳定、持续、良性的发展轨道之中，以更好地使人类长久发展的需求得到满足。

传统武术是我国优秀的民族传统文化，也是重要的民族传统体育项目，我们研究其在未来的发展，必须采用新的发展观，这样才能使其在未来获得更好的发展。通过科学有效的策略来促进传统武术的持续健康发展是传统武术可持续发展的目标。

第二节　传统武术教学的可持续发展

一、传统武术教学可持续发展的必要性

（一）传承传统武术，弘扬民族文化

我国有着悠久的发展历史，在世界文化之林中，中国传统文化历史悠久，底蕴厚重，因而始终屹立不倒。作为中华民族传统文化的典型代表和一种活的身份体文化，传统武术是我国的国粹，因而在世界各国得到了广泛的传播。传统武术动作外形优美，吸引了大量的武术爱好者，不仅如此，其内在文化蕴涵深厚，因而对习练者的思想和行为具有积极的指引意义。所以，在民族文化传承中，对传统武术的传承和传播就显得非常必要且重要。在华夏文明的长期滋养中，传统武术逐渐形成与发展，并成为一种重要的人体活动方式，其文化载量博大精深，文化命脉一以贯之，将中华传统美德与民族精神充分体现了出来，是中华文化重要构成要素。在新的历史时期，要想发展学校武术，必就须关注学校武术教育，必须将传统武术最根本的文化意蕴价值牢牢抓住，在不同阶段的学校教育中都要贯穿武术文化教育，从而使青少年体验武术，感受中华民族的优良美德，传承武术精神。

学校为学生体验武术提供了良好的学习环境，学生在这一教育环境中可以自由学习并相互交流。以高校来说，高校学生的文化素质良好，能够意识到传承与保护传统文化是自己的职责。作为传承与传播民族文化的主力军，大学生肩负着光荣且艰巨的任务。此外，高校是一个方便的交流场所，全国各地的学生甚至国外的学生聚集在此，这些都为传统武术的传承提供了良好的条件。学校武术可持续发展观念的提出更是为传统武术的传承和传播，为民族文化的弘扬提供了有效的措施。

（二）发展武术教育，增强学生体质

随着时代的飞速变化和经济的不断发展，人们的物质生活水平得到了

极大的提高,但同时也面临着一些问题,如学生的学习压力大、生活节奏紧张、食品安全问题严重等,这都对当代学生的体质造成了严重的影响。当前学校体育教育已将增强学生体质作为一个重要的发展目标,但因为很多的方法和手段都可以使学生达到锻炼身体的目的,所以学生在体育锻炼过程中,在选择锻炼方法时就存在着一定的盲目性。现在,人们逐渐认识到了传统武术的锻炼价值,其锻炼价值的主要优势在于具有内外兼修的特质,即不仅能够使锻炼者的身体素质得到发展,还能使锻炼者的人格和道德修养得到提升。

学校教育主要是对身心素质及知识水平全面发展的复合型人才进行培养,但是在学校教育过程中,往往忽视了对学生身心素质的培养。作为中华民族几千年的智慧结晶,传统武术不仅仅是一项单纯的格斗技击运动,其文化内涵丰富,讲究内外兼修,不仅能够锻炼人体的内脏和外部肌肉,还能磨练内在修养和提高外在气质。所以,对传统武术的学校教育价值进行开发是有重大意义的工作,能够使武术的锻炼价值得到充分的展现。

(三)学习武术知识,体验民族传统

作为民族传统体育的一个重要因子,传统武术的价值功能具有多元性。提起传统武术,我们更多的是想到其防身功能和健身价值,但其价值功能远不止这两个。作为传统文化的重要表现形式,传统武术中所包含的文化因素非常多,其能够充分体现出美学、医学、哲学等相关的学科理论。但是,随着时代的变迁,武术失去了原本赖以生存的语境。因此,人们很难全面认识传统武术的多元价值功能。学校武术只是学校体育教学的一个教学内容,这一教学内容强调的是武术的健身功能,也正因如此,很多教师与学生都忽略了武术更为丰富的功能与价值。我们需要细致品味才能理解传统武术中丰富的知识内容和文化内涵,仅仅学习简单的武术套路是无法深入理解传统武术的。

在信息化时代,传统文化内涵的重要性已经被很多学生忽视了,甚至有些学生只知道中华民族有五千年的发展历史,但对其发展脉络就不了解了。通过不断学习武术,仔细品味,我们才能够了解武术承载的丰富文化内涵。因此,学校武术教学的可持续发展就是要学生在学习武术,增强体质的同时,尽可能多地去对武术知识进行学习,对传统文化的魅力进行体验。

(四)开展武术教学,丰富教育内容

学校教育模式正在不断创新,其强调横向上的广度和纵向上的深度,强调全面教育。当前学校教育中,学生除了要完成明确的学习任务,达成预期

的学习目标外，还要发展自己的兴趣爱好及特长，而学校也提供了一定的资源（人力、物力、财力以及时间）来促进学生兴趣爱好与特长的全面发展。前面已说过，武术具有丰富的价值功能，我们最先想到的是其健身、防身的功能，除此之外，我们还需要进一步开发其更为丰富的价值功能。武术教育不仅能够促进学生体质的增强，还能够对学生吃苦耐劳的精神、坚强的意志品质以及健全的人格进行培养。传统武术教学的可持续发展是促进学生全面发展的需要，也是丰富体育教育内容的需要。

因此，我们不仅要重视武术的健身价值与功能，还要关注其丰富的教化功能。当今社会，学生家庭条件良好，生活安逸，因此吃苦耐劳的精神和持之以恒的毅力较为缺乏。而且当今时代社会面临着“三信缺失”——信仰缺失、诚信缺失与自信缺失的危机。传统武术中蕴含的丰富文化精神是祖祖辈辈总结与传承下来的“正能量”，而这也正是当代学生缺乏且急需的正能量。学校在体育教育中融入武术教育，不但能够促进体育教学内容的丰富，还能对学生的精神品质进行更好的培养。

二、传统武术教学可持续发展的策略

为顺应时代的发展，适应社会需求，教育界提出了可持续发展的教育理念，其同时也是一种重要的教学模式。这一模式以人的发展为核心，认为人是可持续发展的基础和出发点，同时也是可持续发展的最终归宿，强调人要可持续性地自我更新、自我超越和自我发展。在教育领域贯彻可持续发展战略思想可以对环境的可持续发展、生态系统的可持续发展进行借鉴。教育同样有其自身的生态系统。教育生态系统具有多元复杂性，其主要包含三方面的内容，具体见表 9-1。

表 9-1　教育生态系统的结构内容

结构内容	解释
教育—外部环境	以教育为中心，由规范环境、自然环境、社会环境等外部环境组成
学校—教育系统	以某一教育层次或类型（如学校）为中心，由整个教育系统组成
个体—外部环境	以个体发展为中心，由外部环境（包括教育在内）组成

想要促进教育生态系统的可持续发展得以实现，就要同时从其内部环境和外部环境入手，学校传统武术教育的可持续发展同样也是如此。我国学校传统武术教学的基本概况在第一章已经详细分析过了。针对我国学校

武术教学的发展现状，我们提出了传统武术教学的可持续发展策略，具体对策如下。

（一）树立可持续发展观念，对传统武术与竞技武术的关系进行正确的处理

在学校传统武术教学中贯彻可持续发展的理念，并不只是利用学校这一平台来传承与延续传统武术事业，更重要的是要通过学校教育的力量使武术这一优秀的文化产物在历史的长河中得到长期的延续。所以，在传统武术教学中树立可持续发展观念，并非只针对学校的传统武术教育，更要从整个传统武术事业的角度来考虑其传承与可持续发展。因此，这必然会将传统武术与竞技武术的关系问题牵扯进来，这也是武术行业中一直探讨的一个问题。

在中华武术的大家族中，传统武术与竞技武术都是其中的主要成员，有人对传统武术和竞技武术谁是“武术”谁不是“武术”的问题展开了激烈的争论，其实这些争论没有必要。不管是哪一类武术，它们都有其赖以生存的语境，也就是它们都是为了满足一定的社会需要而形成的。在冷兵器时代，人们要徒手搏斗，要外出狩猎，也要上战场打仗，传统武术就是在这些条件下逐渐出现的，防身自卫、技击杀敌是古代传统武术的主要价值功能，后来，娱乐观赏、健身养生等附加的价值功能也在传统武术中有了明显的反映。近代，奥林匹克文化传入我国，在这一背景下，为了满足竞技体育发展的需求，竞技武术这一新的武术形式逐渐出现，竞赛观赏是其主要的价值功能表现。竞技武术比赛具有明确的评分标准，而且其观赏价值很高。

传统武术与竞技武术都是武术的范畴，都是中华武术的重要组成部分，所以，在推动传统武术教学可持续发展的过程中，要对传统武术与竞技武术的关系有一个明确的认识。传统武术与竞技武术是手足兄弟，没有贵贱之分，在学校传统武术教学中，首先要使学生了解何为传统武术，何为竞技武术，并使其对二者的关系有正确的认识，在此基础上，再以学生的身体条件和个人爱好为依据，来对传统武术的教学内容进行选择，而且可以适当地穿插一些竞技武术的教学，这样不仅对传统武术的保护与传承有利，而且对竞技武术的发展也有积极的意义，同时也能够促进学生学习积极性的提高。

（二）更新传统教育观念，将学校武术教育的可持续发展重视起来

推动传统武术教学的可持续发展需要及时更新教学观念，改变传统教学观念。在传统的武术教学中，不管是教学观念，还是教学内容与教学形式，都存在着明显的问题。传统武术进入学校的时间还比较短，学校传统武

术教育还未成熟,在很多方面都存在缺陷。在传统的武术教育理念中,一直将武术当作是与其他运动项目无异的具有强身健体功能的体育项目,认为进行武术教育的目的就是促进学生体质的增强和学习生活内容的丰富,而没有真正地探索武术的其他价值功能。因此说传统的武术教育理念较为片面。

促进传统武术教学的可持续发展,必须对传统的教育理念进行改变,有机结合身体教育和思想教育,将素质教育的理念重视起来,对学生兴趣的开发和培养给予关注,不仅要对教学大纲规定的内容进行传授,还要面向学生展开主题性理念的教育。此外,还要重视对学生创新意识的培养,虽然传统武术运动属于传统运动项目,但在不同的历史时期,其彰显的功能与价值也是不同的。随着时代的转变,学生对武术学习的需要也会发生变化,因此学校要努力开发新的功能价值,树立创新教育理念,促进学生创造性思维的发展。总之,我们要从根本上着手来推动传统武术教育的可持续发展,及时转变传统的教育理念。只有在正确、科学的教育理念的指导下,传统武术教学的可持续发展才能成为现实。

(三)培养优秀的教师资源,使武术教育的可持续发展有所保障

在传统武术教学的发展中,教师群体作为重要的教学资源,其所发挥的作用极其关键。现在,学校中武术教师的教学能力与专业素养良莠不齐,这对传统武术教育活动的可持续发展非常不利。因此,要想顺利推动传统武术教育的可持续发展,就必须对高素质和高水平的武术教师进行培养,促进武术教师队伍数量的增加和质量的优化。加强对优秀教师资源的培养不仅仅是为了满足武术教育可持续发展的需要,也是为了满足武术事业发展的需要,这主要是因为作为重要的社会力量,教师队伍的强大必然会促进武术事业的发展。

掌握必要的武术技能是传统武术授课教师需要具备的基本条件,除此之外,武术教师还必须具有良好的文化素养和专业修养,并具备一定的科学研究能力。传统武术是一种常见的运动形式,但也不单单是一种简单的运动形式,其文化内涵丰富,我们要不断地研究其内涵,继承其精神,如果学校只是简单地传授武术理论知识和动作方法,那么传统武术教学的可持续发展就无从谈起。武术教师只有具备了全面的基础与条件之后,才能更好地开展武术教学工作,才能对武术文化进行传播,也才能使传统武术教育的可持续发展成为可能。我们都很熟悉“名师出高徒”这句古训,传统武术教学也是如此,武术教学中,需要教师言传身教,教师要与学生进行语言沟通,更要示范动作技能,并纠正学生的错误动作,只有这样,才能取得良好的教学

效果。因此说，优化传统武术教师队伍是实现传统武术教学可持续发展的重要保障。

（四）加强传统武术文化教育，对学生的民族传统文化素养进行培养

文化的传承能够促进民族的长久不衰。作为一项运动项目，武术汇集了中华民族先贤们的宝贵智慧，我们将这些智慧称为传统武术文化。众所周知，传统武术文化内涵丰富，但在传承传统武术的过程中要将运动形式和丰富的文化内涵一起传承下去比较困难，但这又是十分必要的。所以，在传统武术教学的可持续发展中，就要将武术文化的教育注重起来，重点培养学生的民族传统文化素养。

经过几千年的时间，传统武术积淀了深厚的文化底蕴，历代无数人发挥了自己的劳力和智力，创造了传统武术这一民族精华。传统武术文化中包含的文化类型比较丰富，传统哲学、伦理学、美学、医学、导引养生等文化都能够在传统武术中体现出来。因此学生在武术学习过程中，不仅可以通过学习武术技术来达到强身健体、防身自卫的目的，而且能够接受武术文化教育，提高自身的文化修养。

传统武术文化的教育与传承在武术教育的可持续发展中是非常关键的一环。学生群体肩负着传承优秀民族传统文化的光荣使命。作为中华民族的宝贵财富，传统武术蕴含着优秀的民族传统文化，这也是其能够吸引大量人群参与进来的主要原因，如果传统武术不具备丰富的文化内涵，其也就失去了魅力，失去了吸引人的“资本”。因此，学校在开展武术教育的过程中，要重视传承传统武术文化，在学生学习武术知识与技能，增强体质的基础上，对其进行武术文化教育，这是传统武术教学可持续发展的必然要求。

第三节　传统武术文化的传承与可持续发展

一、传统武术文化的主要传承方式

任何事物要想取得不断的发展，必须先经历繁衍与传承。传统武术是中华民族传统文化的重要组成部分，是我国优秀的民族传统体育活动，更是我国的国粹，是非常宝贵的非物质文化遗产。在几千年的传承过程中，传统武术获得了新的发展，而且其本身的传播过程是无价的。对传统武术文化

的传承与可持续发展进行研究,有助于使传统武术走出发展困境,走向全球各地,并获得持续、健康的发展。下面主要就传统武术文化的主要传承方式进行分析。

(一)师徒传承

"一日为师,终生为父"是古代习武者经常说的一句俗语,这说明师徒传承主要是模仿家庭关系的一种传承方式。具体而言,就是徒弟在磕头拜师且正式成为入门弟子之后,师傅将武术技艺传授给徒弟,并对其进行武德教育。师徒传承模式中,师傅向徒弟传授武艺是一种义务行为,徒弟不需要交纳任何的学艺费用。这种传承方式不仅有利于各武术门派积累丰富的经验,促进不同门派独特武术风格的形成,而且有利于壮大武术宗派。

师徒传承也有弊端,主要就是对传统武术的传播范围造成了限制,使传统武术很难在更大的范围内扩大与推广。现代社会中,师徒传承方式因为难以与社会发展的需要相适应而遭到了淘汰。

(二)血缘传承

血缘传承也被称作是"家庭传承",即在具有血缘关系的家庭成员内部传授武术技艺。在封建社会,"家天下"的宗法制度受到了极大的推崇,因此在独立的、专门的传统武术传习场所还未出现时,传统武术最主要的传承方式就是家庭传承。这也是古代有很多武术世家产生的主要原因。

在家族内部世世代代传承传统武术,可以使武术传承的真实性和可靠性得到保障。但这一传承方式同时也使得传统武术的发展方向受到了限制,使得传统武术表现出了保守、封闭以及排他的弊端,同时这一传承方式也加强了不同武术门派间的竞争。封闭的传承方式不仅对传统武术的传承对象和传承范围造成了严格的限制,而且也对传统武术原有的生命力产生了恶劣的影响。由于武师的逐渐老去和传承人的缺失,我国一些优秀的武术拳种也逐渐消失了。

(三)业缘传承

有共同兴趣爱好或相同职业的人结伴在一起举办相关活动的行为方式或专门组织就是所谓的业缘,如中华武馆、跆拳道馆及各种行业协会等。这种组织中聚集了志趣相投的人,有共同兴趣的人团结在一起学习与交流,更有利于相关活动的开展。

传统武术的业缘传承指的是在有共同职业的人员或对武术有共同兴趣的人员内部对武术的知识与技术进行传承,这是一种突破地域限制及家庭血缘关系的传承方式，具有明显的行业特点。要想使传统武术得到持续不断的传承，实现新的发展与实现创新，不仅需要血缘传承、师徒传承，而且也需要业缘传承。在传统武术的发展历史中，这一传承方式具有举足轻重的作用。

在不同历史时期都出现了相关的武术组织。例如，在宋朝，“齐云社”“锦标社”“相扑社”“角抵社”等武术结社组织主要出现在城市；“棍子社”（山东河北一带）、“弓箭社”（河北定州）等武术结社组织主要出现在乡村。在清末民初，东大寺武术馆、少林功夫武术社、太极拳社等武术组织大量出现。这些组织是以武艺为核心成立起来的，有利于在更广阔的范围内传承武艺。“上海精武体育会”是民国时期比较有代表性的武术组织，这一组织成立的时间比较早，规模较大，而且也产生了深远的影响，至今这一组织仍存在。与血缘传承、师徒传承相比而言，业缘传承的传播范围与影响更广泛。

（四）地缘传承

在某一特定的地域环境中进行传统武术传承就是所谓的地缘传承。在农耕文明时期，生产力极其低下，交通工具也十分落后，人们的活动范围因此而受到了限制。地域是人们活动较为集中的场域，在一个地域内生存的人，由于文化背景、地理环境相当，所以文化思想与行为习惯也逐渐趋同，表现出了相似的心理和行为特征。在一个封闭的区域内，人们普遍认同了某一拳种之后，就会频繁地传习这一拳种，因此传统武术的地缘性特征也逐渐形成了。

在不同的地理环境、民族、文化、风俗等因素的影响下，传统武术表现出了鲜明的风格多样的地域特色，如河南开封的“宋太祖三十二式长拳”、回族的查拳、山西的刘短打等地域特征都很明显。

总的来说，传统武术的每一个传承方式都是有利也有弊的。在新的时代背景下，我们必须不断更新与创造新的传统武术传承方式，这样才能不断适应文化全球化和体育全球化的发展趋势。

二、制约传统武术文化传承与可持续发展的因素

当前，传统武术的传承与发展都出现了很多的问题，“传统武术的传统是一个不断变化中的传统，自然这个传统处在不断变化中的传统武术，就不可能是永远不变的。……时代在变，传统在变，现代社会中的传统自然也必须发生变化。传统武术在现代社会发生变化是必然的，但是，其在现代社会

所发生的变化却并不是盲目的，而是人们在发现问题的基础上促成的。”①对传统武术文化传承与发展中的问题进行解决，需要对科学发展观坚定不移地进行贯彻，并以此为基础，对社会学、文化学、哲学等理论广泛加以运用，在传统武术文化的发展历史中对其传承与发展问题产生的社会因素、文化因素、自身因素等进行探寻与分析，从而有针对性地采取有效的策略来解决问题，推动传统武术文化的有效传承与可持续发展。制约传统武术文化传承与可持续发展的因素有很多，我们可以将这些因素归为三个方面，即自身因素、文化因素以及社会因素。

（一）自身因素

1.传统武术项目繁多，不容易被世人接受

我国拥有广阔的地域和众多的人口，由于不同地区的地理、文化、经济、风俗等都有差异，因而传统武术形成了众多不同的流派。中国传统武术有很多的门派，大门派下衍生出的小支派也有很多，拳种更是数不胜数，因此其深不可测。太极拳就是一个比较典型的例子，陈氏、杨氏、吴氏、武氏、孙氏等是比较流行的太极拳流派。习云太主编的《中国武术史》于 1985 年在人民体育出版社出版，这本书中的拳种部分有 46 节计 75 种、器械部分有 27 节，这足以说明传统武术内容繁多。此外，因为传统武术在发展中形成了众多不同的流派，拳类和器械类的项目更是庞杂，即使是同一器械项目或同一拳术，在不同的门派也有不同的招式，这样传统武术很难实现规范化的持续发展，而且武术传承的难度也大大增加了。

传统武术中门派众多，各门派中又有繁杂的拳法，可谓五花八门，要想将所有的项目都数清楚并不容易，因此传统武术在走向世界的过程中出现了一些问题。国外习惯以功夫来称呼我国的武术，倘若对国外的武术爱好者说，武术包括八卦掌、少林拳、形意拳、太极拳、翻子拳、戳脚、南拳、咏春拳等，他们必定难以理解，而且会觉得不可思议。如果语言上能够顺利地交流，那么还省事一些，但如果语言不通，需要翻译，一些翻译人员由于没有接触过武术运动，很难准确地传达双方的意思，像“金钢捣碓、倒撵猴、白蛇吐信、青龙出水”等这样武术术语更是很难说清楚。就连中国人对这些拳术称谓理解起来都比较困难，更何况外国人，而且我国武术界内的专业翻译书籍和专业人才又比较少，所以在传统武术的言传身授过程中出现偏差都是不可避免的，这就对传统武术的传承与可持续发展造成了制约。

---

① 唐志云. 制约传统武术发展的因素分析与对策研究[D]. 广西师范大学，2010.

2. 传统武术在理论方面的研究比较欠缺

马克思主义认识论指出，实践如果没有理论的指导，那么必然是盲目的。建立传统武术学科需要先扎实地建设相关的基础理论。但是，武术理论落后于实践的问题在武术长期的发展历史中一直存在。传统武术理论研究的缺乏对传统武术的传承与可持续发展造成了直接的制约与影响。

不管是哪一类学科，其都有属于自己的知识体系，而且该体系具有独立性，所有学科的发展都离不开其科学理论体系的指导。短短的百多年间，西方体育之所以能够在全球范围内得到快速的发展，主要是因为其建立了系统的科学基础，且在遵循人体生长发育特点的基础上对科学的理论体系进行了构建。由于传统武术长期在家族、地域、师徒中传承，而且“口传身授”是各流派普遍采用的传承方法，所以很少有关于武术的文字性的记载，这就导致了传统武术在之后的发展中缺乏一定的理论基础。在传统武术的理论基础、理论体系等方面加强研究是推动传统武术文化传承与发展的必然要求。

《关于挖掘整理武术遗产的通知》由原国家体委于 1979 年发布，在该文件的指示下，在 1983—1986 年期间，挖掘整理武术遗产工作在全国范围内广泛开展起来，河北承德、北京分别展出了挖掘与整理的成果，计 482 册武术文献，392 件古兵器，129 个拳种的文字资料（初步整理），394.5 小时的技术录像，此外，对地区性的《拳械录》和《武术史志》也进行了整理。此后，传统武术理论方面的研究就很少了。

另外，在传统武术的长期发展中，其自身形成了一些不科学的理论，陈腐、虚妄的“糟粕”随处可见，如故弄玄虚，不讲科学，迷信，在传统武术理论中，对学理的分析并不关注，它对个人的心领神会有突出的强调，即概念和要言之后，没有中间层的理论阐释，直接就是个人的领悟体会，这就需要我们分析与总结其理论内涵，去除糟粕的尘埃。

3. 民间武师知识水平较低，传授方法落后

在封建社会时期，文武之间的界限很明显，练武者基本上都不重视学习文化知识，因此文人将没有文化修养的习武者称为“一介武夫”。这其实是一种蔑视的称谓。新中国成立后，教育制度在我国大力实行，考大学成了青少年的唯一出路，在高考的压力下，很多学生尤其是高考有望的学生都没有多余的时间与精力来学习武术，这时学习武术的多是一些上不起学或文化成绩较差的学生，所以民间拳师的知识水平一般都比较低。

通过对冠县（查拳故乡）、温县陈家沟（陈氏太极拳发源地）的 35 名拳师

的文化水平进行调查后了解到：大多数拳师的文化水平都比较低，45 岁以上的武术拳师基本上都是小学文化水平，年龄在 45 岁以下的武术拳师虽然在体校、武馆接受过教育，但也只是初中文化水平，很少有拳师有大学学历（表 9-2）。而且，这些拳师在对他人进行武艺传授时，基本上都是沿用上一辈人传下来的教学方法，他们只是一味照搬，没有科学的理论指导，也不会将先进的技术与科学设施引进来加以借鉴，更不会创新，现在一些民间武术组织在武艺传授中，仍然采用的是传统的训练指导思想和陈旧的方法手段，没有明显的改进。在传统的武艺传授中，一般都是由师傅带一个或几个徒弟手把手地教，这种方法死板机械，单调乏味，因此难以取得良好的教学效果。在教学步骤方面，基本上都是按照功法、套路、拆手、递手、散手、攻防实战的固定顺序来传授。这些都体现了传统武术传承与发展中存在着严重的"重实践轻理论""重师传轻创新""教学理念与方法落后"等问题。随着大规模教育和跨国连锁教育的兴起及发展，传统武术发展中的这些问题与弊端更加突出，形成了鲜明的对比，这对传统武术的传承与发展产生了消极的影响。

表 9-2　传统武术拳师的学历层次（$N=35$）①

学历层次	人数
小学	20
初中	5
高中	8
大专	2
本科	0

此外，在传统守旧思想的影响下，民间拳师在对拳术进行传授时，将传统武术的神秘性故意夸大，和学生说传统拳功力增长、技术完善需要很长很长的时间，尤其是在练习基本功时，需要好多天才能练好一个动作，而且要站几个月甚至几年才能掌握一种桩法。学生听后感觉武术运动可望而不可即，只能放弃习武。而且一些民间拳师在传授技艺时，只教给学生技术，不给学生讲技术的用法，讲理论时言辞闪烁，无法说清说透，而让学生自己领悟，这些都对习武者的学习积极性造成了不好的影响。

① 唐志云. 制约传统武术发展的因素分析与对策研究[D]. 广西师范大学，2010.

4. 传统武术内容复杂，且项目的整理不全面

从1983—1986年全国武术挖掘整理的成果来看，我国传统武术中，具有“源流有序、拳理清晰、风格独特、自成体系”等特征的拳种就达129种，并且每个拳种的器械体系又都是相对独立的。这些拳种流派经历了从无到有，从小到大的发展历程，而且到目前，一套完备的拳法体系已经形成了，拳理哲学思想、拳术动作风格、拳术攻防技击方法、拳术劲力要求等都是拳法体系中的重要内容。

可以说，武术拳法项目体系极为庞大，而且其涵盖了复杂多样的内容，各拳种的拳理及风格特点也各不相同。比如，在拳理方面，八卦变化为八卦掌的拳理；五行相生相克为形意拳的拳理；太极阴阳变化为太极拳的拳理。表面来看，传统武术的发展呈现出了千姿百态的特征，但正是这一特征对传统武术品牌形象的树立造成了制约，从而影响了传统武术的传承与可持续发展。目前来看，我们在挖掘、整理传统武术时，不能只是为了发现更多的拳种而挖掘，更要注重归纳与整理每个拳种的功理及作用，注重详细阐明每个拳种中包含的技击含义及哲理，尤其要注重阐释其健身价值。这样才能迎合现代人“花钱买健康”的观念，也才能顺利实现传统武术的可持续发展。

（二）文化因素

1. 西方文化的冲击使传统武术失去了社会主流地位

在21世纪的全球文化领域中，西方文化占主流，这是众所周知的。随着西方文化在我国的出现与传播，传统武术文化原有的主流地位已逐渐丧失，处于尴尬的发展境遇。

当前，我们只注重对西方体育文化所带来的丰硕成果进行享受，却将民族体育文化被压制的现实忽视了。国外体育项目（高尔夫球、篮球、网球、空手道、跆拳道等）传入我国后，风靡各地，很多国人基本上都忘了我国也有博大精深的体育运动，那就是传统武术。空手道、跆拳道、剑道等外来体育项目民族文化特征鲜明，而且动作简单易学，因此受到了青少年群体的青睐。尤其是跆拳道，其传入我国的时间并不长，但在我国很多大中型城市都出现了跆拳道馆，学习跆拳道的青少年队伍也在逐渐壮大，这令我国“博大精深”的传统武术相当尴尬。西方体育运动项目涌入我国后，在学校和社会各个地域都能看到参与这些运动的人群，但习武者的身影却很少见，可见西方体育文化的涌入一定程度上冲击了中国传统武术在社会上的开展，而且导致很少有人在健身锻炼中选择传统武术这项内容。通过调查发现，中青年群

体基本上都会选择登山、球类、跳舞、健美操等项目作为晨练健身内容，练习武术的只有一些老年人，而且以打太极拳居多。在中小学中，我们到处都能看见踢足球、打篮球的学生，却很少见到练武的学生。

西方文化对我国传统武术文化的冲击不仅表现在排挤我国民族文化方面，而且对传统武术的异化也是一种冲击与侵蚀的表现。在西方竞技体育的影响下，传统武术自身的本质内涵基本消失殆尽了。西方体育思想在我国不断张扬，同时对中华民族传统体育思想不断撕裂，传统武术的文化理念、传承方式、训练方式等都不再“原汁原味”了。西方竞技体育思想对我国传统武术文化的影响已经有很长的时间了，从 20 世纪初开始，在西方体育思想的影响下，武术就表现出了“改良、异化”的苗头，而且西方体育的理念（简单化、规范化、游戏化）严重控制了传统武术的发展。天人合一是重要的传统武术文化思想，这是武术文化赖以生存的基础，但回顾传统武术在近 100 年来的发展，这一思想已经逐渐被舍弃了，锦标和利益替代了天人合一。一些习武者不再追求天人合一，而开始追求名利、财富和享受，传统武术中的人格修养的提升、人生境界的升华等逐渐被习武者忽略了。同时，在以竞技为核心的奥林匹克文化的影响下，传统武术的竞技化发展趋势日渐突出，甚至有人说传统武术终将会被竞技武术所代替。当前，我国学校武术教育中，尤其是中小学中，基本上都以竞技武术为主，很多中小学生不了解什么是传统武术，这就对传统武术的传承与可持续发展造成了严重的限制。

2.一些消极的传统思想对传统武术的发展造成了制约

作为一种源远流长的民族传统文化，传统武术在其漫长的发展历史中与我国古代宗教文化、军事文化、中医文化等产生了千丝万缕的联系，它们相互交融，相互渗透。传统武术在对其他文化的精华进行吸收的同时，也难免会受到各种不良思想与文化因素的影响。因为传统武术的理论研究、文化研究相对落后于其实践研究，因此在当今社会中，传统武术文化中一些消极的因子对武术的传承与发展产生了严重的影响。

首先，传统武术的主要传承方式是师徒传承、血缘传承、地缘传承，因此传播范围与传播对象极其有限，而且古代习武之人讲究“不传外姓人”“传男不传女”，即便是有血缘关系，也不会将武艺传给女子。在师徒传承中，讲究“不磕头拜师不予真传”。在封建思想的影响下，各拳种门派的门规教条十分严格，如一个门派的弟子不允许学习其他门派的武艺；一些拳种只能在家族间传承，如果弟子不是家族内部人员，则不予传授等。因此，一般人要习武是有很大难度的。此外，一些老拳师不肯给他人传授武术技艺，而且很多师傅在授艺时都会“留一手”，这就严重限制了拳种的继承与传播范围，而且随着老拳师的去世，一部分拳术也就失传了。

受现代社会开放思想的影响，一些老拳师开始将自身的武术技艺作为"商品"进行出售，习武者交纳一定数额的费用后才可以跟随其习武。传统武术发展中出现的这种等价交换现象表面看起来是开放了武术的传承渠道，促进传承渠道更加多元化了。一般的武术爱好者只要愿意花钱，就能够跟随拳师习武，但这无形中进一步深化与加固了腐朽的旧思想，如果习武者不交纳"学费"，拳师就不会将自己的技艺传授给他人。拳师传授武艺也不再是为了传承武术，而是为了获取现实利益。在利益的驱使下，传统武术的传承与发展显得更狭隘、更保守了。在今天，这些保守陈旧的思想观念、传统的传承方法、严格的门规教条对传统武术的可持续发展造成了阻碍。

3. 武侠小说和影视对传统武术的负面影响

近百年来，武侠小说对武侠爱好者产生了强大的吸引力，其光怪陆离，充满神秘感，因此勾起了人们阅读的欲望。武侠小说在民国后风起云涌，在小说出版录中几乎占据了大半个部分。1923 年，《江湖奇侠传》问世，其由近代著名武侠小说家向恺然所著，一经出版就受到了人们的欢迎，而且后期也在反复出版。近代，金庸先生创作了多本武侠小说，总概括为"飞雪连天射白鹭，笑书神侠倚碧鸳"，这就使得武术的影响力进一步扩大了。

除武侠小说外，武侠电影因为其艺术形式别致，因而对国内外的武术爱好者产生了很强的吸引力。我国第一部武侠片问世是在 1925 年，20 世纪 80 年代放映《少林寺》后，武术爱好者疯狂追捧武侠电影，全国出现了武术热潮，甚至在世界范围内也产生了影响力。凭借《致命武器 4》，李连杰进军好莱坞，成龙也以代表作《尖峰时刻》步入国际影坛。这些武侠作品和武侠电影生动地描绘了武术运动，使得武术的知名度逐渐扩大，特别是随着新媒体的出现，武术更是在全球范围内有了知名度，全世界人都知道了中国功夫的厉害。可见，武侠文学作品和影视极大地促进了传统武术运动与武术文化的传播，这是武侠小说和电影值得肯定的地方。

然而，任何事物同时存在着"利"与"弊"的两面性，因此我们也应看到武术文学作品和电影的弊端及其带来的负面影响。武术影视和武侠小说都是文艺作品的表现形式，其必然要对文艺的规律加以遵循，因而就会在创作中对艺术夸张的手法进行采用，这样必然会偏离武术的现实本质。武侠小说与电影将武术的作用和功能过分夸大，尤其是像"隔空打人""飞檐走壁"这样特技效果较强的武术表演更是虚幻，这就使得一些不了解武术的人错误地认为武术是艺术化了的表演武术，而且对武术带来的视觉享受充满了很高的期望，而当其看到真正的传统武术时，反而觉得这不是真正的武术，可见,武侠小说与电影中的一些夸张与过分艺术处理使得人们难以对武术形成正确的认识。

通过以问卷的形式调查人们对央视举办的"武林大会"这一节目的看法后了解到,认为"武林大会"在还原真实武术方面有一定贡献的人占到95.8%,但其中82.3%的人认为"武林大会"并不具备较强的观赏性,无论是哪种拳种的比赛,都是以搂、抱、摔为主,看点不足,甚至武术专业方面的一些人也同意这一看法。可见,武侠小说和武打影视制约了人们对传统武术的科学了解,而且一些人因为观看武侠电影和武术类的节目而对传统武术产生了误解,这就为传统武术的普及和发展带来了困难。

4.休闲文化的消极影响

发达国家在未来15年中将陆续进入"休闲时代",发展中国家也会紧随其后,这是美国相关学者所预测的。休闲文化对这个世界产生了很大的影响,成为现代人生活中的一个重要组成部分,这体现了人类生活态度及生活方式的转变。在现代社会中,休闲文化虽然对传统武术文化的传播与发展产生了一定的积极影响,但我们仍旧不能忽视其给传统武术带来的制约性影响。

凯普兰(美国著名的休闲学家)曾说过,所有特殊的活动都有成为休闲的基础的可能。休闲的特点在于具有自由的心理感觉;将无意识的社会角色所承担的责任最小化;玩的特性等,其范围可从不合理、无意义的活动到重要的活动之间。所以,休闲是与比人类社会生活的其他氛围更放松的层面相关的实践和空间。[①] 在现实生活中,人们总是将休闲与"选择""自由""满足"等词汇联系起来。人们在追求休闲的过程中,会排斥一些传统的、文化底蕴深厚的东西。众多周知,现在社会中,青少年对简单、快捷的休闲娱乐形式很青睐,如上网、游戏,街舞等,而对传统的娱乐方式(书法、读书、尚武等)则漠不关心。传统武术不仅是一个运动项目,更是民族传统文化的表现形式,不管是理论还是实践,简单的休闲文化都无法替代传统武术文化。但是,休闲文化严重冲击了传统武术文化,休闲文化中的"文化娱乐化""历史虚无化""艺术消费化"等消极文化生活方式对我们继承传统武术文化造成了制约。

我们只有付出艰辛的努力才能使传统武术获得良好的发展,而且也只有在不断的努力与习练中,才能够达到"内外兼修""天人合一"的习武境界。现代社会文化形态以休闲为主,因此很多人尤其是青少年很难接受"艰辛的

① 唐志云.制约传统武术发展的因素分析与对策研究[D].广西师范大学,2010.

努力”这种学习态度，人们更喜欢采用简单的休闲方式来达到锻炼身体、陶冶情操的目的。在闲暇时间里，人们不会蹲马步，而会打篮球；在追崇偶像时，青春靓丽的体育偶像比身怀绝技的武术高手更受欢迎。因此，只有钟爱传统文化的人才会孤独地选择传统武术，而其他人更愿意活在逍遥的休闲世界里。

（三）社会因素

1.传统武术生存的社会环境发生了明显的变化

在农耕文明背景下，我国传统武术逐渐形成与发展，在冷兵器时代，传统武术是非常重要的技击术。在火器时代，武术的技击价值已经弱化了。进入21世纪后，传统武术生存的社会环境发生了明显的变化，其实践价值很难再有发挥的机会了。传统武术是在相对封闭的文化环境下形成的，但随着时代的变迁，人们的思想观念、价值观念在不断变化，因此传统武术很难与现代人的生活方式相适应。相对于社会发展来说，传统武术的整体发展比较落后，因此我们需要为其新的发展谋出路。

传统武术的形成与发展与封建社会中自给自足的小农经济有着密切的联系。我国封建社会的经济形态以小农经济为主，这种自然经济对人与人之间的交流造成了阻碍，因而使人们形成了保守的思想。流行于不同地区的拳种受小农经济的影响而难以沟通与交流，因此各个拳种的发展相对都很独立。但历史的发展必须要以开放为前提，开放是现代社会的一个基本属性。我国实行改革开放政策后，经济发展迅猛，与世界保持着密切的交流。在这一背景下，我国各地都在摧毁宗法陋俗及武术门派的封闭习俗根基。武术门派是在封闭的文化环境下形成的，如果其生存的环境从封闭走向开放，那么其就会因为生存环境的变化及无法适应这种变化而走向灭亡。乔晓光先生曾说过，随着工业文明的不断发展和全球一体化趋势的逐渐加强，弱势边缘文化必然会被强势文化侵蚀，当经济发展到一定的阶段后，人们的生存观念和物质消费方式也会急剧改变，那时一些民族无形文化将会面临流变和消亡的境遇。

与西方发达国家相比而言，我国在经济与科技方面都比较落后，因此从近代以后，我们一直都在向西方文明学习。奥林匹克运动在推动各国民族体育运动发展的同时，也将西方体育文化传播到了全世界，使得西方竞技体育在全世界普及开来，世界几乎已经成了西方体育占主流的大同世界。为了适应这一大趋势，我们在传承与发展武术的过程中，对与西方思维方式相符的竞技武术给予了高度重视，却忽略了作为民族传统文化的传统武术。

而且，随着我国经济的发展，人们的思维观念、生活方式、行为方式也都发生了明显的变化，人们更愿意选择简单、快速的体育运动来锻炼身体，愉悦身心，而不愿意选择传统武术这一既能锻炼身体又能提高文化修养的身体活动方式。快节奏的体育运动已经成为现代化社会的主流，而传统武术与现代人的快节奏需求是不适应的，因此在现代社会中传承与发展传统武术是比较困难的。

2. 学校武术教育落后

作为体育教育的基础，学校体育在传统武术的传承与可持续发展中发挥着重要的作用。在民国时期，我国各级各类学校就将传统武术纳入到了教育计划中，但传统武术当前在学校并没有得到良好的发展。作为传承传统武术的重要基地，学校武术教育的发展历来受到了国家和政府的高度重视。但是，学校武术在当今社会中因为受到种种因素的限制而未得到健康的发展，虽然学校都有明确的教学大纲、教学内容及教学计划，但武术教师比较缺乏，而且学生的学习兴趣也不高，武术教学指导纲要的强化和教学实践工作的弱化形成了明显的对比。学校教育这一传统武术的传承途径主要存在着如下几方面的问题。

(1)大力发展西方体育

随着我国经济的不断发展以及西方文化的涌入，我们毫无保留地吸收了西方的体育文化，从小学到中学，甚至大学，所开设的体育课程都以西方体育为主，设置传统武术课程的学校少之又少。

(2)武术教师没有全面了解传统武术的文化内涵

由于武术教师没有深刻理解武术的丰富文化内涵，因此在技艺传授过程中无法将学生的热情激发出来，导致学生冷漠对待传统武术课程，相对来说，更快、更高、更强的西方体育更受青少年学生的青睐和喜爱。

(3)轻传统、重竞技

受多方面因素的影响，我国在新中国成立后重点以发展竞技武术为主，从政策等各方面都对竞技武术的发展给予了高度的支持，因而竞技武术近些年在我国发展迅速。我国各省市及一些体育院校都对竞技武术专业队进行了建立，全运会、亚运会等大型体育盛宴也将竞技武术设定为一项正式的比赛项目，但国家对传统武术的发展却持放任自流的态度，传统武术由于不受重视而在发展过程中举步维艰。在这样的环境影响下，学校在设置武术课程时，也出现了功利性倾向，只注重开展竞技武术教育，对传统武术不闻不问，在中小学中这一现象更为明显。

(4)一些学校完全取消了武术课

教育部于1956年在中小学体育教学大纲中将我国的国术——传统武术列为一项教学内容，并对每学期的武术课时数作了规定，小学与中学分别为6学时和8学时。1957年，体育院系将武术列为必修课程，至此，我国大中小学都开始实施武术教学。然而，现实情况是，当前一些中学已经将武术课完全取消了，武术课在很多学校中都是名存实亡的。高校是对武术教学人才进行培养的重要基地，但一些高校因为选修武术课程的人不多，所以将该课程取消了。北京体育大学徐伟军教授曾说，在我国高校中，传统武术已经奄奄一息，为了使武术成为奥运会项目而对武术进行的表演性质改造，使武术与体操、跳水这样的竞技项目越来越相似，武术作为技击类运动的本我属性已经丧失了，重演练、轻实用的问题在整个武术教育中普遍存在。

3.传统武术竞赛规则不完善

比赛的顺利开展离不开完善的竞赛规则，运动技术的发展也是以竞赛规则为导向的，对运动技术水平进行衡量时，也需要发挥竞赛规则杠杆作用。国家体育总局武术协会、各地方政府及武术协会在近20多年来举行过很多类型的武术比赛，因为我国传统武术十分庞杂，所以比赛形式主要是交流赛、邀请赛和观摩赛。当前，传统武术竞赛的标准评分规则还未被制定出来，2003年以前的竞技武术套路竞赛规则一直被套用在各种形式的武术竞赛中，全国传统武术竞赛、世界传统武术节等赛事仍旧采用这一规则。在这种形势下，传统武术为了满足竞技武术的规则要求，必然会失去其本身的风格特征。

为了促进传统武术竞赛的顺利开展，保留传统武术的技击风格，更客观公正地对比赛进行评分，我们必须在对中国文化、民族体育特点、各拳种演练风格以及发力要求进行综合考虑的基础上对属于传统武术的专门竞赛规则进行科学制定，尤其要注重对传统武术套路与搏斗的竞赛规则的制定、更新与完善。

4.传统武术在商业化发展中逐渐变味

我国掀起改革浪潮后，传统武术也逐渐进入商业市场。因为在健身、养生等方面，我国的传统武术具有比世界“主流”体育项目更明显的功能优势，因此在全面开放的今天，传统武术具有一定的市场基础。一些武术爱好者不惜花费高价钱拜访武术名师、大师，并向大师学武艺，一些习武者拜武术大师为师并不是为了向大师学习武术技艺，也不是为了传承武术文化，而是为了打着某一武术大师弟子、某某门派几世传人的旗号去开展商业活动，如办武馆、开公司等，这样就能够吸引很多人，从而获得巨大的商业利益。这些人本身在武术方面没有很高的造诣，却在社会上打着武术大师弟子、传人的名号对传统武术进行传播，这使得传统武术的优秀形象受到了损害。

另外，一些传统武术传承人由于在保护国家非物质文化遗产方面具有一定的贡献，而且随着国家有关部门的宣传，也有了较高的知名度，因此就利用自己的知名度对传统武术的商业市场进行开发与经营，对不同类型的传统武术公司进行了组建，使得传统武术成为付费就能够得到的批发商品。同时，在商业利益的驱动下，这些传承者将大量的时间与精力投入到对武术公司的经营中，而没有多余的时间来继续为保护与传承非物质文化遗产做出自己的努力，这无疑是不利于传统武术传承与可持续发展的。

5.民间武馆以发展竞技武术为目标，发展水平参差不齐

我国自20世纪80年代后就涌现出了大量的民间武馆，据不完全统计，当前我国已经有多达13 000多所武术馆校了。这些民间武馆的发展程度有一定的差异，一些武术馆校规模较大，有几万人次的学生在此习武，表面看来，习武人数增加有利于更好地继承传统武术。但在进行一系列的走访调查后发现，这些武馆虽然规模大，但实际办学水平却不高，具体存在如下几方面的问题。

(1)武术馆校中的武术教练虽然具有高超的武艺，但其文化素质水平比较低，因此在教学中所采用的教学方法比较落后，也不懂创新，这对传统武术的传承是非常不利的，因此可持续发展就更难以实现了。

(2)武术馆校中的学生习武并不是为了对传统武术进行传承，而是为了增强体质或方便以后就业，因此在学习过程中只学习武术技能，而不去体会与感悟武术精神与武术文化内涵，这就限制了传统武术的优良传承。

(3)当前，长拳、南拳、太极拳和刀、枪、剑、棍等是我国官方武术比赛的重要项目，而从传统武术的发展历史来看，我国至少有几百种武术拳法，有超过千种的武术兵器。可是，这些丰富的武术内容在当前的武术馆校中并没有得到重视。虽然我国有大量的武术馆校，但是很多都只重视对院校武术和官方竞技武术的宣传与教育，在招生时，以“能在全国武术比赛中获得优异成绩”“能进入大学学习”作为宣传词，而对传统武术的宣传与教育都没有予以一定的重视，因此武术在传承传统武术中并没有发挥出其应有的作用。

三、推动传统武术文化传承与可持续发展的对策

（一）政府对传统武术的传承和发展要给予大力支持

纵观我国传统武术的发展历史，传统武术在每个时代的兴衰都与政府的决策密切关联。如今，在政府的大力支持下，竞技武术已经成为一枝独秀。可见，传统武术在未来的发展直接受政府决策的影响。因此，为了对传统武术当前的传承与可持续发展现状进行改善，必须依靠政府的力量，政府要对传统武术从根本上给予重视与支持，对传统武术文化重新进行审视并对其进行准确的定位。传统武术不只是我国优秀的民族传统体育项目，更是我国的国术、武魂，其文化底蕴深厚，是中华民族传统文化的重要象征。政府可以从以下几方面来支持与促进传统武术的传承与可持续发展。

1. 立足于传统武术文化，促进传统武术文化战略地位的提升

在推动传统武术的传承与可持续发展过程中，首先要以传统武术文化为根本的立足点，不断促进传统武术文化战略地位的提升。

作为我国的瑰宝，传统武术是我国最闪耀的民族体育项目。在中华传统文化的长期滋养中，传统武术逐渐形成与成长，其发展历史悠久，文化内涵丰富。毫不夸张的说，传统武术就是中华民族优秀文化的典型代表。在历史上，儒家、道教、佛教等古典哲学思想以及民族民俗都在很大程度上影响了我国传统武术的发展，传统武术正是在这些多元文化的熏染与渗透中成长起来的，质朴的民族精神和宝贵的民族智慧在传统武术中有突出的反映，因而我国传统武术文化的主要载体便是传统武术。因此，仅仅将传统武术当作民族传统体育运动是比较狭隘的看法。传统武术具有文化属性，其属于体育的范畴却又高于体育。在传统武术的传承和可持续发展中，政府有关部门的决策人员必须在对传统武术文化发展规律加以遵循的基础上来对发展方针、政策进行制定，同时对传统武术的文化战略地位进行确立，并促进其文化战略地位的提升。

传统武术的文化战略地位指的是在战略战术上对传统武术文化发展的一种定位，主要是确立传统武术文化在中国乃至世界中的地位，对传统武术的文化战略地位进行确立有利于指导我国传统武术事业在今后的发展。随着全球化不断深入，文化领域也出现了全球一体化的发展趋势。当前，世界各国在综合国力方面存在着激烈的竞争，随着文化全球化的开展，世界各国

在文化领域也展开了竞争。因此，要想在激烈的全球文化竞争中占据优势，我国必须对自身的文化特色进行挖掘并加以保护。作为我国优秀民族文化的载体，传统武术承担着向全世界展示中华民族优秀文化的重任，其在我国“文化软实力”中占据着非常重要的地位，因此我国政府很有必要促进传统武术的文化战略地位的提升。

2.在政策上支持传统武术的发展

政府的政策对传统武术的发展具有直接的甚至是决定性的影响。竞技武术当前在我国一片繁荣，这与政府政策的支持是分不开的。因此，只有依靠政府的支持，传统武术才能摆脱传承与发展中面临的困境，重获新生。通过调查研究发现，传统武术中的很多优秀拳种已濒临灭绝或者已经失传了。如果等到这些拳种都失传了再来挽救就晚了。因此政府可以从以下几方面入手来支持传统武术的传承与发展。

(1)在资金上支持传统武术的发展

21 世纪是商业经济时代，任何事物的发展都离不开资金的力量。如果资金缺乏，任何行动都无法实施，传统武术的传承与可持续发展也是如此。因此政府要在资金方面多支持传统武术的发展，具体可以采取如下措施。

第一，政府可以拨专款对传统武术训练基地进行修建，并配备各种专门的器械。

第二，免除高校传统武术专业学生的学费等。

第三，对专门的武术彩票进行发行。

第四，对于私人创办的规模较大的传统武术学校、俱乐部、训练队等，政府可以从税收上给予优惠。

(2)制定传统武术竞赛规则，并举办专门的竞赛活动

当前，有关传统武术的赛事活动并不多，而且传统武术的竞赛规则也不完善，这在一定程度上对传统武术的传承与可持续发展造成了限制。面对这些问题，政府有关部门应对专门针对传统武术的竞赛规则进行制定，不断完善规则，并对传统武术的相关赛事活动进行举办。在赛事举办中，为了激发人们的广泛参与，政府可以为参赛选手颁发荣誉证书或从物质上给予奖励。

(3)对传统武术产业的发展要给予大力扶持

政府可以加强与企业的合作，将传统武术的内容渗透到影视、书籍、广告、网络游戏、动漫等方面，并积极鼓励企业宣传传统武术，奖励企业所作出的贡献。对于社会上一些企业家开发传统武术产业的行为，政府也应给与

鼓励与支持。

3. 对传统武术研究院进行建立，对传统武术遗产、武术传承人进行保护

作为我国重要的文化遗产，传统武术正面临着灭绝的危险。为了更好地传承传统武术，推动传统武术的可持续发展，我国必须对传统武术遗产进行深入的挖掘、抢救、研究与整理，让深埋在各地区地下的传统武术遗产重获光明。1983—1986 年间，我国开展了“普查武术家族、抢救传统武术文化遗产”工作，这次普查取得了非常显著的成果，但还是存在着不全面、不系统、不够深入的问题。对此，各地区应在此基础上，对各拳种的研究院进行建立，并对已有资料进行详细的整理，促进传统武术普查广度与深度的增加。

此外，以数字化的方法来保护已经挖掘与整理出来的武术遗产非常必要。当今社会，信息技术十分发达，通过对数字化信息技术的利用来对武术文献资料进行保存是很有效的。此前，受储存条件简陋的影响，我国挖掘与整理出来的一些孤本文献已经被虫蛀、风化，并且面临着绝本的危险；而且在 20 世纪 80 年代，复制技术还未普及，高水平复制人才也比较少，因此也没有复制孤本文献。所以，当前最明智的选择就是利用数字技术来对武术文字、图像和视频资料进行保存。政府也可以在网上公布一部分武术文献、视频等，提高其利用价值，从而更好地传承与保护传统武术。

在传承与保护传统武术的过程中，不仅要挖掘与拯救传统武术遗产，更要保护传统武术的传承人。传统武术传承人对传统武术有真实且较为全面的认识与了解，有些老拳师不但对某一拳种的套路和技法十分精通，还能够凭借记忆口述武术拳谱，因此很好地保护了传统武术。我们要保护这些武术传承人，具体从以下几方面来实施。

(1)将传承人列入非物质文化遗产项目中对其进行保护，对其社会地位进行明确定位，并从物质和精神两方面来奖励有突出贡献的传承者。

(2)为武术传承者提供基本的生活保障，使他们没有后顾之忧，从而全身心投入到对传统武术的传承与保护中。

(3)对传承人保护的监督和反馈机制进行建立，保证国家用于保护传承人的经费落实到实处。

(4)学校、武馆等武术传承基地聘请传承人，为其创设良好的授艺环境，并让其享受一定的工资待遇。

4.加强对传统武术的宣传和推广，促进传统武术的全面普及

(1)宣传传统武术知识

古代劳动人民在长期的生产生活中创造了传统武术，传统武术集中体现了劳动人民的智慧。既然是劳动人民创造了传统武术，那么传统武术也应该为人民大众服务。但是，因为传统武术受到外来文化的严重冲击与侵蚀，其与人民群众之间的距离越来越远，这不利于传统武术的传承与可持续发展。为了拉近传统武术与人民大众的距离，政府一定要对传统武术进行大力的宣传和推广。政府可以利用电子媒体(电视、网络等)对传统武术的公益广告进行播放，将地方特色拳种作为公益广告的主要内容，从而增加人们对地方特色拳种的认识与了解。省、市级的媒体可以对本省、本市发展较好的拳种进行报道；县一级的媒体可以对本县的特色拳种进行报道与宣传。

此外，可以在人员密集的地方(城镇、农村、公园、社区、广场、学校等)配置简单的武术器材，对传统武术训练点进行设立，为人们练习传统武术提供方便。这种全方位、多角度的宣传和推广不仅可以将国家对传统武术的重视显示出来，更能对群众习练传统武术的兴趣进行激发，让人们更加深刻地认识传统武术本身、武术文化以及武术发展背景，从而拉近传统武术与人民群众的距离。

(2)宣传传统武术赛事

传统武术赛事与足球、篮球等赛事相比而言，对观众的吸引力较弱，观看武术赛事的观众数量远远不及球类赛事观众。在武术比赛的宣传中，各大媒体更注重对商业性较高的散打比赛进行宣传，而且在宣传传统武术时只是用简单的文字与图片进行相关报道，因此在传统武术比赛现场，观众甚至还不及参赛运动员多。运动员大都自己录制比赛视频并将其上传到网络上，而且视频质量也不是很高。一些武术爱好者想上网观看相关武术赛事视频时，找不到好的资源。为了扭转这一局面，在举办传统武术比赛的过程中，各卫视体育频道、各大网络媒体可以直播传统武术比赛。

5.促进传统武术与竞技武术的协调发展

我国政府在大力促进竞技武术发展的同时，也要对传统武术的发展给予一定支持与重视。竞技武术的发展以传统武术为根源；如果我们不能有效挖掘与整理传统武术资源，无法促进传统武术的传承与发展，那么竞技武术的发展也会受到限制。传统武术可以从技术上支持竞技武术的发展。传统武术实际上也能够作为竞技项目，而一些传统武术的内容也包含在竞技武术中。传统武术是竞技武术的本源，竞技武术与传统武术密切联系，不

可分割。因此，我们不应该以牺牲传统武术为代价来发展竞技武术，对传统武术与竞技武术的关系，我们必须进行正确的处理，促进二者的协调发展。

如果我们只对竞技武术的发展给予重视，而忽略了传统武术的传承，那么中华武术的发展空间就会受限；而如果只注重对传统武术的传承，只发展传统武术，那么中华武术就难以实现长远的发展。要对中华武术文化进行传播，促进中华武术事业的可持续发展，我们必须将传统武术、竞技武术同时重视起来，双管齐下，向全世界推广中华武术。只有这样，才能使中华武术在更宽广的道路上前进。

（二）积极发挥传统武术传承人的力量，确保传统武术可以薪火相传

对于传统武术文化以及传统武术套路来讲，其最好的载体当属传统武术的传承人。此外，传承人的存在也为传统武术能够长久流传下去提供了重要的保证。在国家大力支持和保护下，传承人应在促进传统武术更好的发展和传承方面发挥积极的作用。

1. 传承人积极转变旧思想，促进传统套路的优化

就拿太极拳来讲，其之所以能够在全国乃至全世界范围内得以广泛的推广和传播，得益于其所具有的两个基本特点，一是同其他体育项目一样，具有良好的健身锻炼之功效；二是其技术动作较为简单，容易学习。对于太极拳来讲，常见的初级段位分为三段，一段是 8 式太极拳；二段是 16 式太极拳；三段是 24 式太极拳。在习练太极拳方面，练习者需要经过一个循序渐进的过程，正因为太极拳技术动作较为简单，便于练习者更好地学习和掌握。另外，当今较为流行的健身气功中的八段锦、五禽戏等也都是在发展过程中经过了不断的优化和简化，从而形成了目前所见的标准动作。这就要求传统武术的传承人在传统武术方面加强研习，从而将传统武术内容中的很难进行推广的技术动作和套路进行合理的改造和优化，使之更加适合人们练习，以使人们更易于接受。对于传统武术来说，其传播的范围也会随着练习者的不断增多而变得越来越广泛。在练习者习练的过程中，如果有练习者非常热衷于传统武术的研究和学习，想要对传统武术进行深入的了解，此时传承人便可以将原味的、改造和优化之前的传统武术展示给他们，以便于他们进行深入的研究和学习。在向练习者传授相关武术技艺的同时，传承人还要不断地提升自身的道德修养，并对练习者加强相关的武德教育，使练习者的身心能够在独特的传统武术文化中得到滋养。

2. 传承人积极参与特色拳种研究会，促进自身拳种理论知识的不断丰富

对于组织开展的各种拳种研究会，传承人要积极地参与其中，同时还要经常与研究会中的专家、学者以及高校中的武术教授合作，共同对传统武术的理论知识进行丰富，并且取百家之长，通过借助于现代化的科学手段来对传统武术所具有的拳理和内涵进行阐释。

除此以外，在学校所编辑的特色武术教材方面，传承人可以提供相应的指导和帮助，从而促使本地区的特色的武术项目能够得以广泛传播，发扬光大，同时也最大限度地保留了传统武术的多样性。

（三）坚持武术段位制并促进其不断完善

武术段位制是指为了更好地促进武术国际化以及可持续发展，提高武术的理论水平和技术水平，构建完善、规范的武术体系，而制定的武术级别制度。①

1. 加强对武术段位制的推广

从 1997 年国家体育总局制定并颁布实施武术段位制开始，越来越多的武术教练员、运动员、武术教师以及武术爱好者通过考试获得了相应的段位认证。但是，还有相当一部分武术爱好者以及生活在民间的老拳师对于武术段位制还不了解，甚至非常陌生。传统武术的群众基础非常之广泛，因此在宣传和推广武术段位制方面，既要面向武术协会、武术馆校和武术运动队进行推广，同时还要考虑和照顾到生活在农村偏远地区的广大武术爱好者。

随着孔子学院在世界各地遍地开花，以及很多华人开办了各类武馆，武术段位制可以借助于孔子学院和武馆来进行在国际上的推广，同时也要借助国际武术联合会的力量。

2. 加强队伍和制度建设

武术段位从颁布实施到现在，无论是在管理体系建设还是实施方面都获得了比较理想的成绩，但就整体而言，武术段位制发展处于失衡的状态，这主要在国内与国外，以及国内的省与省的开展情况对比中体现出来。

（1）对武术段位制的工作结构进行建立和完善，并对组织人员进行合理

---

① 任宏庆. 中国传统武术传承与发展策略研究[D]. 曲阜师范大学，2014.

安排。随着武术段位制政策在全国范围的推广，武术段位制工作机构在各个省市相关体育部门中相继建立起来，并设置了专门负责武术段位制推广的办公室，也明确了进行武术段位考评的地点。同时，针对工作要求，对人员进行合理的配置，使武术段位制的各个相关工作都得到积极有效的开展。

(2)建立奖惩制度和措施。针对武术段位制的推广落实情况，对于那些能够积极开展和落实相关工作，年检合格的考试点要进行奖励，反之将其考试点的资格取消。

(3)在高等院校中，要加强武术段位制师资培养力度，对高等院校中的优秀的武术教授和专家等资源进行充分利用，从而培养出优秀的武术段位考评员和指导员。

(4)针对国外的武术爱好者，中国武术协会可以定期或不定期地组织派遣指导员提供相应的指导服务以及武术段位考核，同时也可以借助于国际武术联合会中的各会员组织来开展相应的武术段位制项目的培训和教学活动，从而帮助各个会员组织具备和提高自身的武术段位考核能力。

（四）以武术之乡为龙头，以服务全民健身为契机，推动传统武术的社会化

外练筋骨皮，内练一口气是传统武术对习武者一贯的要求，其同时还强调天人合一、内外相合的思想。在现代科学对传统武术在健身方面的独特功能进行阐释的过程中，人们也越来越认可和接受传统武术，并参与到传统武术锻炼之中。根据《全民健身计划(2011—2015)》的指导思想可知，只有对人民群众的精神文化生活不断地进行丰富，使人民群众养成文明、健康的生活方式，促使国民生活质量、身体素质和健康水平的不断提高，促进社会文明进步和和谐，促进人的全面发展，才能为建设体育强国之路打下坚实的基础。这也说明，传统武术所特有的健身养生功能是能够适应全面健身所追求的目标的。为了更好地促进传统武术的传承和发展，我国曾先后设立了 94 个武术之乡，在开展全民健身活动的过程中，各个武术之乡要通过借助于其所具有的丰富的传统武术资源之优势，来积极组织和开展传统武术公益讲座和相关武术表演活动，对于那些特色的拳种要在公园、社区等大众经常健身的场所进行积极推广，从而进一步扩大传统武术的传播范围和覆盖领域。传统武术社会化发展要充分把握好全面健身这一契机，同时还要通过借助和发挥武术之乡的龙头作用。只有这样，才能更好地促进传统武术的社会化发展。

（五）在学校教育体系中纳入地方特色拳种

20 世纪 60 年代初，武术就已经成为学校体育中的一项教学内容，学校开展武术课程的目的是对优秀传统文化进行继承与发扬，促进民族文化的弘扬，对学生的民族自豪感和爱国情操进行培养；以武术的手段促进学生身体素质、自身防卫能力的提高；使学生对武术的内在魅力加以感受，对传统武术的精髓（内外兼修、形神相合）进行体会。

20 世纪 80 年代，中央颁布的《关于教育体制的决定》将素质教育的目标提了出来，即促进全民素质的提高。学校实施素质教育的目的是全面培养学生，促进其德、智、体、美、劳等多方面素质的协调发展。然而，现实中我国很多学校仍实行的是应试教育，以升学率为目标，有很大一批学校都没有开设教育部门规定的体育课程，武术课教学也没有得到落实。一些农村学校在上体育课时，基本上都是学生自由活动，采取“放羊式”的教学方式，总之校园武术的发展现状并不乐观。

通过调查我国各地区中小学的武术教育状况后发现，非常重视或重视武术教学的学校不及调查总数的四分之一，重视程度为一般或不重视的学校占了大部分。没有开设武术课程的学习占到 70%多的比例。大部分学校开设的体育课程都是以西方体育运动为主，传统武术课程很少开设。

我国各地区中小学武术课程开设情况具体见表 9-3。

表 9-3　各地区中小学武术课开设情况（N=11 573）[①]

地区	没有开设(%)	开设(%)	未填(%)	排序(%)
华中	60.4	39.5	0.1	1
华北	65.6	32.3	2.0	2
华南	70.4	29.6	0.0	3
东北	73.7	26.1	0.3	4
西南	72.2	25.5	2.2	5
华东	73.4	25.3	1.3	6
西北	76.1	23.9	0.0	7
总体	70.3	28.9	0.8	

---

① 任宏庆. 中国传统武术传承与发展策略研究[D]. 曲阜师范大学，2014.

1. 学校吸纳地方特色拳种的可行性

(1)拳种项目众多

以济宁地区为例,1979 年对该地区的武术资源进行挖掘与整理后,共发现 52 种拳种,493 套游戏套路。其中起源于济宁地区的华拳、文圣拳、查拳已经被中华武术文库收录,济宁的文圣拳和查拳同时也是山东省四大优秀拳种之二。经过文献调查和走访谈话后了解到,梅花拳、少林拳、水浒拳、意拳、查拳、岳王拳、文圣拳等拳种都是济宁地区的优秀拳种。

(2)地方特色拳种在本地具有广泛的群众基础

地方人一般对本地的拳种都有很高的认知度,感情也比较深厚,因此在当地学校进行推广比较容易。以济宁市梁山县为例,梅花拳是本地的优秀拳种,梁山地区有 1 万人左右在习练这一拳术,可见地方拳种的群众基础较为广泛。

2. 一校一拳的发展模式

当前,学校体育教育中已经引入了国家推行的武术操与武术段位制,传统武术应将这一有利契机牢牢抓住。各个学校在对全国规定的武术操课程进行开设的同时,也应在武术教学中融入本地的特色拳种,在制定教学大纲时加入传统武术教学内容。学校还需要对本地特色拳种的传承人进行聘请,使其与学校的武术教师共同对独具特色的武术套路进行创编,并将套路编入教材,为教师与学生提供更丰富的教学资料。

(1)传统武术在小学的开展

作为国家的未来和民族的希望,学生是传统武术的主要传承群体。传统武术教育在学校的实施应从小学阶段开始。小学开设传统武术课程主要是为了让学生对传统武术有初步的了解,并提高学生的学习兴趣。因此,可以重新组合传统武术套路的简单动作,对新的短套路进行创编,从而使小学生能够进行简单的练习。还可以让小学生对传统武术中一些拳法的歌诀进行学习,如查拳十路弹腿拳歌诀:头路顺步如担扁,二路十字似拉钻,三路劈盍夜行犁,四路撑扎左右盘,五路挑打钻封闭,六路仆搂是单坎,七路双砍紧掩,八路桩踩腿连环,九路捧锁鸳鸯腿,十路箭弹势归原,世人莫看势法单,多踢多练妙无边,能测其中奥妙义,打开难关献绝技。[①] 最后,在小学武术教学中,还可以播放相关的音乐,这样能够使学生在轻松的氛围中学习传统武术,改变以往枯燥的学习模式。对于传统武术成绩好的学生,学校可以鼓

① 任宏庆.中国传统武术传承与发展策略研究[D].曲阜师范大学,2014.

励其参加段位制考试，从而促进这部分学生武术造诣的提升。

(2)传统武术在中学的开展

中学传统武术教学是小学传统武术教学的延伸，中学在进行传统武术教学时，不能一味采用小学阶段的教学模式与教学内容，应该在教学内容中增加一些比较难的套路动作。在小学时期通过段位制考试的学生进入中学后可加入学校的传统武术训练队。校领导应将本地特色拳种的传承人聘请到学校中，使其担任教练员的角色，重点训练获得段位的学生，从而对武术后备人才进行有效的培养，使这些后备人才在传统武术的传承与发展中发挥自己的价值。

教育部门也可以规定将传统武术的教学内容加入中考、高考的体育考试中，学生只有对一套传统武术套路有了一定的掌握，并能完整熟练地操作，才能通过中高考的体育考试。教育部也可以针对获得段位的学生制定加分政策。

(3)传统武术在高等院校的开展

目前，球类运动课程、健美操课程等在我国高校中非常受学生的欢迎，选择武术课程的学生仅有少数，而且武术课程中涉及的项目比较少，以太极拳、初级长拳第三路、太极剑为主，其他项目开展的情况不容乐观。学生对传统武术缺乏兴趣、学校缺少必要的师资力量等是造成这种现状的主要原因。

受国家大力推行竞技武术的影响，高校体育专业与体育院校的武术教学都呈现出了竞技化的特点，对传统武术套路进行教学的高校相对比较少。所以，高校在未来的体育教育中，不能一味进行竞技武术的教学，要增设一些传统武术课程，并努力提高武术授课教师的专业技能和教学能力。高校在对武术教师进行招聘时，不仅要看应聘者的学历是否满足招聘条件，还应看应聘者是否具有成为一名优秀武术教师的潜质。高校可以将传统武术的传承人引进学校，或者对传承人进行聘请，使其作为学校的特别教师来给学生授课。普通高校和体育院校的武术专业在对新生进行招收时，不仅要看学生的高考分数，还要考查学生是否有潜力成为传统武术的优秀传承者，如果学生掌握了高超的武术技能，那么即使其文化成绩没有达标，也可以适当地考虑将其招收进来。普通高校和体育院校武术专业要对毕业生的最终考核成绩严格把关，学生要想顺利拿到毕业证书，必须达到武术段位制规定的相应段位，这样不仅可以使毕业生的质量得到保证，还能够使学生具备成为武术传播者或武术教师的条件。

3. 注重对中小学武术教师的培养

学校传统武术课程的开展情况直接受师资队伍水平的影响。通过调查我国中小学开设武术课程的情况后发现，没有开设这一课程的学校超过 70%。学校不重视、武术教师欠缺是这些学校不开设武术课程的主要原因。

据调查发现，在我国中小学的武术授课教师中，武术专业教师所占的比率小于三分之一（表 9-4），其他体育项目的授课教师担任武术教师的情况极为普遍，这就导致在传承与发展传统武术中，学校的作用难以得到充分的发挥。

表 9-4　中小学武术课教师的构成情况（N=3 226）①

	一般体育教师（%）	武术专业教师（%）	其他文化课教师（%）	外聘武术教师（%）
小学	67.0	32.6	6.0	9.8
初中	75.1	26.8	8.5	13.1
高中	70.5	25.4	3.6	7.4
总体	70.8	29.3	6.0	10.0

对中小学武术教师进行培训可以从以下几方面着手。

第一，促进武术教师专业知识结构的优化与专业能力的提高，从而全面提高其专业素养。

第二，鼓励武术教师对地方特色拳种进行学习，教育部门安排地方特色拳种的武师或传承者向武术教师传授拳法技艺。

第三，如果条件允许，学校可以直接聘请传统武术的传承者，使其以教师的教师为学生上课。由于很多学校都是由一般的体育教师来担任武术课教师的，所以教育部门在对中小学体育教师进行招聘时，应根据不同学校的情况加大对武术专业教师的招聘力度。

（六）立足国内，走向世界

随着全球化趋势的加强，世界各国之间展开了频繁的交流与合作。体育在文化全球化的推动下也呈现出了全球化的发展趋势，西方体育运动在

① 任宏庆. 中国传统武术传承与发展策略研究[D]. 曲阜师范大学，2014.

东方得到了普及与发展，武术作为东方体育的代表也受到西方国家武术爱好者的欢迎。正所谓民族的就是世界的，全球一体化要求传统武术走出国门，走向世界，国际化已经成了传统武术发展的必然趋势。将传统武术推广到全球范围内，使其服务于全世界各国人民是非常有必要的。具体来说，我们可以采取如下途径来将传统武术推向全球。

首先，借助孔子学院的力量向全世界宣传传统武术文化。

其次，吸引国外武术爱好者来华习武。

再次，向国外派遣武术大师传授武艺。

最后，与世界各国联合对大型武术比赛进行举办。

参考文献

[1]王庆丰，何柳泓，李正恩. 传统武术文化与健身[M]. 北京：中国商务出版社，2010.

[2]汪晓鸣. 我国传统武术发展及其研究[M]. 北京：中国原子能出版社，2015.

[3]吕冬生. 传统武术的文化内涵与创新发展[M]. 长春：吉林大学出版社，2014.

[4]周俊尧，谢志斌. 传统武术文化与技术学练[M]. 长春：吉林大学出版社，2014.

[5]沈宁，李博，李文厚. 传统武术文化新探与健身指导[M]. 北京：中国时代经济出版社，2014.

[6]曲丹，沈仲辉. 数据包络分析法在高校人员比例评价中的应用[J]. 同济大学学报，2003(11).

[7]刘文武. 传统武术进入我国学校系统的必要性及其途径研究[J]. 北京体育大学学报，2013，36(01).

[8]温力. 试论武术运动的现状及发展——兼论武术套路练习和对抗性练习结合的可能性[J]. 体育科学，1987(03).

[9]武冬. 传统武术在现代化社会中的落差与发展的思考[J]. 北京体育大学学报，2004，27(12).

[10]蔡仲林，周之华. 武术[M]. 北京：高等教育出版社，2009.

[11]武冬，吕韶钧. 高等学校武术课程体系改革研究[J]. 北京体育大学学报，2013，36(03).

[12]李永明，王安荣. 武术课程内容资源开发与利用[J]. 中州体育·少林与太极，2010(11).

[13]王淑英. 学校体育课程体系研究[D]. 河北师范大学，2012.

[14]汤利军. 我国基础教育新体育课程实施效果研究[D]. 华东师范大学，2012.

[15]李蕾，王海鸥. 中国武术精品课程建设存在问题与对策的研究[J]. 搏击(武术科学)，2012(09).

[16]梅汉超，胡凯. 武术套路精品课程的实践与研究[J]. 湖北体育科

技,2009(06).

[17]纪秋云.武术[M].北京:北京体育大学出版社,2004.

[18]林小美.大学武术[M].杭州:浙江大学出版社,2008.

[19]国家体育总局武术研究院.剑术[M].北京:高等教育出版社,2010.

[20]罗亚琼.浅析五禽戏的养生原理以及教学中的注意事项[J].新课程(教师),2010(07).

[21]国家体育总局健身气功管理中心.健身气功:易筋经、五禽戏、六字诀、八段锦[M].北京:人民体育出版社,2005.

[22]王智慧.散打技术与实战训练[M].北京:人民体育出版社,2012.

[23]武兵,武冬,王宏强.散打实用技法精要[M].合肥:安徽科学技术出版社,2012.

[24]周争蔚.散打教学与训练[M].北京:人民体育出版社,2010.

[25]宋建钧.传统武术竞技化困境与传承出路研究[D].南京体育学院,2014.

[26]郭玉成.武术传播引论[M].北京:北京体育大学出版社,2006.

[27]任宏庆.中国传统武术传承与发展策略研究[D].曲阜师范大学,2014.

[28]卢元镇.中国武术竞技化的迷途与困境[J].搏击·武术科学,2010(07).

[29]方方.武术套路竞赛规则的回眸与思考[J].成都体育学院学报,2011(37).

[30]王晓东.论传播媒介形态变化及对体育传播的影响[J].上海体育学院学报,2003,27(05).

[31]李君华,宋雪.论传统武术竞赛现状及前景探索[J].中华武术·研究,2015(04).

[32]杨建营.竞技武术比赛存在的问题及解决思路探析[J].西安体育学院学报,2016(33).

[33]苏东水.产业经济学[M].北京:高等教育出版社,2000.

[34]程梁.十亿元打造太极文化生态园[J].太极拳,2012(04).

[35]李繁荣.民族传统体育文化及其传承研究[M].济南:山东大学出版社,2014.

[36]张丽恒,王黎明,虞冬青等.京津冀一体化的综述与借鉴[J].天津经济,2014(04).

[37]林森.我国高校武术教育可持续发展研究[D].华中师范大学,

2014.

[38]李宁.中国传统武术可持续发展研究[D].山东师范大学,2009.

[39]朱国宏.可持续发展的概念及其意义[J].世界经济文汇,1996(03).

[40]唐志云.制约传统武术发展的因素分析与对策研究[D].广西师范大学,2010.